Carl-Auer

Dorett Funcke/Bruno Hildenbrand

Unkonventionelle Familien in Beratung und Therapie

2009

Umschlaggestaltung: Goebel/Riemer
Umschlagbild: »Die Familie«, 2008, © Martin Maria Strohmayer
Satz: Verlagsservice Hegele, Heiligkreuzsteinach
Printed in the Netherlands
Druck und Bindung: Koninklijke Wöhrmann, Zutphen

Erste Auflage, 2009
ISBN 978-3-89670-673-7
© 2009 Carl-Auer-Systeme Verlag, Heidelberg
Alle Rechte vorbehalten

Bibliografische Information der Deutschen Nationalbibliothek
Die Deutsche Nationalbibliothek verzeichnet diese Publikation
in der Deutschen Nationalbibliografie; detaillierte bibliografische
Daten sind im Internet über http://dnb.d-nb.de abrufbar.

Informationen zu unserem gesamten Programm, unseren Autoren
und zum Verlag finden Sie unter: **www.carl-auer.de**.

Wenn Sie Interesse an unseren monatlichen Nachrichten
aus der Häusserstraße haben, können Sie unter
http://www.carl-auer.de/newsletter den Newsletter abonnieren.

Carl-Auer Verlag
Häusserstraße 14
69115 Heidelberg
Tel. 0 62 21-64 38 0
Fax 0 62 21-64 38 22
info@carl-auer.de

Inhalt

Einleitung:
Konventionelle und unkonventionelle Familien

Versteht man unter »konventionellen« Familien solche, die aus Eltern mit einem gemeinsamen, also leiblichen Kind bestehen, dann liegt das Unkonventionelle an Familien darin, dass in ihnen andere Formen des Zusammenlebens als Familie vorzufinden sind. Diese anderen Formen sind: Alleinerziehende, Stieffamilien, Adoptivfamilien, Pflegefamilien, gleichgeschlechtliche Paare mit einem Kind aus einer Samenspende, aber auch kinderlose Paare. Um solche Familien, vor allem aber um die Kinder, die in diesen Familien leben, wird es in diesem Buch gehen.

Es gibt mindestens vier Möglichkeiten, das Verhältnis von »konventionellen« zu »unkonventionellen« Familien zu bestimmen.

(1) *Die leibliche Familie als Zombie-Kategorie* (Ulrich Beck). Hier wird davon ausgegangen, dass die konventionelle Familie ein Phänomen der Vergangenheit darstelle und unkonventionelle Familien nunmehr zeitgemäß seien. Vertritt man diese Auffassung, dann muss man sich nicht mehr mit der Frage auseinandersetzen, welche Herausforderungen eine unkonventionelle im Unterschied zu einer konventionellen Familie an die Beteiligten – Eltern, Kinder, Hinzugekommene – stellt. Denn es gehört zu diesem Konzept, gegenüber den Selbstverständlichkeiten einer leiblichen Familie eine Art Gedächtnisverlust zu pflegen. Leibliche Familien sind demnach ein Unikum, als Familienform sind sie vergangen und vergessen. Von Kindern, die in »unkonventionellen« Familien aufwachsen, wird erwartet, dass auch sie sich solchen Selbstverständlichkeiten gegenüber indifferent verhalten, da sie nicht mehr zeitgemäß seien.

(2) *Nur die leibliche Familie kann ein unbeschwertes Aufwachsen garantieren.* Dies ist jene Auffassung, die der soeben aufgeführten direkt entgegengesetzt ist. Ihr zufolge sind unkonventionelle Familien Abweichungen von einer überzeitlichen Struktur, die unweigerlich die kindliche Entwicklung verzögern oder verhindern.

(3) *Ein Kind kann in konventionellen wie in unkonventionellen Familienformen glücklich oder unglücklich aufwachsen.* Manche Autoren betreiben einen erheblichen Aufwand, um zu belegen, dass Kin-

der aus Alleinerziehenden- oder Stieffamilien kein größeres Risiko haben, kriminell zu werden, als Kinder aus leiblichen Familien. Dann wird ausgeführt, dass Kinder auch in leiblichen, also »konventionellen« Familien unglücklich sein können. Diese Autoren schließen aus diesen Befunden, dass eine gesunde kindliche Entwicklung in verschiedenartigen Familienformen möglich sei. Dann gehen sie einen Schritt weiter und lösen den Unterschied zwischen »konventionellen« und »unkonventionellen« Familienformen auf.

(4) *Ein Kind kann in konventionellen wie in unkonventionellen Familienformen glücklich oder unglücklich aufwachsen. Jedoch stellen unkonventionelle Familienformen besondere Herausforderungen an die Beteiligten.* Mit dieser Auffassung wird »unkonventionellen« Familienformen weder das Recht noch die Möglichkeit abgesprochen, gedeihliche Orte für das Aufwachsen von Kindern zu sein. Jedoch werden besondere Herausforderungen herausgearbeitet, die unterschiedliche Formen unkonventioneller Familien an die Erwachsenen und an die Kinder in diesen Familien stellen. Diese besonderen Herausforderungen rühren daher, dass Strukturmerkmale leiblicher Familien in »unkonventionellen« Familien abwesend und in geeigneter Form zu kompensieren sind.

In diesem Buch entscheiden wir uns nicht aus ideologischen Gründen, sondern auf der Grundlage fachlicher Erfahrung für diese vierte Möglichkeit, das Verhältnis »konventioneller« zu »unkonventionellen« Familienformen zu bestimmen. Das heißt:

- Ob ein Kind glücklich oder unglücklich aufwächst, ist nicht notwendig davon abhängig, ob es mit seinen leiblichen Eltern, mit dem Vater oder der Mutter alleine, in einer Stieffamilie, Adoptivfamilie oder Pflegefamilie lebt.
- Jedoch sind die Herausforderungen für das Aufwachsen in einer »unkonventionellen« Familie auf Grund der Differenz zur gelebten Praxis und zu den kulturellen Vorstellungen einer »konventionellen« Familie von besonderer Art.
- In dem Maß, in dem die Beteiligten kreative Lösungen für die Gestaltung von Unterschieden zwischen »konventionellen« und »unkonventionellen« Familienformen finden, wird auch die »unkonventionelle« Familie zu einem Ort des gedeihlichen Aufwachsens von Kindern.

- Diese kreativen Lösungen beziehen sich auf die Gestaltung unterschiedlicher Formen von *Abwesenheit*: der Abwesenheit des leiblichen Vaters oder der leiblichen Mutter bei Alleinerziehenden und in Stieffamilien, der Abwesenheit der leiblichen Eltern bei Adoptiv- und Pflegefamilien.

Wir befassen uns mit zwei weiteren Familienformen, die gesonderter Erwähnung bedürfen. Zunächst sind jene kinderlosen Paare zu nennen, die ungewollt unter ihrer Kinderlosigkeit leiden und teilweise erhebliche Anstrengungen unternehmen, um mit Hilfe der Reproduktionsmedizin zu einem leiblichen Kind zu kommen. Gelingt ihnen das nicht, richten sie sich entweder auf ein kinderloses Leben als Paar ein und suchen Möglichkeiten, die Lücke des abwesenden Dritten zu füllen. Oder aber sie wechseln über in einen anderen der in diesem Buch behandelten Familientypen, indem sie Adoptiv- oder Pflegeeltern werden.

Bleiben die gleichgeschlechtlichen Paare, die durch eine Samenspende den Versuch unternehmen, eine Familie zu gründen. Wählt die Partnerin, die das Kind zur Welt bringt, die in Deutschland verbotene, aber vorhandene Option der anonymen Samenspende, ist der Vater doppelt abwesend: als Vater des Kindes und als Partner der Mutter. Diese Variante nimmt dem Kind das Recht auf Kenntnis seiner Herkunft und verstößt damit nicht nur gegen geltendes nationales Recht, sondern auch gegen die Internationale Charta für das Kind und ist darüber hinaus sittlich verwerflich. Davon zu trennen sind andere Lebensformen gleichgeschlechtlicher Paare mit Kindern, mit denen wir uns ebenfalls befassen.

Zu jeder der in diesem Buch behandelten Familienformen machen wir Vorschläge zu Beratung und Therapie. Unkonventionelle Familien können ebenso wie leibliche Familien in eine Situation geraten, für die professionelle Hilfe einen Ausweg bieten kann. Wir wollen zeigen, wie Fachleute den Besonderheiten unkonventioneller Familien gerecht werden können, um sie zu unterstützen, dass sie ihre individuellen Stärken und Schwächen erkennen können. Diese Besonderheiten resultieren aus je spezifischen Formen von Abwesenheit.

Zunächst stellen wir die Familie aus anthropologischer, historischer und soziologischer Sicht vor und verbinden damit das Anliegen, universelle und historisch gebundene Aspekte familialer Sozialisation gleichermaßen in den Blick zu nehmen.

Abschließend ein Wort zum Aufbau dieses Buches. Jedes Kapitel wird eingeleitet mit einer Inhaltsübersicht und abgeschlossen mit einer kommentierten Literaturliste. Am Schluss des Buches gibt es zusätzlich ein vollständiges Literaturverzeichnis in alphabetischer Form.

1. Der lange Weg der Kernfamilie: Ist er zu Ende?

Von der Familie zu den persönlichen Beziehungen – ein Fortschritt im Verständnis des Zusammenlebens von Paaren und Familien? • *Eine kurze Geschichte der Familie: Was war, was ist und was bleibt* • *Wozu ist also die Familie gut?* • *Ist die Familie am Ende? Und wenn ja: Was kommt danach?* • *Unkonventionelle Familien sind solche, in denen die Triade abwesend ist* • *Literatur*

Von der Familie zu den persönlichen Beziehungen – ein Fortschritt im Verständnis des Zusammenlebens von Paaren und Familien?

Familie ist heute kein brauchbares Wort mehr, denn es beschreibt eine Situation, die es heute nicht mehr gibt. Familien sind heute nicht mehr nur Kernfamilien, bestehend aus Vater, Mutter und Kind. Eine Einengung der Familie auf biologische Elternschaft grenzt viele andere Familien aus, in denen Stiefkinder leben. Familie und Haushalt fallen nicht unbedingt mehr zusammen. Auf der Grundlage dieser Thesen schlägt Karl Lenz, ein Paar- und Familiensoziologe, vor, den Familienbegriff durch den Begriff der *persönlichen Beziehungen* zu ersetzen. Das, was vorher *Familie* genannt wurde, wird nun so definiert: Es handelt sich um eine Form von Beziehung, in der (a) die Personen nicht austauschbar sind, (b) deren Beziehung auf absehbare Zeit fortbestehen wird, (c) die emotional aufeinander bezogen sind und in fortwährender Interaktion stehen, (d) die persönliches Wissen voneinander aufgebaut haben.

Diese Definitionen unterscheiden sich auf den ersten Blick nur wenig. Die Unendlichkeitsfiktion bzw. die Vereinbarung, dass man der Liebesbeziehung kein Verfallsdatum setzen möchte, auch dass man die Eltern-Kind-Beziehung nicht aufzukündigen gedenkt, nicht heute und nicht in der Zukunft, teilen beide Definitionen. Die persönliche Unersetzbarkeit gilt ebenfalls nicht als überholt. Trennung und Scheidung sind auch in der »moderneren« Definition nicht einfach hinzunehmende Tatsachen, sondern Katastrophen. Auch die in der älteren Familiensoziologie betonten Solidaritätsformen der affektiven, der erotischen und der unbedingten Solidarität werden im Begriff der *persönlichen Beziehungen* nicht aufgegeben. Dass jede auf Dauer angelegte Beziehung zu einem persönlichen, im Lauf der Zeit angehäuften Fundus an Wissen, besser gesagt: zu einer gemeinsamen Geschichte führt, wird weder hier noch dort in Zweifel gezogen.

Worin also unterscheiden sich die beiden Konzepte? Sie unterscheiden sich in zwei wesentlichen Elementen: (1) In der Definition der *persönlichen Beziehungen* entfällt die biologische Elternschaft, und (2) es entfällt die Koppelung von Haushalt und Familie.

Um mit Letzterem zu beginnen: Wer das Konzept der *persönlichen Beziehungen* dem der *Familie* vorzieht, ist demnach der Auffassung, dass die Tatsache des Zusammenlebens unter einem Dach als Zwei-Generationen-Zusammenhang nicht konstitutiv für eine persönliche Beziehung ist. Drei-Generationen-Haushalte, Wohngemeinschaften und Living-apart-together-Konstellationen können demnach mit dem Begriff der *persönlichen Beziehungen* besser erfasst werden als mit dem Begriff der *Familie*.

Des Weiteren fehlt der biologische Aspekt von Elternschaft. Es wird also angenommen, dass Stiefväter, Pflegeeltern, Frauen, deren Partnerin durch eine Samenspende ein Kind empfangen und geboren hat, in eine Position gelangen können, die vordem, als der Familienbegriff noch nicht umstritten war, den leiblichen Eltern zukam. Für diese Position muss nun der geeignete Begriff gefunden werden – ebender der *persönlichen Beziehungen*.

Diese Überlegungen sind alles andere als akademisch. Sie betreffen nicht nur die Familiensoziologie, sondern Fachleute, die in Beratung und Therapie tätig sind. Mit welchem Begriff lässt sich am besten arbeiten, wenn man es mit Paar- und Familienkonflikten zu tun bekommt? Oder reicht nicht einfach die berufliche Erfahrung aus? Soll man die Dinge in Beratung und Therapie nicht einfach so nehmen, wie sie kommen, ohne sich um Begrifflichkeiten zu scheren?

In der Tat, professionelle Erfahrung kann durch eine noch so geschliffene wissenschaftliche Debatte nicht ersetzt werden. Mitunter jedoch lohnt der Blick hinüber zu den Wissenschaften – dann nämlich, wenn es bei der Klientel oder in der Patientenschaft zu Bewegungen kommt. Wie geht man vor, wenn zwei Frauen, die ein Paar bilden und von denen eine ein Kind geboren hat, dessen Samenspender (leiblichen Vater, konventionell gesprochen) sie nicht kennt, die ihre Partnerin an seine Stelle gesetzt hat, in die Praxis kommen und

Rat suchen, ob und gegebenenfalls wann sie »ihr« Kind über diesen Sachverhalt aufklären sollen? Wie geht man vor in dem alltäglicheren Fall, in welchem ein Stiefvater nach Kräften versucht, einen »väterlichen« Kontakt zu seinen Stiefkindern aufzubauen, diese ihn aber ablehnen, so dass die Beziehung der Mutter zu diesem Mann in die Brüche zu gehen droht? Worüber spricht man mit einem Mann, der in einer liebevollen Adoptivfamilie aufgewachsen ist und dennoch nichts anderes im Sinn hat, als seine leiblichen Eltern, vor allem seine Mutter, zu finden? Was rät man einem Paar, das jahrelang mit vielen Mühen und Entbehrungen ein Kind einer drogenabhängigen Mutter aufgezogen hat, und jetzt kommt diese Mutter und will ihr Kind sehen, das Paar kann diese Mutter nicht auf Distanz halten, und das Kind fühlt sich zu seiner leiblichen Mutter hingezogen, obwohl es ahnt, dass es mit ihrem Interesse möglicherweise nicht weit her ist? Was tun, wenn die wissenschaftliche Überzeugung einem sagt, dass eine Bindung, die über Monate und Jahre aufgebaut worden ist, auf keinen Fall unterbrochen werden darf, in der Wirklichkeit aber nicht nur Bindung, sondern auch (leibliche) Herkunft sich als wichtig erweist?

Diese Fragen verweisen jeweils auf ein Grundmuster, auf eine Landkarte, mit der in Westeuropa seit ungefähr tausend Jahren die Menschen durch ihr Leben steuern – eine Landkarte, die allmählich stockfleckig wird und an einigen Stellen unleserlich geworden ist. Diese Landkarte wollen wir in diesem Kapitel rekonstruieren. Danach werden wir uns mit den erwähnten Familiensituationen im Detail befassen: mit Stief- und Adoptivfamilien, mit Alleinerziehenden, mit Pflegefamilien, mit gleichgeschlechtlichen Paaren – auch solchen mit einem durch eine anonyme Samenspende entstandenen Kind – und schließlich, nicht zu vergessen: mit Paaren ohne Kind, aber mit Kinderwunsch.

Dieses Buch handelt letztlich von Abwesenheit: von abwesenden Eltern und von abwesenden Kindern. Wie heute mit der Abwesenheit im Unterschied zu früher umgegangen wird, ob die alten Landkarten noch gelten, wo sie nicht mehr taugen – das ist das Thema dieses Buches.

Eine kurze Geschichte der Familie:
Was war, was ist und was bleibt

Seit der Aufklärung ist es üblich geworden, geschichtliche Entwicklungen mit dem Fortschrittsgedanken zu verbinden: Was war, ist schlecht, und was sein wird, ist gut. Aber auch die umgekehrte Einstellung gibt es: Was kommt, kann nur schlecht sein, und das Alte war gut. Claude Lévi-Strauss, aus unserer Sicht einer der besten Kenner der Geschichte der Familie, ist der Auffassung, dass weder die Einteilung in gut und schlecht noch das Gegeneinanderausspielen von Vergangenheit und Zukunft der Sache gerecht werden. Lévi-Strauss schreibt, dass die Geschichte der Kernfamilie keine Geschichte linearer Entwicklung sei. Und er fährt fort:

> »Wir dürfen nicht länger dem Glauben frönen, die Familie habe sich von archaischen und ausgestorbenen Formen in gerader Fortschrittslinie weiterentwickelt. Im Gegenteil: Dem flexiblen Menschenverstand können schon früh alle möglichen Familienformen zur Auswahl gestanden haben. Was wir für Evolution halten, wäre dann nichts anderes als eine Folge von Entscheidungen zwischen mehreren Möglichkeiten, mit denen lediglich verschiedene Entwicklungsrichtungen in einem bereits vorgezeichneten Raster eingeschlagen wurden« (Lévi-Strauss 1996, S. 14).

Uns geht es in diesem Abschnitt um zweierlei: um die Vielfalt der Möglichkeiten von Familienformen einerseits, um die »vorgezeichneten Raster«, also um die erheblich weniger variablen Grundmuster der Familie andererseits. Die Familie ist ein Ort des Übergangs von Natur zur Kultur. Wir beginnen mit der Geschichte der Gestaltung dieses Übergangs. Danach geht es um Invarianten der Familie – also darum, was die Familie überall auf der Welt und zu allen Zeiten kennzeichnet (soweit wir das überschauen können). Wir kommen dann zur historisch variablen Ziehung der Grenzen zwischen Familie und Verwandtschaft einerseits, Familie und Gemeinde andererseits. Sodann skizzieren wir die voll ausgebildete Kernfamilie im 20. Jahrhundert, *dem Goldenen Zeitalter der Familie*, das um 1950 begann und nur kurz andauerte.

Die Anfänge der Familie. Drei elementare Entwicklungen haben dazu geführt, dass aus einem instinktgetriebenen Reproduktionsverhalten ein kultureller Sachverhalt entstand, den wir heute (noch) Familie nennen: Das Geschlechtsleben wurde kulturell gestaltet. Damit fand eine Transformation von *Sex* (Geschlecht in biologischer

Sicht) zu *Gender* (Geschlecht in sozialer und kultureller Sicht) statt. Die zweite zentrale Entwicklung besteht in der Verhäuslichung des Vaters, und im dritten Schritt vollzieht sich die Herausbildung von Verwandtschaftssystemen. Wir werden diese Entwicklungen nun der Reihe nach beschreiben.

Die Transformation von *Sex* zu *Gender* besteht darin, dass den sexuellen Beziehungen und Begierden Namen gegeben, dass diese Beziehungen kulturell gestaltet werden: »Anziehung«, »Erotik«, »Liebe« sind solche Begriffe. Sie entstanden nicht erst in der Neuzeit, sondern können in viel früheren Dokumenten, wovon das Alte Testament ein eher junges ist, nachgewiesen werden. Biologisch vorausgesetzt ist bei dieser Transformation, dass die Empfangsbereitschaft der Frau sich von Zyklen löst und die Frau kontinuierlich empfangsbereit wird. Erst dann lässt sich die sexuelle Beziehung kulturell steuern, das heißt: an das zentrale Motiv der erotischen Liebe binden.

Die zweite Entwicklung besteht darin, dass die erotisch begründete Paarbeziehung auf Dauer angelegt wird. Das heißt, dass die aus dieser Beziehung hervorgehenden Kinder einen Vater bekommen, der regelmäßig anwesend und damit »familiarisiert« ist. Diese Entwicklung ist insofern eine kulturelle Leistung, als es bei den Frauen evident ist, dass sie von ihren Kindern die Mütter sind. Bei den Männern bleibt es demgegenüber offen, in welcher Beziehung sie zu ihren Kindern stehen. Diese Beziehung muss ebenfalls einen Namen bekommen, sie muss gestaltet werden. Einen Nachhall dieser Differenz finden wir noch heute, wenn sich die Gesamtzahl der Alleinerziehenden auf ca. 80 Prozent Mütter und 20 Prozent Väter verteilt (genaue Zahlen weiter unten) oder wenn die Literaturrecherche nach abwesenden Vätern und Müttern ein deutliches Übergewicht bei den Vätern hervorbringt: Es ist die Anwesenheit des Vaters, die erklärungsbedürftig ist, und nicht die der Mutter. Anstatt dass nun aber gerade das nicht zu Erwartende, nämlich die Mutterabwesenheit, zum Thema gemacht wird, ist es die Abwesenheit des Vaters. Daraus schließen wir, dass es mit der Familiarisierung des Vaters, die menschheitsgeschichtlich in den Anfängen der Familie zu verorten ist, bis heute nicht so recht geklappt hat. Wenn es eines letzten Beweises dafür bedürfte, dann wären dies die »Kuckuckskinder«.

Die dritte Entwicklung in den Anfängen der Familienentwicklung besteht darin, dass Verwandtschaftssysteme entstehen. Es wird nun reguliert, wer mit wem sexuelle Kontakte unterhalten darf. Vor allem entsteht jenes Tabu, das als zentral für die Entwicklung menschlicher Kultur und Zivilisation gilt: nämlich das *Inzesttabu*. Es ist dafür verantwortlich, dass Sexualpartner(innen) nicht mehr im eigenen Familien- bzw. Sippenzusammenhang, sondern bei Fremden gesucht werden. Waren Fremde bisher nur Feinde, so werden sie nun zu Vertragspartnern, mit denen *Allianzen* geschlossen werden. Sozial und kulturell betrachtet, dient das Inzesttabu nicht dazu, Erbschäden zu vermeiden oder den Genpool möglichst breit anzulegen. Es dient dazu, »einen Schwager zu gewinnen«, wie ein einheimischer Informant im brasilianischen Regenwald Claude Lévi-Strauss mitteilte. Sippen werden miteinander durch komplizierte Regeln des Frauentauschs verbunden.

Die Frühgeschichte der Familie kann mithin betrachtet werden als ein Ringen darum, elementare natürliche Vorgänge, nämlich für Nachwuchs zu sorgen und ihn zu erhalten, in eine soziale und kulturelle Form zu bringen, so dass am Ende das Soziale und Kulturelle die Oberhand über das Natürliche gewinnt. Ähnliches beobachten wir, das sei zur weiteren Erläuterung nebenbei bemerkt, auch bei einem anderen natürlichen Vorgang, dem Essen: Es ist kein Wunder, dass gerade dieser Bereich, der tief in der menschlichen Natur verankert ist, zum Kernpunkt ritueller Veranstaltungen wie z. B. des Abendmahls in den christlichen Religionen wurde.

Gibt es Grundzüge familialen Lebens, die in allen Zeiten und in allen Kulturen Bestand haben? Einige Elemente des Bemühens um die Vorherrschaft des Sozialen und Kulturellen über das Natürliche in der Menschheitsgeschichte haben insofern eine erstaunliche Konstanz bewiesen, als sie in allen Gesellschaften (mit nur wenigen Ausnahmen) anzutreffen sind. Mutiger gesprochen: Es gibt Invarianzen des Zusammenlebens in der Familie über alle Kulturen und alle Zeiten hinweg. Mit der Behauptung von Invarianzen gilt es jedoch vorsichtig umzugehen. Claude Lévi-Strauss liefert dazu zwei Versionen, eine weitgehende und eine weniger weitgehende. Beginnen wir mit der letztgenannten. Hierzu schreibt er: Es gibt keinen dogmatischen Standpunkt hinsichtlich der invarianten Besonderheiten der Familie. Man kann nur sagen, dass die konjugale (auf eine Ehe gegründete) Familie offenbar recht häufig ist, und wo sie fehlt, handelt es sich um Sondergesellschaften. Die konjugale Familie ist offenbar eine Mittellösung, ein Gleichgewicht aller möglichen Formen, für die sich alle Gesellschaften entschieden haben. Aber dieses Gleichgewicht, so schließt Lévi-Strauss, ist auch nicht für ewig austariert. Als Beispiele führt er den Kibbuz an, beeilt sich aber hinzuzufügen, dass dieses Experiment der Kollektiverziehung gescheitert sei. Als weitere Kandidaten für die Bedrohung der konjugalen Familie sieht er die Zunahme eheähnlicher Verhältnisse, die wachsende Erwerbsbeteiligung der Frauen und den Umstand, dass die Kommunikation innerhalb der Altersgruppen zunehmend die Kommunikation zwischen den Altersgruppen überwiege. Das heißt, dass die Eltern-Kind-Beziehung zunehmend Konkurrenz durch die Beziehungen der Kinder und Jugendlichen in ihren Altersgruppen bekomme. Lévi-Strauss führt diese Gedanken nicht weiter, aus gutem Grund: Prognosen sind Prophetien, und Prophetien haben nichts mit Wissenschaft zu tun.

Lévi-Strauss hat auch eine härtere Formulierung anzubieten. Sie lautet: Der Ursprung der Familie liegt in der Ehe. Kinder werden demnach in bestehende Allianzen hineingeboren. Diese schließen den Ehemann, die Ehefrau und die aus ihrer Verbindung hervorgegangenen Kinder ein und bilden daraus einen Kern, dem sich eventuell noch andere Verwandte beigesellen. Es ist nicht zwingend, dass der leibliche Vater immer präsent ist. Manchmal steht an seiner Stelle auch Mutters Bruder. Die Familienmitglieder sind geeint durch juristische Bande. In Stammeskulturen gibt es derlei nicht, sondern es gibt mündlich tradierte Vereinbarungen, die dennoch ebenso verbindlich sind wie juristische. Die Partner gehen Rechte und Pflichten religiöser, ökonomischer oder anderer Art ein. Und schließlich besteht ein genau beschreibbares Netzwerk von sexuellen Rechten und Verboten und ein variabler und vielfach geschichteter Gesamtkomplex von Gefühlen, wie Liebe, Zuneigung, Respekt, Furcht usw.

Die Herausbildung des westeuropäischen Familienmodells. Bei dieser Entwicklung geht es im Wesentlichen um Ausdifferenzierung und damit Grenzziehungen – einmal um die Grenze zwischen Familie und Verwandtschaftssystem, zweitens um die Grenzen zwischen Familie und Gemeinde. Und schließlich geht es um die Grenzen innerhalb der Kernfamilie. Wir beginnen mit den Grenzen zwischen Familie und Verwandtschaftssystem. Die Spuren des westeuropäischen Familienmodells – das ist jenes Modell, von dem heute angenommen wird, dass es sich überholt habe – gehen zurück auf die Wende vom ersten Jahrtausend nach Christus zum zweiten Jahrtausend. Es entstand, als mit dem römischen Weltreich das römische Familienmodell abgedankt hatte und nach einer langen Phase der Stagnation sich Neues herausbildete. Das Neue in Bezug auf die Familie bestand nun darin, dass nicht mehr, wie noch unter römischer Herrschaft, der Familienälteste die Verantwortung für Haus und Hof übertragen bekam, sondern die mittlere Generation. Sie hatte den Vorzug gegenüber den Alten, noch eine längere Lebensspanne vor sich zu haben und noch weitgehend über körperliche und geistige Kräfte zu verfügen. Für die Alten musste jedoch eine Lösung gefunden werden, nachdem man sie ihrer Macht beraubt hatte. Man konnte sie nicht einfach sich selbst überlassen. So entstand das Ausgedinge (Altenteil) – ein eigener Raum, ein eigenes Häuschen auf dem Hofgelände oder in der Stadt. Auf diese Weise wurden zwei Haushalte und zwei Familien gebildet. Auf der kulturellen Ebene wurde diese Entwicklung dadurch unterstützt, dass der Ahnenkult durch das Christentum zurückgedrängt wurde.

Die frühe westeuropäische Familie war eine Einheit von Produktion und Konsumption – man lebte und arbeitete zusammen. Das damit verbundene Familienmodell ist durch vier Merkmale gekennzeichnet: durch die erwähnte Reduktion auf eine Zwei-Generationen-Familie und die entsprechende, vertraglich gesicherte Ausgliederung der älteren Generation; durch die Neolokalität, was bedeutet, dass das neue Paar einen eigenen Haushalt gründet; durch ein relativ hohes Heiratsalter, weil die Heirat an die Hof- oder Geschäftsübergabe gekoppelt ist und die Alten in der Regel zögern, in den Altenteilerstand überzugehen; und schließlich tendieren die Paare zu einer partnerschaftlichen Beziehung, denn die Altersabstände zwischen den Partnern sind relativ gering. Ein solcher Haushalt wird je nach Größe des Hofs oder Geschäfts durch Gesinde (Knechte, Mägde) erweitert. Dabei handelt es sich um *life cycle servants*, also um Lebensabschnittsbedienstete, die diesen Status aufgeben, sobald sie genug Geld zusammenhaben, um mit einem Partner bzw. einer Partnerin einen Hof zu kaufen oder den ererbten Hof zu übernehmen.

Wie sehr eine solche Ordnung weniger eine Familien- als eine Arbeitsordnung ist, zeigt die Sitzordnung am Esstisch, die der Stellung in der Hierarchie der Arbeitsordnung entspricht. Oben sitzt der Herr über den Hof, der Bauer, neben ihm die Herrin über den Innenbereich, die Bäuerin, ganz unten der Hütejunge, und wenn es der Sohn des Bauern ist. Später kommt es allerdings zu einer weiteren Ausdifferenzierung von Bediensteten und Kernfamilie, und die Bauernfamilie isst alleine.

Die Binnendifferenzierung der Kernfamilie wird weitergetrieben, als im 17./18. Jahrhundert ein Prozess beginnt, in dem Wohn- und Arbeitsstätten voneinander getrennt werden. Der Vater verschwindet für einen erheblichen Teil des Tages aus der Familie und geht auswärts seinen beruflichen Tätigkeiten nach. Die Mutter verschwindet aus der Arbeitsordnung der Familie, indem sie noch für den familialen Binnenbereich, jedoch nicht mehr für die innerhäusliche Produktion zuständig ist. Zwar verfügt die bürgerliche Familie bis ins 20. Jahrhundert hinein über Hauspersonal, aber dies dient zunehmend den privaten Bedürfnissen. Während die Mutter also an Bedeutung im Produktionsbereich verliert, gewinnt sie im Emotionalen. Der Unterschied ist nur der, dass sich sukzessive eine Arbeitsteilung zwischen Emotionalität, die vorwiegend weiblich, und Instrumentalität, die vorwiegend männlich kodiert ist, einrichtet. Verschärft wird dies durch die weitere Verlagerung von Tätigkeiten des Familienhaushalts in die Öffentlichkeit. Zunächst wären typische Hausarbeiten (Nähen, Einkochen etc.) zu nennen, die zunehmend durch Maschinen erleichtert oder deren Ergebnisse durch industriell erzeugte Produkte ersetzt werden. Dann werden Kinderbetreuungsaufgaben zunehmend nach außen verlagert, von der Kindererziehung im Kindergarten bis zur Betreuung im Krankheitsfall. Schul- und Berufsausbildung werden zur öffentlichen Angelegenheit, und am Ende ist die Familie reduziert auf den »Hafen in einer herzlosen Welt« (Christopher Lasch), also auf einen Sozialzusammenhang, in dem es um (emotionale) Beziehungen und sonst um nicht mehr viel geht. Dieses Gebilde erlebte seine höchste Blüte in den 1950er Jahren und ist seit dem Ende der 1960er Jahre zunehmend der Kritik ausgesetzt.

Grenzen zwischen der Familie und der Gemeinde. In der *modernen Familie*, in der Familie jener Phase also, in die das »Goldene Zeitalter der Familie« (Sieder 1987, S. 243) fällt, wird der Zwei-Generationen-Charakter der Familie in der öffentlichen Wahrnehmung und in den gesellschaftlichen Praktiken festgeklopft. Aufgabe des bürgerlich-konservativen Staates seit dem 19. Jahrhundert ist es, die Familie zu schützen, und mit Familie ist hier die Zwei-Generationen-Familie gemeint. Im Notfall sind die direkten Verwandten in auf- und absteigender Linie, die Eltern und die Kinder also, zu Unterstützungsleistungen gesetzlich verpflichtet. Die anderen Verwandten, auch die Großeltern und die Enkel, werden nicht herangezogen. Zwischen der Familie und der Außenwelt, inklusive der Verwandten, bestehen Grenzen nicht nur der finanziellen Art. Haustüren, zu denen der eine einen Schlüssel hat, der andere nicht, Türklingeln, Zeiten, zu denen man anrufen darf, und Zeiten, zu denen sich das nicht gehört, Anlässe, bei denen die einen zugelassen sind und andere nicht – dies sind nur wenige Beispiele für das alltägliche Erzeugen und Erleben von Grenzen zwischen der Familie und der Verwandtschaft, der Nachbarschaft und der Gemeinde. Die Ehe, so schreiben Berger und Kellner (1965), begründet einen nomischen Bruch, denn hier treffen zwei Fremde aufeinander, die aus verschiedenen – nicht zu weit voneinander fernliegenden – Welten kommen und nun ihre eigene soziale Welt erzeugen. Diese Welt macht sie dann wiederum in gewisser Weise zu Fremden gegenüber ihrer eigenen Herkunftsfamilie und ihrer eigenen Verwandtschaft.

Dass aus dieser Distanz heraus rege Beziehungen zur Verwandtschaft unterhalten werden, ist damit nicht ausgeschlossen. Tatsächlich leben die meisten Familien heute in Deutschland in einem Gebilde, das Hans Bertram eine »multilokale Mehrgenerationenfamilie« nennt. Konkret heißt das, dass 60 Prozent der Deutschen, die erwachsene Kinder haben, im selben Ort wie ihre Kinder leben, und 90 Prozent der Deutschen mit erwachsenen Kindern können diese innerhalb von zwei Stunden erreichen. Das bedeutet, dass die Ausdifferenzierung der Kernfamilie und die Verdichtung von Verwandtschaftssystemen sich nicht gegenseitig ausschließen, sondern Hand in Hand gehen.

Dieser letzte Satz lässt sich auch so formulieren: Familien in der Moderne stehen vor einer widersprüchlichen Aufgabe. Einerseits geht es um die *Kohäsion*, also um den Zusammenhang der Familie nach innen, zum anderen geht es um die *Adaptation*, also um die Orientierung der Familie auf ihre Außenwelt. Hier kommt es auf das jeweils angemessene Mischungsverhältnis an. Zu viel Adaptation, zu wenig Kohäsion führt zur Desintegration der Familie. Zu viel Kohäsion, zu wenig Adaptation führt zu Rigidität im Familienleben. Diesen ständigen Balanceakt bewältigen die Familien in der Regel, ohne weiter darüber nachzudenken. Was ihn gleichwohl weiter kompliziert, ist der Umstand, dass im Laufe eines Familienzyklus das Mischungsverhältnis von Kohäsion und Adaptation sich ständig verändert, zum Beispiel den sich ändernden Bedürfnissen und Orientierungen der Kinder anpasst: Ist ein Familienmilieu, welches gut nach außen abgegrenzt ist und in dem der Grenzverkehr zwischen innen und außen gut geregelt ist, ein angemessener Rahmen für das Aufwachsen eines Kleinkindes, so unterstützt ein Familienmilieu, das flexibel mit Grenzen umgehen kann, die sich ablösenden Jugendlichen. Aber auch hier wird im Zweifelsfall – und dieser Fall tritt oft ein – damit gerechnet, dass die kohäsiven Kräfte der Familie wiederaktiviert werden können, sollten sie benötigt werden.

Zur Binnenstruktur von Familien. Was geschieht denn nun im Inneren von Familien, wenn sie sich gegenüber der Außenwelt abgegrenzt haben? Werden sie weltflüchtig? Das werden sie nicht, im Gegenteil. Im abgegrenzten Raum bietet die Familie ihren Mitgliedern einen Satz von modellhaften Erklärungen für sich und die Welt an, den David Reiss *Familienparadigma* nennt. Dabei geht es um drei grundlegende Themen: um die Betonung der graduellen Trennung zwischen der Familie und ihrer Umgebung, um den Erhalt einer über Generationen tradierten Familienkultur und schließlich darum, dass Familien in unterschiedlicher Weise ihre Beziehung zu ihrer Umwelt gestalten – die einen eher passiv, die anderen eher aktiv.

Das Familienparadigma wird durch zwei Mechanismen aufrechterhalten: durch *Zeremonien* und durch *Regulatoren des Familienmusters*. Zu den *Zeremonien des Familienlebens* gehören formalisierte und repetitive Muster, die das Bild der Familie von sich selber formen. Sie werden sowohl den Familienmitgliedern als auch der Außenwelt gegenüber ausgedrückt. Einerseits geht es hier um Geburtstags- und andere Familienfeiern, wie sie Evan Imber-Black und Janine Roberts (1993) unter dem Begriff der Rituale beschrieben haben. Rituale stellen eine Kontinuität von Vergangenheit und Zukunft her. Dazu gehören aber auch Zeremonien der Erniedrigung, z. B. das Verfahren, jemanden in der Familie zum schwarzen Schaf zu deklarieren. Solche Zeremonien haben die Aufgabe, problematische Aspekte des Familienlebens zu verdecken. Sie vermitteln eine andere Zeitvorstellung als Rituale, denn sie frieren die Familienentwicklung an einem bestimmten Punkt in der Zeit ein. *Regulatoren des Familienmusters* sind hochroutinisierte Sequenzen, die zwei grundlegende Ressourcen des Alltagslebens organisieren: Zeit und Raum. Zunächst zur *Zeit*. Hier geht es um Zeitregulierung im Familienablauf sowie um die Orientierung in der Zeit, sowohl kurz- wie auch langfristig. Beispielsweise stecken hinter den Handlungsmustern des Sparens bzw. Schuldenmachens je unterschiedliche Zeitmuster. Beim *Raum* geht es um Prozesse der Regulation an den innerfamilialen Grenzen sowie um jene zwischen Familie und Außenwelt. Innerhalb der Familie bedeutet Grenzarbeit, Privatheit zu etablieren. Jenseits der Familiengrenzen geht es darum, wie sich die Familie den öffentlichen Raum erschließt, ob sie sich eher als weltoffen oder als weltabgewandt verhält. Reiss gibt dafür das Beispiel, ob die Familie Geburtstage zu Hause oder in der Öffentlichkeit feiert.

Reiss' Überlegungen machen deutlich, wie Familien gegenüber der Außenwelt ihre relative Autonomie herstellen und aufrechterhalten: Sie bedienen sich der Ressourcen der sie umgebenden Welt, also der jeweiligen gesellschaftlichen Handlungs- und Orientierungsmuster, und passen sie der Spezifik ihrer eigenen Welt an. Was dabei im gelingenden Fall herauskommen kann, beschreibt Froma Walsh (2006) unter dem Stichwort der *Resilienzfaktoren* in Familien. Familien fördern die Entwicklung ihrer Kinder, wenn sie die folgenden Elemente einer Familienwelt entwickelt haben: *Familiale Überzeugungssysteme*, die Sinngebung, positive Zukunftsorientierung und Spiritualität beinhalten, *organisatorische Muster*, die auf Flexibilität und Verbundenheit gerichtet sind, sowie *innerfamiliale Kommunikationsprozesse*, die Klarheit, Offenheit und Kooperation aufweisen, bilden aus Froma Walshs Sicht die Schlüssel zur Resilienz im Familiensystem, die die Familie benötigt, um innerfamiliale Krisen sowie Krisen, die von außen kommen und den Erhalt der Familie bedrohen, zu bewältigen.

Wir erinnern an die eingangs dieses Kapitels formulierten Überlegungen, dass eine Familie, ob man sie nun weiterhin *Familie* oder *persönliche Beziehungen* nennen will, durch die Unendlichkeitsfiktion, durch personelle Unersetzbarkeit, durch emotionale Interdependenz und durch persönliches Wissen voneinander gekennzeichnet ist. Diese Elemente bilden einen Rahmen, innerhalb dessen die erwähnten Familienmuster entwickelt werden. Diesen Rahmen kann man nicht so leicht aufgeben, Unendlichkeitsfiktion und die personelle Unersetzbarkeit sind konstitutiv für ein Zusammenleben im Rahmen der Familie oder der persönlichen Beziehungen. Und wenn es dennoch zur Auflösung kommt, dann nicht in Form des legendären »Ich gehe dann mal Zigaretten holen«, sondern in langwierigen und in der Regel leidvollen Prozessen.

Mit dem Verweis auf Familienmuster und seine zentralen Aspekte Welterklärung (familiale Wissens- und Überzeugungssysteme), Organisation und Kommunikation ist das Thema der binnenfamilialen Struktur aber noch längst nicht ausgeschöpft. Es ist nur der Boden bereitet für den Auftritt der Hauptfigur. Sie heißt: die sozialisatorische Triade.

Überall dort, wo drei zusammen sind, kommt es zu unvermeidlichen Strukturierungsprozessen, in denen es um Gegensätze geht – sei es, dass diese Gegensätze erzeugt, sei es, dass sie aufgehoben werden. Die elementare Zahl des Sozialen ist die Zahl 3 (Simmel 1908). In der Familie heißt 3: Vater, Mutter und Kind. In diesem Beziehungsgeflecht, das bereits vor der Geburt des Kindes in Gestalt einer »Triade der Fantasie« (Buchholz 1990) zu wachsen beginnt, kommt es kontinuierlich zu 2:1-Konstellationen in wechselnder Zusammensetzung: Mutter + Kind : Vater; Vater + Kind : Mutter; Vater + Mutter (= Paar) : Kind. Diese Konstellationen bedeuten jeweils Einschluss und Ausschluss gleichermaßen. Weil sie aber ständig wechseln, ist es nicht immer dieselbe Person, die ausgeschlossen ist. Anders formuliert: Als Mitglied einer solchen Konstellation, die die Entwicklungspsychologinnen Elisabeth Fivaz-Depeursinge und Antoinette Corboz-Warnery (2000) die *kooperative Allianz* bzw. *Familienallianz* nennen, erlebt man ständig Prozesse des Ein- und des Ausschlusses in wechselnden Konstellationen: Der Sohn hat eine andere Beziehung zur Mutter als zum Vater und umgekehrt, er lernt die Vielfalt dieser Beziehungen durch entsprechende Konstellationswechsel regelmäßig kennen, und er kann beobachten, wie die jeweils ausgeschlossene Person reagiert – zieht sie sich beleidigt zurück, greift sie ein, wo sie nichts zu suchen hat, schaut sie wohlwollend aus der Position der außenstehenden Dritten auf die Interaktion in der jeweils aktiven Dyade? Zu diesen drei 2:1-Konstellationen kommt noch eine vierte: alle drei zusammen.

Elisabeth Fivaz-Depeursinge und Antoinette Corboz-Warnery (sie seien stellvertretend für viele andere genannt) machen es von der Fähigkeit, in triadischen Konstellationen zu agieren, abhängig, ob ein Kind gut gedeihen kann oder nicht. Ihren Beobachtungen zufolge können Kinder ab dem dritten Monat die vier Konstellationen identifizieren, wenn die Eltern bei der Herstellung der jeweiligen Allianzen kooperieren. Ab dem neunten Monat kann ein Kind aktiv in diesen Konstellationen interagieren – wiederum vorausgesetzt, den Eltern gelingt es, eine *stabile trianguläre Struktur* mit wechselnden Konstellationen zu schaffen. Diese Struktur prägt ein Familienleben über die Veränderungen durch die Familienentwicklung hinweg nachhaltig.

Des Weiteren besteht in Familien eine Tendenz, sowohl problematische als auch gelingende trianguläre Strukturen an die nächste Generation weiterzugeben. Das hängt damit zusammen, dass die interpersonale Beziehungsstruktur in der Familie und die innerpsychische Struktur eine hohe Parallelität aufweisen. Persönlichkeitsstrukturen bilden sich heraus in triangulären Prozessen in der familialen Interaktion, in der Familienallianz im oben definierten Sinne also. Ausgestattet mit dieser Persönlichkeitsstruktur, begründen die so sozialisierten – besser: individuierten – Personen ihre eigene Paarbeziehung, die sich gegebenenfalls zur Familie entwickelt. Und wenn dann die Anlässe zum Identitätswandel knappgehalten werden, wenn jemand das, was ihm die Eltern in der Familienallianz vorgegeben haben, nicht gestaltet, dann prägt die Triadenstruktur seiner Herkunftsfamilie *unmittelbar* die triadische Allianz in seiner eigenen Familie. Anders gesprochen: In jedem Fall prägt die Familienallianz die Persönlichkeitsstruktur, aber sie ist kein unüberwindbares Schicksal. Sie ist zur Gestaltung freigegeben. Je nachdem, wie die Gestaltungsspielräume genutzt werden, kommt es in der nächsten Generation zu vergleichbaren, zu mehr oder weniger angemessenen triadischen Konstellationen.

Wozu ist also die Familie gut?

Unser Eilmarsch durch die Menschheitsgeschichte, soweit die Familie betroffen ist, hat folgendes Ergebnis gebracht: Im Übergang von der Natur zur Kultur wird die triebgesteuerte Paarung durch die persönliche Beziehung abgelöst, der Vater wird familiarisiert, und es bildet sich ein Verwandtschaftssystem mit geregelten Allianzen und klaren Regeln für Partnerwahl und für die Ausübung von Sexualität. Als Nächstes differenziert sich die Kernfamilie aus dem Verwandtschaftssystem aus und reduziert sich auf ein aus zwei Generationen bestehendes Gebilde. Aus der Ausgrenzung aus dem Verwandtschaftssystem heraus nimmt die Kernfamilie strukturierte Beziehungen zum Verwandtschaftssystem und zur allmählich entstehenden Öffentlichkeit außerhalb des Verwandtschaftssystems auf. Privatheit und Öffentlichkeit haben sich ausdifferenziert. In jedem Bereich herrschen andere Regeln für Nähe und Distanz, für Aufgaben und Verbindlichkeiten – eine Stelle kann man kündigen, die Mutterschaft nicht. Den Chef kann man auf Distanz halten, wenn er einen in seine privaten Angelegenheiten hineinziehen will, die eigene Partnerin nicht. Denn für den Chef ist man ein Rollenträger, für die Partnerin eine ganze, ungeteilte Person.

Die Aufgabe der Familie besteht nun darin, ihre Kinder in eine Welt einzuführen, die in Bereiche unterschiedlicher Nähe und Distanz differenziert und insgesamt recht komplex geworden ist. Dazu dienen die triadische Struktur familialer Sozialisation, die familienspezifische Vermittlung von Welt in eigenen Deutungssystemen, innerfamiliale Organisations- und Kommunikationsstrukturen. Dauer und Verlässlichkeit der innerfamilialen Beziehungen, garantiert durch die Unendlichkeitsfiktion und durch die Nichtersetzbarkeit von Personen, stabilisiert durch die erotische und affektive Beziehung des Paares, sichern die Stabilität und Dauer der Familie als eines Ortes sozialisatorischer Interaktion.

Ist die Familie am Ende?
Und wenn ja: Was kommt danach?

Im vierten und letzten Band von Claude Lévi-Strauss' Werk *Geschichte der Familie* ziehen die Mitherausgeber Martine Segalen und Françoise Zonabend hinsichtlich der Familie in Frankreich das Fazit, dass das vorherrschende Familienmodell der Kernfamilie weiterhin einen festen Bezugspunkt bildet. Andere Modelle würden akzeptiert, blieben jedoch in der Minderheit. Ebenso bleibe das normative (westeuropäische) Familienmodell wirksam. So weit die französische Position: Krisenszenarien und Auflösungsprophetien haben in diesem Land, in dem Familien- und Verwandtschaftsbeziehungen ungebrochen gepflegt werden, keine Konjunktur.

Anders ist die Situation in Deutschland. Ob die Familie am Ende sei, ist das dominante Thema vom Feuilleton bis hin zur Familiensoziologie. Axel Honneth, ein Sozialphilosoph, schreibt, die Ehe und die Kernfamilie hätten ihre selbstverständliche Legitimität in der Werteordnung der bürgerlichen Gesellschaft verloren. Dies weise auf einen Wandel in den *kulturellen Einstellungen* gegenüber der Familie hin. Des Weiteren habe die Familie das Monopol auf das Zusammenleben und auf die Kindererziehung verloren. Dies beschreibe einen Wandel in den *sittlich-rechtlichen Praktiken*. Und schließlich bildeten

Ehe und Familie kein biografisches Leitmuster mehr. Dies weise auf einen Wandel in den *persönlichen Motiven* zur Paar- und Familiengründung hin. Was hier so lakonisch vermeldet wird, beschreibt ein Erdbeben bei einer Vergesellschaftungsform, von der behauptet wird, sie weise elementare Strukturen auf. Ungeachtet dessen fordert Lothar Krappmann lakonisch, in Zeiten gestiegener Trennungs- und Scheidungsraten Ruhe zu bewahren. Die Kinder müssten eben lernen, mit dem Vorhandensein multipler Mutter- und Vaterschaften zurechtzukommen. Auch müssten sie sich mit einem mit jeder Trennung weiterwachsenden Verwandtschaftsnetzwerk anfreunden. Und schließlich müssten sie sich dauerhaft auf die Abwesenheit von Vätern und entsprechend auf die Wiederkehr des Matriarchats einrichten. Was das für die historisch über lange Zeiträume gewachsene Struktur der Familie der Moderne, nämlich die triadische Struktur der Kernfamilie und ihre Leistungen für die Sozialisation des Kindes bedeutet, vor allem: was an die Stelle der Triade treten soll, daran verwenden die Autoren kein Wort.

Anders Rosemarie Nave-Herz. Sie hat für die deutsche Familienforschung etwa die Rolle, wie sie Martine Segalen für Frankreich hat, und sie stellt folgende Diagnose zur Zukunft der Familie: Im Prinzip ändere sich nicht viel, denn fast alle Menschen in Deutschland würden in ihrem Leben irgendwann einmal eine Familie gründen. Je nachdem, ob man Querschnittsdaten (ständiger Anteil von 30 Prozent Unverheirateten) oder lebenslaufbezogene und damit Längsschnittsdaten (fast jedermann gründet irgendwann in seinem Leben eine Familie) heranzieht, gelangt man zu völlig konträren Schlussfolgerungen. Neuere Entwicklungen zeigen, dass bei bestimmten Populationen Sonderentwicklungen zu beobachten sind. So berichten Fachleute der Kinder- und Jugendhilfe, dass in strukturschwachen Regionen Ostdeutschlands es zunehmend zu einem Lebensziel junger Frauen werde, nach einem gescheiterten Schulabschluss ein Kind zu bekommen, sich diesem in einer gesellschaftlich anerkannten Rolle zu widmen und von Erziehungsgeld und Hartz IV zu leben. Männer sind in diesem Lebensentwurf als dauerhaft Anwesende nicht vorgesehen. Die Statistik untermauert diese Beobachtung. Das Statistische Bundesamt teilt im Jahr 2004 mit, dass die nichteheliche Familiengründung in Ostdeutschland zur mehrheitlichen Form des Übergangs zur Elternschaft geworden sei. 2000 lag ihr Anteil bei über 50 Prozent, in Westdeutschland bei knapp 20 Prozent, und nur ein Teil dieser Mütter heiratet später den Vater des Kindes.

Eine andere Beobachtung betrifft die Entwicklung zur »elternlosen Familie«, wie Tilman Allert plakativ formuliert. Er beschreibt einen Trend in der Familienpolitik, Eltern, vor allem Mütter, von Kindererziehungsaufgaben zu entlasten und stattdessen Angebote öffentlicher Kinderbetreuung bereitzustellen. Diese Politik wird erstaunlicherweise auch von konservativer Seite getragen. Gleichzeitig wird von derselben Politik im 7. Familienbericht der Bundesregierung (2006) das Modell der warm-modernen Fürsorge (Arlie Hochschild) favorisiert. Es handelt sich dabei um ein Modell, bei dem *beide* Eltern für ihr Kind sorgen, sich entsprechend Zeit freihalten und öffentliche Erziehungsangebote nur in dem Maße in Anspruch nehmen, wie sie dem Kind und seiner Entwicklung gemäß sind.

Unkonventionelle Familien sind solche, in denen die Triade abwesend ist

Halten wir also fest: Die Rede vom Zerfall oder gar vom Ende der Familie in der Vorstellung des westeuropäischen Familienmodells ist voreilig, die Triade ist nach wie vor relevant – wenn nicht als immer und überall praktizierte Familienform, so doch als normatives Modell.

Diese Annahmen bilden die sozialisationstheoretischen Grundlagen dieses Buches. Uns interessieren unterschiedliche Formen der Abwesenheit der Triade sowie die Frage, wie man mit diesen Familienformen in Beratung und Therapie umgeht. Abwesend sein können der Vater oder die Mutter, an ihre Stelle tritt ein anderer Mann oder eine andere Frau. Dies wäre die Situation in der Stieffamilie. Wo der Vater und die Mutter gleichzeitig abwesend sind, handelt es sich entweder um eine Adoptivfamilie oder um eine Pflegefamilie. Sie unterscheiden sich darin, ob die Abwesenheit der Eltern ein für alle Mal beschlossen ist, wie in der Adoptivfamilie, oder auf unbestimmte Zeit gilt, wie in der Pflegefamilie. Wo der Vater abwesend ist und an seine Stelle eine weibliche Person tritt, haben wir es mit einer gleichgeschlechtlichen Paarbeziehung und heterologer Insemination zu tun. Wir werden darstellen, wie die Akteure und Akteurinnen die Abwesenheit in der Triade gestalten, welche Konflikte dabei entstehen und welche Lösungen für diese Konflikte gefunden werden. Einige dieser Lösungen (beileibe nicht alle) erweisen sich als wenig tragfähig. Aus diesen Erkenntnissen werden wir Vorschläge für Beratung und Therapie entwickeln.

Ein Letztes: Ganz am Anfang dieses Kapitels haben wir erwähnt, dass in Europa und in den meisten der anderen Erdteile das westeuropäische Familienmodell normativ leitend geworden ist. Dies ändert nichts daran, dass wir, sobald wir eine gedanklich zwischen Triest und St. Petersburg gezogene Linie gen Osten überschreiten, es mit völlig anderen Familienmodellen zu tun haben, u. a. mit dem balkano-anatolischen Familienmodell (Karl Kaser). Ganz zu schweigen von Familienmodellen in anderen Weltgegenden, zum Beispiel in Westafrika oder in Asien. Wollten wir in die folgenden Analysen diese Familienmodelle mit einbeziehen, müssten wir ein ganz anderes Buch schreiben. Wir müssten uns mit der Frage auseinandersetzen, was es heißt, dass nicht Eltern, sondern entfernte Verwandte die geeigneten Erzieher eines Kindes sind, wie dies in vielen Staaten Westafrikas der Fall ist. Wir müssten uns mit der Clanverfassung und ihrem zentralen Thema, der Ehre, auseinandersetzen, dem jede individuelle Orientierung sich unterzuordnen hat. Wir müssten uns mit Gesellschaften, in denen die Vorschriftsheirat gilt, befassen. Diese kann mal mehr, mal so gut wie gar nicht unterlaufen werden. Damit wäre unsere Kompetenz erheblich überfordert, und daher bleiben wir bei dem, was wir zu können meinen: über Sozialisationsprozesse im Kontext des westeuropäischen Familienmodells und seine Variationen sowie über Fragen von Beratung und Therapie, die damit zusammenhängen, nachzudenken und die Ergebnisse dessen hier mitzuteilen.

Literatur

Einen ausgezeichneten Überblick über die aktuelle Diskussion zu Definitionsfragen in Sachen Familie gibt die Zeitschrift (2003) *Erwägen, Wissen, Ethik* 14 (3): 485–576.

Welche Rolle wissenschaftliches Wissen in Beratung und Therapie spielt, behandeln Rosmarie Welter-Enderlin und Bruno Hildenbrand (2004): Systemische Therapie als Begegnung. Stuttgart (Klett-Cotta), 4. Aufl.

Das Zitat »Wir dürfen nicht länger dem Glauben frönen ...« stammt aus dem Vorwort von Claude Lévi-Strauss (1996): Geschichte der Familie. Bd. 1 (Altertum). (Hrsg. von André Burguière, Christiane Klapisch-Zuber, Martine Segalen und Françoise Zonabend.) Frankfurt a. M. (Campus), S. 9–15. Zum Übergang von der Natur zur Kultur vgl. in Claude Lévi-Strauss (1985): Der Blick aus der Ferne. München (Fink), S. 73–104: »Die Familie«; Wolfgang Lipp (2000): Die Familie: Biologische Grundlagen, frühe kulturelle Entwicklungen. *Zeitschrift für Familienforschung* 12 (3): 61–87.

Zur Sozialgeschichte haben wir neben den oben erwähnten vier Bänden zur Geschichte der Familie folgende Werke herangezogen: Peter Laslett and Richard Wall (1972): Families and household in past times. London (Cambridge University Press); Michael Mitterauer (1990): Historisch-anthropologische Familienforschung. Wien u. a. (Böhlau); Heidi Rosenbaum (1993): Formen der Familie. Frankfurt a. M. (Suhrkamp); Christopher Lasch (1987): Geborgenheit. Die Bedrohung der Familie in der modernen Welt. München (dtv).

Zur zeitgenössischen Familiensituation beziehen wir uns vor allem auf: Peter Berger und Hansfried Kellner (1965): Die Ehe und die Konstruktion der Wirklichkeit. *Soziale Welt* 16: 220–235; Hans Bertram (2000): Die verborgenen familiären Beziehungen in Deutschland. Die multilokale Mehrgenerationenfamilie. In: Martin Kohli und Marc Szydlik (Hrsg.): Generationen in Familie und Gesellschaft. Opladen (Leske & Budrich), S. 97–121; Marc Szydlik (2000): Lebenslange Solidarität? Generationenbeziehungen zwischen erwachsenen Kindern und Eltern. Opladen (Leske & Budrich); D. H. Olson, H. I. McCubbin and associates (1984): Families. What makes them work. Beverly Hills, CA (Sage); David Reiss (1981): The family's construction of reality. Cambridge, MA/London (Harvard University Press); Evan Imber-Black und Janine Roberts (1993): Rituale in der Familie und Familientherapie. Heidelberg (Carl-Auer), 5. Aufl. 2006; Froma Walsh (2006): Strengthening family resilience. New York/London (Guilford), 2nd ed.; Siebter Familienbericht. Familie zwischen Flexibilität und Verlässlichkeit – Perspektiven für eine lebenslaufbezogene Familienpolitik. (Drucksache 16/1360 des Deutschen Bundestags, 26.04.2006.) Berlin; Arlie Hochschild (1995): The culture of politics: Traditional, postmodern, coldmodern and warm-modern ideals of care. *Social Politics* 2 (3): 331–347.

Zum Thema »Triade« beziehen wir uns auf: Elisabeth Fivaz-Depeursinge und Antoinette Corboz-Warnery (2001): Das primäre Dreieck. Heidelberg (Carl-Auer); Dieter Bürgin et al. (1996): Prä- und postnatale Triangulierung. In: Rosmarie Welter-Enderlin und Bruno Hildenbrand (Hrsg.): Gefühle und Systeme – Die emotionale Rahmung beraterischer und therapeutischer Prozesse. Heidelberg (Carl-Auer), S. 145–154; Michael Buchholz (1983): Dreiecksgeschichten – Eine klinische Theorie psychoanalytischer Familientherapie. Göttingen (Vandenhoeck & Ruprecht).

Zum Identitätswandel: Anselm Strauss (1968): Spiegel und Masken – Die Suche nach Identität. Frankfurt a. M. (Suhrkamp).

Zum Ende der Familie: Axel Honneth (1993): Zum Wandel familialer Lebensformen. *Merkur* 47 (1): 59–64; Lothar Krappmann (1988): Über die Verschiedenheit der Familien alleinerziehender Eltern. In: Kurt Lüscher, Franz Schultheis und Michael Wehrspaun (Hrsg.): Die »postmoderne« Familie. Konstanz (Universitätsverlag), S. 131–142; Rosemarie Nave-Herz (1998): Die These über den Zerfall der Familie. *Kölner Zeitschrift für Soziologie und Sozialpsychologie*, Sonderheft 38: Die Diagnosefähigkeit der Soziologie: 286–315. Zum »balkano-anatolischen Familienmodell«: Karl Kaser (1995): Familie und Verwandtschaft auf dem Balkan – Analyse einer untergehenden Kultur. Wien u. a. (Böhlau).

Statistische Angaben: Bundesministerium für Familie, Senioren, Frauen und Jugend (Hrsg.) (2003): Die Familie im Spiegel der amtlichen Statistik. Berlin.

2. Abwesender Vater, abwesende Mutter

2.1 Die Alleinerziehendenfamilie

>*Sie hat zu ihm gehalten, ohne Zögern. Mein Mann, sagte sie oft, einfach nur mein Mann, und mir gegenüber sagte sie: Vater.«* (Uwe Timm 2006, S. 43)

Alleinerziehendenfamilien – vier Fallskizzen • Aufwachsen in einer Alleinerziehendenfamilie: Ein Risiko? • Allein erziehen: Eine Angelegenheit vorwiegend von Müttern • Sozialstrukturelle Daten zum Alleinerziehen • Zur Situation von Familien Alleinerziehender, bei denen die Väter nachhaltig abwesend sind • Resilienzpotenziale in Familien Alleinerziehender • Abwesender Vater – desertierter Vater? • Eine seltene Spezies: Alleinerziehendenfamilien mit einem Vater • Alleinerziehendenfamilien in Beratung und Therapie • Literatur

Alleinerziehendenfamilien – vier Fallskizzen

Der bayerische CSU-Politiker und derzeitige Ministerpräsident Horst Seehofer war Gegenstand der Sensations- und auch der seriösen Presse, als er 2007 Vater einer Tochter wurde, die aus einer Beziehung mit der Büroleiterin eines CDU-Politikerkollegen in Berlin entstand. 2007 war Seehofer 58 Jahre alt, in zweiter Ehe verheiratet und Vater von drei Kindern, die er mit seiner zweiten Frau hat. Die von der Presse als »Geliebte« bezeichnete Frau ist 25 Jahre jünger. Der Name der gemeinsamen Tochter ist Anna (Mutter der Jungfrau Maria) Felicia (die Glückliche). In einem besonders bunten Blatt beklagt sich die Mutter dieses Kindes, dass Seehofer zu seiner zweiten Frau zurückgekehrt sei und dass er sie, trotz anderslautender Versprechungen, sitzengelassen habe. Seehofer kümmere sich um seine Tochter, indem er SMS schicke. Sie selbst suche eine Tagesmutter für ihr Kind und hoffe auf einen Krippenplatz im Januar (2008). Unterdessen erscheint auf der offiziellen Homepage des Freistaats Bayern zwar unter der Rubrik »Lebenslauf« Seehofers viertes Kind, nicht aber seine Mutter: Seehofer firmiert als »verheiratet, vier Kinder«.

Seehofers CSU-Politikerkollege Markus Söder, derzeit bayerischer Umwelt- und Gesundheitsminister, ist ein vergleichbarer Fall.

Während seine Frau in Nürnberg das dritte Kind mit ihm erwartet, kümmere er sich nach Aussage der Mutter nicht um seine uneheliche Tochter Gloria Sophie (Ruhm und Weisheit), die 20 Minuten von ihm und seiner Familie entfernt in Nürnberg lebe. Er komme alle drei bis vier Monate einmal für ein paar Stunden vorbei. Demgegenüber erklärt Söder, dass er zu seiner Tochter stehe und die volle Verantwortung für sie übernehme (sueddeutsche.de vom 21.5.2007). Auf seiner Homepage erscheint zwar unter der Rubrik »Lebenslauf« Söders viertes Kind, nicht aber dessen Mutter: Er firmiert als »verheiratet, vier Kinder«. Wie bei Seehofer wird die alleinerziehende Mutter des außerehelichen Kindes getilgt.

Was bewegt Frauen, mit älteren Männern, die in einer etablierten Ehe und Familie leben, ein Kind zu haben? Der Seehofer-Fall ist dadurch charakterisiert, dass zwischen ihm und der Mutter seines außerehelichen Kindes ein Altersabstand von 25 Jahren besteht, und des Weiteren dadurch, dass diese Beziehung in Konkurrenz tritt zu einer zu diesem Zeitpunkt bereits seit 22 Jahren bestehenden Familie mit drei Kindern, die an der Schwelle zur Ablösung aus dem Elternhaus stehen oder es bereits verlassen haben. Möglicherweise war die nunmehr Verlassene in Berlin der Auffassung, mit Seehofer eine neue Familie nach dem Muster der »seriellen Monogamie« gründen zu können.

Bei diesen beiden Beispielen treffen zwei nicht miteinander vereinbare Lebensentwürfe aufeinander. Während die jeweilige Partnerin auf die Solidarität des gemeinsamen Lebenswegs setzt, ist es genau dieses Strukturmerkmal von Paar- und Familienbeziehungen, das letztlich den jeweiligen Partner daran hindert, mit ihren bestehenden Familien abzuschließen. Das Glück des Augenblicks ist der langen Dauer der Solidarität dann unterlegen, wenn es zur Entscheidung kommt, und die Leidtragenden sind die alleinerziehenden Mütter und ihre Kinder.

Die (in der Regel jüngeren) Partnerinnen werden in solchen Fällen vor Tatsachen gestellt, die sie nicht vorhergesehen haben. Norbert F. Schneider et al. (2001) haben in ihrer Studie bei den alleinerziehenden Eltern, die sie befragt haben, niemanden getroffen, der oder die das Alleinerziehen als einen Lebensentwurf gewählt hat (S. 136). Allerdings betonen einige der Befragten in dieser Studie, dass das Alleinerziehen für sie Entscheidungsfreiheit und persönliche Entwicklung bedeute. Das ist vor allem bei jenen Frauen der Fall, die die

Familie mit leiblichen Eltern und Kindern kritisch sehen (vermutlich, weil sie dort schlechte Erfahrungen gemacht haben).

Allerdings gibt es auch Fälle, bei denen Elternschaft ohne Partnerschaft als gänzlich neues Lebensmodell betrachtet wird. Schauen wir uns einen solchen Fall an.

Eine alleinlebende Künstlerin[1] aus einer rheinischen Großstadt verspürt einen Kinderwunsch, will jedoch nicht mit einem Partner zusammenleben, weil sie um ihre Freiheit und Unabhängigkeit fürchtet. Ihre Freundin, ebenfalls Künstlerin, die sie darüber ins Vertrauen zieht, bietet an, dass sich ihr Mann (ein freischaffender Kunstgewerbler), mit dem sie bereits ein Kind hat, als Vater zur Verfügung stellen könne. Nach ein bis zwei Jahren des Abwägens wird diese Lösung realisiert.

Die Beziehung zwischen dem daraufhin geborenen Martin und seiner Mutter gestaltet sich eng. Bis zu seinem vierten Lebensjahr wird Martin gestillt. Im ersten Lebensjahr zeigt Martin Ess- und Schlafprobleme, die die Mutter mit vermehrtem Stillen zu bewältigen versucht. Bis zum zehnten Lebensjahr schläft Martin im Zimmer seiner Mutter; als er aber ein eigenes Zimmer verlangt, wird ihm dies ohne Diskussionen zugestanden. Offenbar macht diese räumliche Differenzierung der Mutter keine Schwierigkeiten, so weit reicht die enge Verbundenheit der Mutter mit ihrem Sohn nicht.

Daraufhin befragt, erinnert sich die Mutter an wichtige Zeitpunkte von Entwicklungsschritten bei Martin nicht, und sie sagt, dass es ihr schwerfalle, mit Martin zu spielen und auf seine Eigenheiten einzugehen. Sie fragt: »Warum kann er sich nicht verhalten wie ein normales Kind?« Von seinem Vater wird Martin regelmäßig betreut, teils bei sich zu Hause, teils in der Wohnung von Martin und seiner Mutter. Die beiden spielen dann vor allem miteinander. Dies genießt der Vater, während er sich lebenspraktischen Anforderungen und Verpflichtungen eher entzieht.

Zur Mutter Martins hat der Vater regelmäßigen, auch intimen Kontakt, der aber nicht so weit geht, dass daraus eine längerfristige Partnerschaft entstehen könnte. Martins Mutter will ihre Freiheit behalten, sein Vater pendelt zwischen den beiden Familien; er hat auch an eine Trennung von seiner Ehefrau gedacht. Alimente für Martin

---

[1] Alle Personennamen, Orte, Ereignisse etc. sind so anonymisiert, dass der Sinn erhalten bleibt.

bezahlt er nicht, seine Beziehung zu ihm ist die eines Spielkameraden. Für den finanziellen Unterhalt kommt Martins Mutter selbst auf, dabei unterstützt von ihrem Vater.

Im Alter von zehn Jahren wird Martin von seiner Mutter nach einer Woche ferienbedingten engen Zusammenseins in einer kinderpsychiatrischen Einrichtung vorgestellt. Dabei werden als Martins aktuelle Probleme nächtliches Einnässen, Kontaktscheue außerhalb der Familie sowie massive Trennungsängste bezüglich der Mutter geschildert. Martin fürchtet, dass seiner Mutter außerhalb der Wohnung etwas zustoßen könne, und er will sie beschützen, wenn sie aus dem Haus geht.

Dieser Fall einer Leihvaterschaft zeigt zum einen, dass die Position des Dritten, des Vaters, ständig auf Realisierung drängt. Diese könnte hier so aussehen, dass der leibliche Vater fallweise die Position des Spielkameraden verlässt und der engen Mutter-Sohn-Bindung eigene Strukturierungsleistungen entgegensetzt. Dass es hier so weit nicht kommt, liegt an der Ambivalenz von Mutter und Vater gleichermaßen: Der Vater will keine dauerhafte Verantwortung übernehmen, und die Mutter verlangt auch nicht danach. Stattdessen bringt sie ihren eigenen Vater, Martins Großvater, ins Spiel, und die Entwicklung der Beziehung aller Beteiligten stagniert. Die Ambivalenz zwischen den Eltern kehrt wieder in Martins eigener Ambivalenz, wenn er zwischen einer Position als Mutters Beschützer einerseits, Mutters Baby andererseits hilflos gefangen ist.

Der vierte Fall, von dem hier zu berichten ist, hat die Situation der oben beschriebenen zwei Politiker zur Ausgangslage: jüngere Frau, älterer Mann mit eigener Familie, Kinder aus dem Haus, ein in Liebe gezeugtes Kind, Verlassen der jungen Frau und Rückkehr in die erste Familie nach Geburt des Kindes. Ebenso bestehen distanzierte Kontakte, aber die alleinerziehende Frau (wir nennen sie Frau A.) äußert erhebliche Probleme, ihre inzwischen im Vorschulalter sich befindende Tochter dem Vater zu Besuchszwecken zu übergeben.

Frau A. sagt: »Relativ problemlos wäre zurzeit ein Treffen auf ein oder zwei Stunden irgendwo. Meine Tochter sähe ihren Vater, ohne von mir weggerissen zu werden, und es wäre alles natürlich und ohne Verletzungen.«

Frau A. kann ihre Situation reflektiert beschreiben, und sie macht es sich nicht einfach. Aus eigener Erfahrung weiß sie, dass zum Aufwachsen einer Tochter der Vater dazugehört. Einstweilen sieht sie

eine Entlastung für ihre Tochter darin, dass ihr Stiefvater als Großvater zur Verfügung steht. Dabei ist ihr bewusst, dass ein Großvater
kein Äquivalent für einen leiblichen Vater ist. Es könnte ihr gelingen,
ein spezifisches Risiko Alleinerziehender zu vermeiden. Es besteht
darin (wie in der Fallskizze 1), dass es zu einem Zusammenschie-
ben von Generationen kommen kann, wenn eine alleinerziehende
Mutter auf ihre Eltern angewiesen ist. Es könnte sein, dass Frau A.
und ihr Kind beide als Kinder ihrer Eltern bzw. Großeltern angesehen werden und die Ausdifferenzierung der Generationengrenze
zwischen Mutter und Tochter zusammenbricht. Vor allem bei Teenagerschwangerschaften und -geburten kann dies eintreten, aber ein
solcher Fall liegt hier nicht vor.

Von der Existenz solchermaßen komplexer Situationen kann
aber nicht auf eine in der Zukunft scheiternde Lebensgeschichte geschlossen werden. Dazu als Einschub zwei Fälle:

Der Schauspieler Jack Nicholson kam auf die Welt, als seine Mutter 17 Jahre alt war, wuchs mit seiner Mutter in ihrem Kinderzim-
mer auf und hielt seine Großeltern für seine Eltern. Der Philosoph
Jean-Paul Sartre verlor seinen Vater, als er noch nicht ein Jahr alt
war, und wuchs mit seiner Mutter im Haus seiner Großeltern auf.
Beide, Nicholson wie Sartre, wurden auf je eigene Art kreative Personen, und beide pflegten einen je spezifischen Umgang mit Regeln:
Nicholson bevorzugte Rollen, in denen er sich quer zu allgemeinen
Regeln stellte und auf diese Weise ihre Problematik deutlich machte
(vgl. den Film *Einer flog über das Kuckucksnest*), und Sartre setzte sich
seine Regeln selber (vgl. sein Buch *Die Wörter*).

Das Risiko im vorliegenden Fall, bei der Tochter von Frau A. also,
liegt darin, dass es der Tochter auf lange Sicht schwerfallen könnte,
sich aus der engen Bindung zu ihrer Mutter zu befreien, wie dies
weiter vorne schon bei Martin zu beobachten war. Darauf weist die
Äußerung von Frau A. hin, die wir oben zitiert haben: »Meine Tochter sähe ihren Vater, ohne von mir weggerissen zu werden.« Andererseits ist Frau A. so reflektiert, dass sie angemessen auf ihre Tochter
eingehen wird, wenn diese – vermutlich um die Zeit ihrer Pubertät herum – entweder mit Unterstützung der Mutter oder auf eigene
Faust ihren Vater aufsuchen wird.

Aufwachsen in einer Alleinerziehendenfamilie: Ein Risiko?

Wir verlassen nun die Fallskizzen und kommen auf allgemeine Themen von Familien Alleinerziehender zu sprechen. In einer Alleinerziehendensituation aufzuwachsen ist zwar eine Sozialisationsbedingung, die ein Leben lang ein Thema sein wird. Diese Situation muss aber nicht zwangsläufig zu einer Störung führen, darauf haben wir weiter oben schon verschiedentlich hingewiesen: »Alleinerziehende sind nicht a priori eine Problemgruppe«, schreiben Schneider et al. (2001). Was aber ist, wenn es gar nicht um Alleinerziehende als »Gruppe« geht, sondern um die Kinder aus Alleinerziehendenfamilien? Sie stehen hier im Zentrum. Wir können hier schon sagen, dass der Befund der Forschergruppe um Norbert F. Schneider auch für Kinder aus Alleinerziehendenfamilien zutrifft: Auch sie sind nicht »a priori eine Problemgruppe«.

Die Risiken, in einer Alleinerziehendenfamilie aufzuwachsen, lassen sich einigermaßen abschätzen. Wir beziehen uns hier nicht auf Studien, die mit mehr oder weniger überzeugenden Instrumenten an großen Kollektiven psychische Gesundheit messen und dabei nicht zu handfesten Befunden kommen (Walper u. Wendt 2005). Stattdessen beziehen wir uns hier auf statistische Daten zur Zahl von Inobhutnahmen und zum Tod von Kindern zwischen dem ersten und dem dritten Lebensjahr.

Wir beginnen mit den Inobhutnahmen. Dabei handelt es sich um jugendamtliche Maßnahmen nach § 42 Kinder- und Jugendhilfegesetz, die dann ergriffen werden, wenn das Wohl eines Kindes gefährdet ist. Im Jahr 2000 kam es in Deutschland zu 20 729 Inobhutnahmen. Nur ein Viertel davon entfiel auf Kinder, die mit ihren leiblichen Eltern lebten, obwohl dort drei Viertel aller Kinder in Deutschland zu finden sind. Ein gutes Drittel der Inobhutnahmen entfiel auf Kinder aus Familien Alleinerziehender, diese machen aber knapp ein Fünftel aller Kinder in Deutschland aus. Und ein knappes Fünftel aller Inobhutnahmen entfiel auf Kinder aus Stieffamilien, wobei ein knappes Zwanzigstel der Kinder in dieser Familienform lebt. Das heißt: Das Risiko, in eine Situation zu geraten, die eine Inobhutnahme erforderlich macht, ist für ein Kind aus einer Alleinerziehendenfamilie deutlich größer als für ein Kind aus einer Familie mit seinen leiblichen Eltern, aber deutlich geringer als bei einem Kind, das mit einem Stiefelternteil aufwächst.

Dieser Befund kehrt wieder bei der Analyse einer Statistik über die Todesfälle von Kindern zwischen dem ersten und dem dritten Lebensjahr. Wir beziehen uns hier auf die *Danish Child Database* (vgl. Dencik 2002), in welcher die entsprechenden Daten jedes in Dänemark geborenen Kindes enthalten sind. Für die im Jahr 1981 geborene Kohorte verteilten sich die Todesfälle der Kinder zwischen einem und drei Jahren auf die verschiedenen Familienformen wie folgt: 92,1 Prozent der Kinder wuchsen mit ihren leiblichen Eltern auf, aber nur 82,3 Prozent der Kinder, die zwischen einem und drei Jahren starben, stammten aus dieser Familienform. 7 Prozent der Kinder wuchsen bei ihrer Mutter in einer Alleinerziehendenfamilie auf, aber auf sie entfielen 10,6 Prozent der Kinder, die starben. 0,4 Prozent der Kinder hatten Mütter, die mit einem neuen Partner zusammenlebten, jedoch betrug ihr Anteil an den Todesfällen von Kindern zwischen einem und drei Jahren 5,4 Prozent (Dencik 2002). Auch hier ist das Risiko eines Kindes in einer Alleinerziehendenfamilie höher als in einer Familie mit leiblichen Eltern, aber geringer als in Familien mit einem Stiefelternteil.

Diese beiden Befunde verdeutlichen zweierlei: (1) Wie auch schon die oben erwähnten Studien (Walper u. Wendt 2005) ergeben haben, zeigt es sich, dass aus einer spezifischen Familienform nur zu einem geringen Prozentsatz erhebliche Risiken für ein Kind ausgehen. (2) Des Weiteren belegt auch diese Übersicht, dass im Vergleich die Alleinerziehendensituation für das Aufwachsen von Kindern günstiger ist als die Stieffamiliensituation, vor allem in den ersten Lebensjahren.

Tatsächlich hält die Tatsache des Alleinerziehens die Mütter (weniger die Väter) davon ab, eine neue Partnerschaft einzugehen. Dies ist vor allem dann der Fall, wenn ihre Kinder in einer kritischen Phase sind, wozu Schneider et al. die Kleinkindphase sowie die Zeit der Pubertät zählen. Und wenn dann eine neue Partnerschaft eingegangen wird, was bei einem Drittel der Fälle in der Studie von Schneider et al. (2001, S. 310) der Fall ist, dann fühlen sich die Frauen immer noch als Alleinerziehende. Sie ziehen ihren neuen Partner zwar bei Betreuungs- und Erziehungsaufgaben heran, übergeben ihm aber keine Erziehungsverantwortung. Während alleinerziehende Väter die Entlastung bei den Erziehungsaufgaben durch die neue Partnerin begrüßen und insofern die neue Partnerin eher ohne weitere Umstände in die Alleinerziehendenfamilie integrieren, haben Frauen ein distanziertes

Verhältnis dazu, Fremde mit Erziehungsverantwortung zu betrauen. Sie ziehen es vor, ihren neuen Partnern nicht eine Stiefelternposition zuzumuten, sondern favorisieren die Position des »guten Freundes«.

Wir werden spätestens im Kapitel über Stieffamilien sehen, dass die Strategien weiblicher Alleinerziehender im Umgang mit einem neuen Partner mehr Resilienzpotenzial haben als die Strategien männlicher Alleinerziehender. Denn während Männer offenbar bei der Pflege von Kindern gerne auf Frauen zurückgreifen, trennen Frauen eher zwischen leiblichen Familienbeziehungen und eigener Partnerschaft. Sie übertragen seltener Erziehungsverantwortung auf einen später hinzukommenden Partner.

Uns kommt es in diesem Buch, welches von Beratung und Therapie handelt, naturgemäß nicht auf die gelungenen Fälle, sondern auf die kritischen Fälle an. Und wenn wir die kritischen Fälle behandeln, dann stellt sich für uns nicht nur die Frage, wie den Betroffenen in Beratung und Therapie geholfen werden kann. Sondern wir wollen darüber hinaus wissen, wie diese Familien bzw. die Kinder aus diesen Familien sich selbst geholfen haben. In anderen Worten: welche Resilienzpotenziale sie mobilisieren konnten, um trotz teils widriger Umstände ein autonom handlungsfähiges, mit sich selbst identisches Subjekt zu entwickeln. Denn die schiere Tatsache des Alleinerziehens oder der Stieffamiliensituation stellt nicht per se eine Beschädigung dar.

Allein erziehen: Eine Angelegenheit vorwiegend von Müttern

Ausweislich des Mikrozensus des Statistischen Bundesamtes für das Jahr 2007 liegt der Anteil der Ein-Eltern-Familien an allen Familien bei ca. 20 Prozent. Dabei ist ein deutlicher Ost-West-Unterschied zu beobachten. In Ostdeutschland liegt der Anteil der Alleinerziehenden bei knapp 26 Prozent, in Westdeutschland bei 16,7 Prozent aller Familien. Die Zahl der alleinerziehenden Mütter liegt in Ost- wie in Westdeutschland deutlich höher als die der alleinerziehenden Väter. In Westdeutschland kommt im Jahr 2000 auf 5,5 alleinerziehende Mütter ein alleinerziehender Vater, in Ostdeutschland kommt auf 7,5 alleinerziehende Mütter ein alleinerziehender Vater (eigene Berechnungen auf Grundlage der amtlichen Statistik).

Weshalb gibt es – über die Zeit hinweg relativ stabil – deutlich mehr alleinerziehende Mütter als alleinerziehende Väter? Auf diese Frage finden wir eine Antwort, die weit in die Menschheitsgeschichte zurückreicht und die wir im einleitenden Kapitel bereits angesprochen haben. Sie geht dahin, dass bei Frauen immer schon klar ist, dass sie es sind, die das Kind zur Welt gebracht und es gestillt und anderweitig versorgt haben. Für die Männer hingegen musste eigens eine kulturelle Deutung ihrer Vater- und Elternschaft entwickelt werden. Dieser zufolge bietet der Vater der Mutter-Kind-Beziehung Schutz sowie Kontinuität des Familienzusammenhangs. Damit dies möglich wird, muss der Vaterrolle eine Gattenrolle vorgeschaltet werden. Der Vater kann erst zum Teil der Familie werden, nachdem die Gattenbeziehung durch Heiratsallianzen und die entsprechenden Regeln definiert ist. Die Familiarisierung der Mutter ist also unmittelbar gegeben, die des Vaters ist eine kulturelle Leistung (Lipp 2000). Dabei handelt es sich um einen Prozess, dessen früheste Zeugnisse 4600 Jahre alt sind. Bei spätsteinzeitlichen Gesellschaften, so belegen Grabfunde in Deutschland, kommt Exogamie vor, das heißt, der Partner wurde außerhalb des eigenen Verwandtschaftssystems gesucht, was Vertragsverhältnisse voraussetzt. Damit einher geht Patrilinearität, also die vaterrechtliche Organisation, und schließlich war die genetische Verwandtschaft, also die leibliche Beziehung zwischen Vater und Kind bzw. Mutter und Kind, ein zentraler Punkt der sozialen Organisation. Man hat dies herausgefunden, indem man nachwies, dass in einem spätsteinzeitlichen Grab in zwei Fällen Vater, Mutter und Kind gemeinsam beerdigt worden waren (Hack et al. 2008). Diese Väter waren bis ins Grab verhäuslicht.

Es ist also schwieriger, ein Vater zu sein als eine Mutter, denn die Aufgaben des Vaters sind abstrakter als die der Mutter (Oevermann 1996, S. 91). Ein Kind zu gebären, es zu stillen und auf jeden Laut zu achten, den es von sich gibt, ist für die Mutter selbstevident. Der Vater muss dafür aktive Konstruktionsleistungen erbringen (man beachte die einschlägigen Angebote zur Geburtsvorbereitung, die die Väter einschließen).

Noch heute hallt diese Differenz, bei aller Aufgeklärtheit spätmoderner Gesellschaften, nach. Dafür werden wir einige Beispiele geben. Beginnen wir mit dem Mutter- und dem Vatertag und ihren unterschiedlichen Gestaltungen. Beide wurden (in den USA) anfangs des 20. Jahrhunderts erfunden, der Muttertag früher (1905), der Vatertag wenig später (1910). Während der Muttertag ein innenzentrierter Familientag ist, ist der Vatertag das genaue Gegenteil davon. An Christi Himmelfahrt schwärmen die Männer, in der Regel in männerbündischen Gesellungsformen und ohne ihre Familie, ins Grüne. (Wer das nicht glaubt, begebe sich zum Zweck der Überprüfung am fraglichen Tag aufs Land. In Berlin-Mitte oder in München-Schwabing ist derlei vielleicht nicht zu besichtigen; wir haben es nicht überprüft, weil dort nicht der Nabel der Welt ist.) Ein weiteres Beispiel bezieht sich darauf, dass Kinder, nachdem sie das Haus verlassen haben, sich in emotionalen Belangen mehrheitlich an die Mutter richten, was auf die emotionale Randposition des Vaters in der Familie hindeutet (Graf et al. 2000). Ein weiteres Beispiel bezieht sich auf die Frage der Faktizität von Vaterschaft, besser bekannt als die Frage nach den Kuckuckskindern. So wird beobachtet, dass weltweit eine Neigung besteht, auf die Ähnlichkeit eines neugeborenen Kindes mit seinem Vater hinzuweisen. Diese liegt aber (bei einem Mittelwert von 9 Prozent) in bis zu 30 Prozent der Fälle nicht vor, wie eine englische Studie zeigt (*FAZ*, 19.12.2001). In jüngster Zeit und mit verbesserten Verfahren der Genetik hat diese Thematik eine Aktualität in Form heimlicher Vaterschaftstests, deren rechtliche Zulässigkeit diskutiert wird, erlangt. Die derzeit (2009) amtierende Bundesjustizministerin will diesen Nachweis verbieten. Aus einer verfassungsrechtlichen und verfassungspolitischen Perspektive wird vorausgesetzt, dass der (vermeintliche) Vater ein Recht auf Kenntnis der Abstammung seines (vermeintlichen) Kindes hat. Da jedoch zu 80 Prozent die Vaterschaftsprüfung die leibliche Vaterschaft bestätigt, sollten heimliche Vaterschaftstests erlaubt werden, damit die Betroffenen nicht mit einem Zweifel leben müssen (Brosius-Gersdorf 2006). Nicht gefragt wird in dieser Perspektive, was es für eine Paar- und Familienbeziehung bedeutet, wenn der Vater solche Zweifel überhaupt bekommt.

Dass das Alleinerziehen als eine Angelegenheit von Müttern eine tief in der Mentalität unserer Gesellschaft verankerte »Normalität« ist, zeigen diese Beispiele deutlich, und entsprechend zäh gestalten sich mögliche Veränderungsprozesse – von anderen Bedingungen für diese Prozesse, die etwa in der Arbeitswelt liegen, ganz zu schweigen.

Sozialstrukturelle Daten zum Alleinerziehen

Von den Alleinerziehenden sind 41 Prozent geschieden, 13 Prozent verheiratet getrennt lebend, 28 Prozent verwitwet und 18 Prozent Ledige. 5 Prozent der Kinder in Alleinerziehendenfamilien sind unter drei Jahren, 8 Prozent zwischen drei und sechs Jahren, 33 Prozent zwischen sechs und 15 Jahren. Diese Altersverteilung ist zwischen 1996 und 2005 stabil (Eggen 2005). 46 Prozent der Kinder Alleinerziehender befinden sich also in einer für ihre Identitätsbildung besonders bedeutsamen Phase. Und es sind 18 Prozent der Alleinerziehenden, bei denen am ehesten zu erwarten ist, dass ein Elternteil nachhaltig abwesend ist, nämlich die ledigen Alleinerziehenden. Die geschiedenen, verheiratet getrennt lebenden und die verwitweten Alleinerziehenden und ihre Kinder können sich demgegenüber durchgängig an eine Familiensituation zurückerinnern, bei der ein Dritter (der Vater, die Mutter) anwesend war. Und von diesen lebt wiederum ein Drittel in einer neuen Beziehung, so dass dort das Thema der Stiefelternschaft entsteht. Damit werden wir uns im nächsten Kapitel befassen.

Am Beispiel der Sorgerechtsregelung wird die besondere Situation von Kindern deutlich, die mit einer ledigen, alleinerziehenden Mutter aufwachsen. Ein Vater erhält das Sorgerecht nur dann automatisch, wenn er mit der Mutter des Kindes verheiratet ist. Im anderen Falle muss er es beantragen, was oft aus Naivität unterbleibt. Im Falle einer Trennung jedoch hat das Fehlen des Sorgerechts Folgen. Ein Drittel der Väter, die kein Sorgerecht für ihre Kinder haben, sehen diese nach einer Trennung seltener als vom Gericht festgelegt, ein weiteres Drittel überhaupt nicht. Diese Kinder wachsen dann ohne Vater auf. Schneider et al. (2001) schreiben, dass das gemeinsame Sorgerecht von alleinerziehenden Vätern favorisiert wird, entsprechend findet sich diese Sorgerechtsform eher in Alleinerziehendenfamilien mit Vätern. Das alleinige Sorgerecht, das von alleinerziehenden Müttern bevorzugt wird, schränkt demgegenüber die Rechte und Kompetenzen des abwesenden Elternteils massiv ein. In jedem zweiten hinsichtlich des Sorgerechts strittigen Fall bekommen Frauen das alleinige Sorgerecht zugesprochen, Männer dagegen nur in jedem siebten bis achten Fall. Wenn man dem die Information entgegenhält, dass in jedem fünften strittigen Sorgerechtsfall weder der Vater noch die Mutter das Sorgerecht zugesprochen bekommen, dann wird deutlich, dass in Deutschland die öffentliche Jugendhilfe eine größere Chance hat, das Sorgerecht für ein Kind auszuüben, als der leibliche Vater.

Schneider et al. (2001) haben herausgefunden, dass zwei Drittel der abwesenden Väter bzw. der abwesenden Mütter Kontakte pflegen, und zwar geht das Interesse daran hauptsächlich von den Abwesenden aus. Umgekehrt heißt das: Die alleinerziehende Mutter oder der alleinerziehende Vater ist weniger an solchen Kontakten interessiert. Möglicherweise stören diese Kontakte beim Entdecken von Entscheidungsfreiheit und Persönlichkeit (siehe oben). Den abwesenden Vätern bzw. Müttern wird gleichzeitig vorgehalten, dass sie für wenig bis keine Entlastung sorgten, zu wenig Verantwortungsübernahme zeigten und zu wenig zeitliches Engagement aufbrächten. Hier beißt sich die Katze in den Schwanz.

Zur Situation von Familien Alleinerziehender, bei denen die Väter nachhaltig abwesend sind

Uns interessiert nun primär jene Situation von Alleinerziehenden, in der der leibliche Vater oder die leibliche Mutter nachhaltig abwesend ist. Eine typische Situation haben wir eingangs dieses Kapitels bereits erwähnt: Der Vater ist zunächst in seiner Loyalität zwischen einer bereits bestehenden und einer neuen Familie gespalten, entscheidet sich dann aber für seine erste Familie und lässt die zweite Familie weitgehend im Stich. Eine weitere uns hier interessierende Variante haben wir ebenfalls bereits angesprochen: Die leibliche Mutter hat von vorneherein eine Partnerschaft mit dem leiblichen Vater ihres Kindes nicht vorgesehen, eine andere Partnerschaft aber auch nicht. Ein dritter Falltypus wären die Teenagerschwangerschaften.

Teenagerschwangerschaften treten in dem Maße vermehrt auf, in dem Sexualität, Partnerschaft und Elternschaft sich voneinander ablösen. Frühe Geschlechtsreife und früher Beginn sexueller Erfahrungen einerseits, Aufschub von stabiler Partnerschaft und Elternschaft andererseits führen dazu, dass das Risiko einer Schwangerschaft ohne stabile Partnerschaft steigt, falls nicht zuverlässig verhütet wird.

Das ist aber nur ein Aspekt von Teenagerschwangerschaften. Die Frage ist, weshalb es dazu in Zeiten, in denen die Schwangerschaft problemlos verhindert oder (weniger problemlos) abgebrochen werden kann, überhaupt zu frühen Schwangerschaften kommt. Sie dienen dazu, so die eine Antwort, möglichst früh das Elternhaus verlassen und eine eigenständige, erwachsene Lebensform begründen zu können. Die Rolle des Dritten, des Vaters also, übernimmt dann der Sozialstaat: Im Jahr 2009 erhalten 41 Prozent der Alleinerziehendenhaushalte Arbeitslosengeld II oder Sozialhilfe. Weil aber der Staat außer finanziellen Risiken und einem mehr oder weniger gutausgebauten Betreuungssystem nichts zum Aufziehen von Kindern beitragen kann und unbedingte Solidarität außerhalb von Familienbeziehungen nicht zu erwarten ist, der leibliche Vater meist auch so gewählt ist, dass er keine Stütze darstellt, verkehrt sich die Verknüpfung von früher Mutterschaft und Selbständigkeit in ihr Gegenteil. Es sind nämlich dann doch wieder die Großeltern (mütterlicherseits), die für das Enkelkind sorgen, wenn die Tochter altersgemäß ihren Interessen in der Peergroup nachgeht. Von ostdeutschen weiblichen Alleinerziehenden wird allerdings berichtet, dass sie beim Erziehen ihres Kindes vor allem auf öffentliche Hilfen und auf eigene Ressourcen zurückgreifen, kaum aber die Herkunftsfamilie einbeziehen (Schneider et al. 2001, S. 329). So wird auch erklärt, warum die Alleinerziehenden in Ostdeutschland häufiger vorkommen als in Westdeutschland: Zu DDR-Zeiten waren Väter nicht nötig, sie ersetzte der Staat mit materiellen Versorgungsleistungen. Was heute vielfach als bedauerlicher Verlust vorbildlicher Sozialleistungen betrachtet wird, war in Wirklichkeit Ergebnis einer Familienpolitik, die die Familie in den Dienst des Aufbaus des Sozialismus stellte. Leibliche Familien sind schon auf Grund ihrer materiell günstigeren Situation eher in der Lage, diesem Ansinnen Grenzen zu setzen.

Ein anderes Phänomen von Alleinerziehendensituationen, das wir heute ebenfalls verstärkt in Ostdeutschland beobachten, wurde bereits vor 20 Jahren in den USA beschrieben. Dort wurden Teenagerschwangerschaften als eine sinnvolle Antwort auf eine Situation sozialer Deprivation ausgewiesen: Wer keine Aussicht auf Ausbildung und Arbeitsplatz hat, kann auf dem Wege der Mutterschaft einen geachteten Platz in der Gesellschaft, mindestens aber in der Familie, der Verwandtschaft und der Nachbarschaft, erlangen (Burkart 1993).

Resilienzpotenziale in Familien Alleinerziehender

Wir beginnen mit zwei Fällen, in denen eine Alleinerziehende ihr Kind zusammen mit ihren eigenen Eltern großzieht, und schließen mit einem dritten Fall, bei dem die Mutter ganz auf sich allein gestellt ist. Die Kehrseite der Unterstützung Alleinerziehender durch ihre Eltern ist, daran sei erinnert, das Risiko einer Verwischung der Generationengrenzen und seiner Konsequenzen für die Identitätsbildung der Kinder aus solchen Familien. Uns interessiert, wie die jeweiligen Kinder aus diesen Konstellationen im Leben zurechtkommen. Zuerst wenden wir uns dem Lebensverlauf des österreichischen Schriftstellers Thomas Bernhard zu (Funcke 2007). Die Alleinerziehendenfamilie, in der er aufwächst, ist von jenem Typus, bei dem die Geburt eines unehelichen Kindes bei abwesendem Vater die Ablösung der Mutter von ihrer eigenen Herkunftsfamilie vereitelt. Danach folgt ein zweiter Fall, bei dem die Individuierung des Sohnes weniger günstig verlaufen ist. Wir schließen diesen Abschnitt ab mit einem Fall, der eine Mutter zeigt, die beim Erziehen ihres Sohnes ganz auf sich gestellt war.

Zunächst zu Thomas Bernhard. Wir setzen ein mit der Herkunftsfamilie seines Großvaters, Johannes Freumbichler. Von ihm wird in der germanistischen Literatur behauptet, dass er die zentrale männliche Bezugsperson von Thomas Bernhard gewesen sei. Diese Auffassung ist nicht falsch. Jedoch unterschlägt sie in ihrer Absolutheit, welchen Anteil die Frauen bei der Sozialisation von Thomas Bernhard gehabt haben – einen Anteil, von dem auch Johannes Freumbichler profitiert hat. Der Vater von Johannes Freumbichler ist ein umherziehender Soldat und Staatsbeamter, der erst spät heiratet. Er gründet mit seiner Frau ein Geschäft, für das er keine Voraussetzungen mitbringt. Sie ist eine Bauerntochter, der die kleinstädtische Geschäftswelt ebenfalls fremd sein wird. Die Zeitverhältnisse sind: Aufbruch des Bürgertums, Industrialisierung, Urbanisierung, Landflucht. Die Wurzeln dieses Familienmilieus sind wenig ausgeprägt, und der Selbständigenhaushalt disponiert die Kinder zur Übernahme von Eigenverantwortung und Risiko, wofür eher die Mutter als der Vater das Handlungsmodell bereithält.

Marie, die Älteste, geboren 1875, eifert den Eltern (oder eher der Mutter, vom Vater können wir uns nicht vorstellen, dass er Viktualienhändler mit Leib und Seele war) nach und gründet ein eigenes Lebensmittelgeschäft, mit dem sie jedoch scheitert. Sie macht daraufhin in Wien eine Kantine auf, mit der sie später, in der Zeit der Arbeitslosigkeit und Weltwirtschaftskrise, einen Teil der Familie durchfüttern wird. Sie heiratet einen um drei Jahre älteren Mann. Dies ist, bezogen auf die bisherige Familiengeschichte, etwas Neues. Bisher wurden in der Freumbichler-Familie jeweils jüngere Männer gewählt. Er ist Kunstmaler, und es scheint plausibel, dass er mit der Kantine in der Hinterhand umso kreativer und von Alltagsverpflichtungen entlastet seine Kunst vorantreibt. So bekommt die Ehefrau ohne die in ihrer Herkunftsfamilie typische, für die Zeitverhältnisse aber eher untypische Altersdifferenz doch eine mächtige Stellung in der Paarbeziehung, indem sie das Überleben im Alltag sichert.

Diese Ehe, der eine Tochter entstammt, scheitert nach sechs Jahren. Der Kunstmaler wandert nach Brasilien aus, seine Frau geht nach Istanbul, erwirbt nacheinander drei unterschiedliche Staatsbürgerschaften und entscheidet sich schließlich für die österreichische.

Rudolf, der Nächstgeborene, will Jäger werden, erhält aber keine angemessene Position. Er kommt bei seiner Schwester in Wien unter und bringt sich mit 26 Jahren um.

Rosa, die jüngste Tochter, führt mit ihrer Mutter das Viktualiengeschäft weiter und richtet eine Fremdenpension ein. Ihr zwei Jahre jüngerer Mann wird als Taugenichts beschrieben – auch dies ist angesichts der bisherigen Familiengeschichte nichts Überraschendes. Dieser Ehe entstammen keine Kinder.

Uns interessiert der Jüngste. Johannes Freumbichler (geb. 1881) entfernt sich, gemessen an den anderen Geschwistern, am weitesten von der Heimat, kehrt allerdings auch wieder, vor allem in Notzeiten, dorthin zurück. Er versucht sich in Deutschland (Ilmenau) und der Schweiz (Basel) in verschiedenen Ausbildungen, z. B. zum Ingenieur, entscheidet dann aber doch, Schriftsteller zu werden. Zunächst versorgt ihn, der täglich viele Stunden am Schreibtisch sitzt, ein Werk im Umfang des Werkes von Thomas Mann schreibt und sich um den Alltag nicht kümmert, seine Schwester Rosa, die mit der Mutter das Lebensmittelgeschäft sowie eine Fremdenpension führt.

Johannes führt über viele Jahre ein Bohèmeleben. Es ist wenig vorstellbar, dass er eine Partnerin in seinem ländlichen Umfeld oder im städtischen Bürgertum findet, und wenn Letzteres der Fall sein sollte, wird sie dort das schwarze Schaf sein. Seine Frau, so kann man vermuten, wird eine Mischung aus Lebenstüchtigkeit und gesellschaftlicher Ungebundenheit mitbringen.

Es handelt sich um Anna Bernhard, drei Jahre älter als Johannes. Unehelich wurde sie geboren und später vom Ehemann ihrer Mutter, einem Metzgergesellen, legitimiert. Sie geht mit 18 Jahren eine Ehe mit einem Zuschneider ein, der sie unter Zurücklassung ihrer beiden Kinder nach acht Jahren entflieht. Zunächst dem Freund von Johannes, Rudolf, zugewandt, der mit ehelichen Banden jedoch wenig im Sinn hat, schließt sie sich Johannes an. Rudolf wird aber für lange Zeit der Dritte im Bunde bleiben. Zuerst wird aber eine Tochter, Herta, geboren. Sie und ihre Mutter sind es, die durch Stellungen im Haushalt teils in Wien, teils in der Heimat von Johannes den Lebensunterhalt sichern. Ein Jahr, nachdem Johannes den österreichischen Staatspreis für einen Bauernroman erhalten hat, der auf Empfehlung von Zuckmayer (nachdem Anna mit dem Manuskript bei ihm vorgesprochen hatte) gedruckt wird und der damals üblichen Blut-und-Boden-Ideologie fernsteht, heiraten sie: 1938. Johannes ist 57, Anna 60 Jahre alt, sie leben zu diesem Zeitpunkt schon mindestens 34 Jahre zusammen.

Herta hat unter diesen Umständen, in denen sich die Frauen für die Männer opfern und ihnen den Weg bereiten, wenig eigene Spielräume. Im Zuge einer Affäre mit einem um ein Jahr jüngeren Tischler, der sich rasch nach Berlin absetzt und sich dort neun Jahre später suizidiert, bringt sie 1931 – in Holland, um der »Schande« im Dorf zu entgehen – einen Sohn, Thomas Bernhard, zur Welt. Später heiratet sie einen Frisör und Berufsschullehrer, der von ihrem Vater, dem österreichischen Staatsdichter, verachtet wird. Gleichwohl trägt dieser Frisör als zeitweilig einziger Einkommensinhaber in der Familie seinen Teil zur Unterstützung dieses Schriftstellers bei.

Thomas Bernhard wird vom Großvater erzogen, der gewiss kein Virtuose der Lebenspraxis ist und sich offenbar auch wenig in das Kind hineinversetzen kann. Großes hat der Großvater mit ihm vor. Einmal soll er Schauspieler, dann wieder Geiger, dann Maler, auch Schriftsteller werden – jedenfalls ein großer Künstler. Thomas Bernhard fängt tatsächlich nach dem Oberschulbesuch eine Lebensmittelhändlerlehre an, zieht sich dabei eine schwere Krankheit zu und liegt über Wochen auf Leben und Tod im selben Krankenhaus, in dem sein Großvater zur selben Zeit stirbt. In Thomas Bernhard bündeln sich die zentralen Themen dieser Familie: Das Schwanken des Großvaters zwischen Internationalität und heimatlicher Schriftstellerei reproduziert sich bei Thomas Bernhard in einer Ambivalenz gegenüber jenem »großen Anderen«, dem Staat, auf den vorzubereiten die Aufgabe des Vaters ist. So jedenfalls hat es Thomas Bernhard selbst gesehen, und er hat dazu folgendes Gedicht verfasst (siehe 1963, S. 93):

In silva salus

Nach meinem Vater frag ich
Den Totenschädel im Wald
...
Vater ...
Der Mond hängt als Leiche
Zwischen den Wipfeln, so
Um mich zu betrügen ... da
Ist die Wirbelsäule, durch die der Wind pfeift ...
Vater, mein Herz hast du
Getötet ... zwei Füße ohne Stiefel,
ein verrostetes Koppelschloss, das sich im Weiher spiegelt
Zwei Schritte weiter
Dein zerfressenes Schulterstück ...
Wie soll ich denn aus den Büschen hören
Was du mir antwortest,
wo so viel Stimmen sind?
Nach meinem Vater frag ich
Den Totenschädel im Wald

Thomas Bernhards Geschichte reicht weit in die Familiengeschichte zurück. Sie beginnt bei dem erwähnten Soldaten. Er verlässt, nachdem ihm der Vater in der Familie keinen Platz einräumt, seine Gegend. In der Fremde fasst er jedoch nicht Fuß. Er kehrt zurück und wiederholt das Muster seines Vaters: sich abhängig machen von Frauen in der ersten Ehe, Scheitern, Gelingen einer zweiten Ehe. Dabei setzt sich die Frauendominanz fort. Sie gewinnt im Fortgang der Geschichte eine veränderte Gestalt. Nun müssen nicht mehr die Männer ausharren, bis sie ihre dominanten Frauen überleben, um dann in adäquateren Paarbeziehungen leben zu können. Jetzt steigen die Männer ihrerseits in eine beherrschende Position auf, und zwar ins Künstlertum. Die Macht der Frauen besteht weiterhin darin, dass sie den Familienalltag und die Existenzgrundlage sichern. In der Unterstützung des Mannes als Künstler jedoch begeben sie sich in eine Position der Unterwürfigkeit. Daher fallen sie als Kompensation für den abwesenden Vater (Silverstein u. Rashbaum 1994) aus.

Thomas Bernhard findet interessante Lösungen, sich von der Familie abzulösen und im Erwachsenenleben einzurichten. Zunächst sind es Ehepaare und Familien, darunter die Familie des Realitätenvermittlers (Immobilienmaklers) Hennetmair, die ihm eine Brücke in die außerfamiliale Welt und vor allem in die Welt des Künstlertums bieten. Er sucht sich also bestehende Dyaden, die er durch seine Person zur Triade erweitert, von der er sich – jeweils im Streit – ablöst. Des Weiteren verbindet er sich nie über eine längere Zeit mit einer Frau, die seiner Generation entstammt. Sein »Lebensmensch«, wie er sie nennt, ist eine Frau, die älter ist als seine Mutter und die er in seinem Buch mit den Dankesreden als seine Tante bezeichnet (Bernhard 2009). Dieser Frau hält er bis zu ihrem Tod die Treue. Schließlich füllt einen erheblichen Teil seines erwachsenen Lebens der Kauf von vier teils großen Bauernhöfen aus, die er so einrichtet, dass eine Familie darin leben könnte – tatsächlich hat nie jemand anderer als Thomas Bernhard selbst darin gelebt. Von den Bewältigungsmustern, die im Zusammenhang mit Thomas Bernhards künstlerischem Werk und seiner öffentlichen Präsenz stehen und die in lebenslanger Auseinandersetzung mit Autoritäten nahezu völlig aufgeht, ganz zu schweigen.

Wir führen nun einen Kontrastfall ein, der eine vergleichbare Ausgangslage, aber einen ungünstigeren Ausgang als den im Fall Thomas Bernhards aufweist. Es handelt sich um Boris Kucharczyk. Hier seine Familien- und Lebensgeschichte: Hildegard Kucharczyk, eine Landarbeiterin im damaligen Ostpreußen, heute ein Teil von Polen, wird 15-jährig im Jahr 1940 von einem gleichaltrigen Melker schwanger. Es ist Krieg, der Melker kommt 1942 ums Leben. Hildegard ist nun alleinerziehende Mutter – theoretisch. Praktisch lebt sie mit ihrem Sohn Hagen bei ihren Eltern, die ebenfalls Landarbeiter sind. 1945 flieht diese Familiengruppe (die Großeltern, eine Tante und Hildegard) nach Westdeutschland. Der Großvater stirbt 1951.

Hildegard hat nun zwei Möglichkeiten: Sie kann weiter im engen Verbund dieser Flüchtlingsfamilie bleiben, um ihren verstorbenen Partner trauern und dafür sorgen, dass ihr Sohn einen Beruf lernt und in der Fremde Fuß fasst. Sie kann aber auch erneut heiraten. In diesem Falle ist die Frage, wie sie ihren Sohn in die neu entstehende Familiengruppe integriert – oder ob sie ihn nicht gleich bei seiner Großmutter lässt. Hildegard entschließt sich zu keiner dieser beiden Lösungen. Sie tut sich mit einem Mann zusammen, Vertriebener wie sie selbst. Das gibt ihr die Möglichkeit, sich von der Herkunftsfamilie zu lösen. Sie heiratet diesen Mann, der als Monteur im Rohrleitungsbau häufig abwesend ist, jedoch nicht. Überdies ist er drei Jahre jünger als sie. Sie hat mit ihm weitere drei Kinder, und zwar Söhne, die jeweils den Familiennamen der Mutter tragen. Hildegard konstruiert sich also eine Familiensituation mit einer asymmetrischen Paarbeziehung und richtet sich faktisch in einer Alleinerziehendensituation ein. Für Hagen ist das laut Statistik eine erwartbar günstige Lösung, jedenfalls ist nicht bekannt, dass er eine problematische Entwicklung genommen hätte. Die drei Söhne jedoch wachsen, was den Dritten in der Triade betrifft, in einer Grauzone auf. Ein Großvater ist nicht mehr vorhanden, der leibliche Vater ist über längere Zeiten abwesend und nicht anerkannt, und außerdem wird in den 1950er Jahren eine Paarbeziehung, die nicht durch Heirat legitimiert ist, von der Umgebung als soziale Abweichung angesehen und entsprechend diskriminiert.

Die riskante Situation in dieser Geschwistergruppe ist einmal die des Stiefsohns, zum anderen die des Jüngsten in der Geschwistergruppe namens Hans (1958). Er wird der letzte verbliebene Sohn sein, nachdem alle anderen das Haus verlassen haben. Möglicherweise wird er stärker als seine Brüder gebunden. Sein Vater, der als Dritter strukturgebend einwirken könnte, ist als solcher nicht anerkannt. Im beruflichen Bereich macht Hans seinen Weg. Er unterzieht sich den Mühen einer Berufslehre und macht einen Aufstieg zum Vorarbeiter. Sein Familienleben entwickelt sich jedoch katastrophal. Anstatt beispielsweise eine Älteste zu heiraten und seine Strukturdefizite auf diese Weise auszugleichen, heiratet er eine Frau, die selbst eine problematische Vorgeschichte aufweist.

Manuela (geb. 1959) ist zusammen mit Karl-Heinz, der vier Jahre älter und von Beruf, wie sie selbst, Verkäufer ist. Die Beziehung hält eineinhalb Jahre. Als ein gemeinsames Kind, Boris, auf die Welt kommt, Manuela ist zu diesem Zeitpunkt 19 Jahre alt, verlässt Karl-Heinz Mutter und Kind.

Manuela ist ein Adoptivkind. Über ihre Eltern wissen wir nichts. Ihre Adoptivmutter ist 35 Jahre alt, als Manuela adoptiert wird. Manuelas Mutter besitzt zu diesem Zeitpunkt ein Damenoberbekleidungsgeschäft, in welchem ihr Mann, der von Beruf Tischler ist, mitarbeitet. Wir vermuten, dass es sich dabei um eine asymmetrische Paarbeziehung handelt, denn dieser Tischler hat keine Qualifikationen, die es ihm erlaubten, kollegial mit seiner Ehefrau in diesem Laden zu arbeiten. Er kann also allenfalls eine ausführende Rolle einnehmen, und seine berufsfachliche Kompetenz ist entwertet.

Die nächste Frage richtet sich darauf, weshalb dieses Paar ein Kind adoptiert. Möglicherweise können sie selber keine Kinder bekommen, wegen Zeugungsunfähigkeit oder wegen Empfängnisunfähigkeit. Der erstgenannte Fall ist der empirisch häufigere, entsprechend entwertet wäre dann der Mann (aus Sicht seiner Frau, nicht aus unserer Sicht). Eine andere Option wäre, dass das Paar keine Kinder wünschte. In beiden Fällen, im Fall der biologischen Unmöglichkeit, ein Kind zu bekommen, und im Fall fehlenden leiblichen Kinderwunsches entsteht eine Situation, in der das Paar sich entscheiden muss, wie sie bewältigt werden soll (siehe das entsprechende Kapitel in diesem Buch). Fallspezifisch ist nun, dass dieses Paar aus der Situation der Kinderlosigkeit dadurch einen Ausweg findet, dass eine Tochter (und kein Sohn, wie in Geschäftsfamilien üblich) adoptiert wird. Damit wird klar, dass die Kontinuität der Familie in der weiblichen Linie fortgesetzt und die Adoptivtochter gegebenenfalls als Nachfolgerin aufgebaut werden soll. Erfahrungsgemäß ist es nicht nur für ein Adoptivkind eine Herausforderung, als einziges Kind in eine Familie hineinzukommen, in der man ihm bereits einen künftigen Berufsweg zugedacht hat. Denn damit ist seine Zukunft von vorneherein auf eine einzige Option eingeschränkt. Und man weiß auch, dass solche Kinder, Mädchen zumal, in einer Situation, in der der Adoptivvater in einer asymmetrischen Beziehung zu seiner Frau steht und das Prinzip des Matriarchats herrscht, hinsichtlich sexuellen Missbrauchs gefährdet sind. So ist es auch hier.

Nun haben wir also eine begründete Vermutung, weshalb Hans Manuela heiratet. Vermutlich ist Manuela sich selbst nicht wert genug, einen Mann zu suchen, mit dem sie eine partnerschaftliche Beziehung begründen kann. In Bezug auf das männliche Geschlecht hat sie keine Zuverlässigkeit erfahren, wie sollte es denn beim Partner anders sein? Wenn also Manuela Hans heiratet, dann erwarten wir ein Strukturierungsdefizit in dieser Familie. Es geht auf die Vaterabwesenheit zurück und wird vor allem für das Stiefkind ein Problem in seiner Individuierung darstellen, das es zu bewältigen gilt. Auf dieses Stiefkind und seine Bewältigungsmuster werden wir im nächsten Kapitel eingehen.

Was aber kann entstehen, wenn nicht nur der Vater überhaupt keine Rolle in der Beziehung von Mutter und Kind spielt, sondern auch die Mutter niemanden hat, der sie unterstützt, auch die eigene Familie nicht? Die Psychoanalytikerin Françoise Dolto beschreibt einen solchen Fall (Dolto 1989, S. 22–26). Hier ist besonders instruktiv, welche Bewältigungsmechanismen der Sohn in Gang bringt, um die Triade herzustellen. Dolto hatte Daniel in Behandlung, der zunächst wegen Zwangshandlungen auffällt. Er ahmt ohne Unterlass die Bewegungen einer Nähmaschine nach. Nach einem auf Grund übergroßer Ängstlichkeit gescheiterten Eintritt in den Kindergarten und einigen Monaten bei der Mutter wird er in ein Internat für Schwererziehbare eingewiesen und zeigt dort bald »psychotische« Symptome.

Doltos biografische Anamnese ergibt: Die ersten Lebensjahre verbringt Daniel alleine mit seiner Mutter in einer kleinen Wohnung. Ein Vater ist nicht vorhanden, auch nicht bekannt. Die Mutter bestreitet ihren Lebensunterhalt mit Heimarbeit an der Nähmaschine; der einzige Außenkontakt mit einem Mann ergibt sich samstags, wenn die Mutter ihre Erzeugnisse in der Fabrik abliefert und den Lohn in Empfang nimmt. Dabei wird sie regelmäßig von Daniel begleitet.

Der Junge fällt sehr früh durch wache Intelligenz und Selbständigkeit auf und unterstützt seine Mutter bei der Hausarbeit. Doltos Deutung seiner lebensgeschichtlichen Problematik, die ihre erfolgreich verlaufende Therapie leitet, lautet: Daniels Zwangshandlungen weisen darauf hin, dass er den Vater spielt, indem er die Nähmaschine nachahmt: »Das war seine Identifikation mit dem Objekt Nähmaschine, die für ihn die Stütze seiner männlichen symbolischen Funktionen war« (ebd., S. 25). So entsteht eine triadische Struktur. Mutter und Nähmaschine bilden ein Paar, der Sohn ist, solange die Mutter näht, ausgeschlossen. Er betrachtet diese Dyade aus einem Abstand heraus. Ahmt Daniel die Nähmaschine nach, kommt er der Mutter so nahe, wie die Nähmaschine ihr nahe ist, aber auch Distanz ist auf diese Weise möglich: Als mit der Nähmaschine Identifizierter steht der Sohn der Mutter gegenüber.

Daniel kann also auf diese Weise eine treffliche Triade inszenieren. Das einzige, allerdings nachhaltige Problem besteht darin, dass eine Nähmaschine als toter Gegenstand keinen sozialen Austausch zulässt.

Abwesender Vater – desertierter Vater?

Der Begriff des desertierten Vaters stammt aus den frühen Jahren der Forschung über den abwesenden Vater. Wer desertiert, lässt die Zurückbleibenden im Stich. Eine solche Perspektive verstellt den Blick auf die Möglichkeit, dass der Vater deshalb abwesend ist, weil er von der Mutter auf Distanz gehalten wird. Wir haben es dann mit einer anderen Sozialform des Vaters im Kontext alleinerziehender Mütter zu tun: mit dem *abgewehrten Vater*.

Das Thema des abgewehrten Vaters ist erst in neuerer Zeit aufgetaucht. Zunächst haben Vätervereinigungen darauf aufmerksam gemacht. Ihnen folgte die Forschung, und aktuell (2009) nimmt dieses Thema seinen Weg durch die Medien. Dort ist es dann nicht mehr der »verantwortungslose, weil desertierte« Vater im Stil Seehofers oder Söders, der die öffentliche Erregung auf sich zieht, sondern die »böse, ihr Kind vereinnahmende« Mutter.

So schlägt das Pendel von einem Extrem zum anderen aus. Speziell in der Tradition eines »ideologischen Feminismus« (Amendt 2009) ist es ausgemacht, dass Aggression männlich ist und mit der Abwendung des Sohnes von der Mutter und seiner Hinwendung zum Vater zusammenhängt. In einer etwas anderen Grundierung, im Ergebnis aber identisch, prangert die Familientherapeutin Olga Silverstein (Silverstein u. Rashbaum 1994) die Alltagsvorstellung an, der zufolge nur ein Mann einen Jungen zur Männlichkeit führen könne, während alleinerziehende Frauen ihre Söhne schwächten. Sie vertritt die Auffassung, dass am besten noch immer Mütter (gegebenenfalls mit ihren eigenen Müttern zusammen) Söhne erziehen könnten.

Was Silverstein – stellvertretend für radikal feministische Ansichten – übersieht, ist, dass es nicht um den Gegensatz von Mann und Frau in der Sozialisation und schon gar nicht um die Konstruktion eines unüberbrückbaren Gegensatzes geht. Zentral ist die *Beziehung*:

> »Erst das Erscheinen des Vaters qualifiziert die Mutter *als* Mutter. Erst da, wo der Vater in Relation zur Mutter tritt, scheidet sich in ihr die Rolle der Mutter ab. Und erst da – das ist entscheidend – kann das Kind *als* Kind gesetzt werden« (Lang 1978, S. 76; Hervorh. im Orig.).

Donald W. Winnicott (2008) nennt das, was Lang hier beschreibt, »potential space«. Die Potenzialität steckt nicht in den Subjekten (der Mutter, dem Vater, dem Kind), sondern in dem *Raum*, den die Subjekte erst gemeinsam (durch Interaktion) eröffnen können und von dem aus sie sich erst als Subjekte in der Spiegelung in den anderen erfahren. Manche Männer, die mit einer alleinerziehenden Mutter aufgewachsen sind, suchen sich Ersatzpaare, von denen sie sich ablösen können. Damit stellen sie die Triade nach (Funcke 2007; Gehres u. Hildenbrand 2007, S. 92–96).

Lévi-Strauss (1971) kommt zum selben Schluss hinsichtlich des Beziehungsraums, ohne auf die Psychoanalyse zurückgreifen zu müssen. Er macht deutlich, dass in jeder bekannten Kultur Rituale des Übergangs zur Welt des Vaters zu beobachten seien. In »kalten Kulturen«, also in zyklisch verlaufenden Gesellschaften, sind die Übergänge hart und kurz, und sie gehen einher mit einer Trennung von der mütterlichen Sphäre und mit einem Eintritt in die männliche Sphäre (vom Frauenhaus ins Männerhaus). In »heißen Kulturen«, in dynamischen Gesellschaften also, kann sich das Kind von der Mutter ab- und dem Vater zuwenden, ohne dass es zum Bruch zwischen der mütterlichen und der väterlichen Sphäre kommt. Beide Sphären sind miteinander verknüpft, denn der Sohn wendet sich dem Vater auch deshalb zu bzw. identifiziert sich mit ihm, weil dieser von der Mutter, seiner Frau also, geliebt wird (und umgekehrt gilt das für die Tochter).

Eine seltene Spezies: Alleinerziehendenfamilien mit einem Vater
Gemäß der Studie von Schneider et al. (2001) sind es die alleinerziehenden Frauen, die sich gegenüber dem abwesenden Vater abgrenzen, während die alleinerziehenden Väter mehr auf Kooperation und (weibliche) Unterstützung aus sind. Hierzu hat Hans-Peter Heekerens (1998) interessante eigene Auswertungen des Mikrozensus und einer Studie des Deutschen Jugendinstituts angefertigt. Demnach lebt der alleinerziehende Vater zu 5,7 Prozent im gemeinsamen Haushalt mit der eigenen Mutter und/oder dem eigenen Vater, zu mehr als 25 Prozent aber mit neuer Partnerin. Demgegenüber leben nur 10 Prozent der alleinerziehenden Mütter mit einem neuen Partner zusammen. Alleinerziehende Väter beziehen zu 44,8 Prozent ihre Partnerin, alleinerziehende Mütter nur zu 11,9 Prozent ihren Partner in die Kinderbetreuung ein. Alleinerziehende Väter beziehen die eigene Mutter zu 20,0 Prozent, alleinerziehende Mütter zu 11,9 Prozent in die Betreuung ihres Kindes bzw. ihrer Kinder ein (Neubauer 1988, zitiert nach Heekerens 1998, S. 282). Auch die Nachbarn werden von alleinerziehenden Vätern fast doppelt so häufig in die Kinderbetreuung einbezogen als von alleinerziehenden Müttern (45,6 Prozent vs. 27,1 Prozent, Zahlen von Neubauer 1988, zitiert nach Heekerens 1998, S. 284).

Wollen sich die Väter der Verantwortung entziehen, oder steckt etwas anderes hinter dieser Tendenz? Eine erste mögliche Antwort finden wir in dem weiter oben bereits diskutierten Unterschied zwischen der Beziehung der Mutter zu ihrem Kind und dem Vater zu seinem Kind: Die Mittelbarkeit der Beziehung, die typisch ist für die Vater-Kind-Beziehung, lässt sich möglicherweise leichter kompensieren als die Unmittelbarkeit der Mutter-Kind-Beziehung. In der Alltagssprache lautet dieser Satz (verkürzt): »Kinderziehung ist Frauensache, Aufgabe der Männer ist der Gelderwerb« (Heekerens 1998, S. 279).

Einige andere Aspekte fügt Sabine Stiehler (2000) diesen Überlegungen hinzu: Sie beschreibt in ihrer Studie, dass der alleinerziehenden Vaterschaft eine spezifische emotionale Bewältigungsstrategie zu Grunde liegt: In einer Situation der Verlassenheit gehe es diesen Vätern darum, das »Leben wieder in den Griff zu bekommen« und die »Handlungsfähigkeit zu erhalten« (ebd., S. 138). Das Alleinerziehen gebe ihnen darüber hinaus die Chance, sich wieder der eigenen Mutter anzunähern: »Die Konstellation nach der Scheidung ermöglicht die erneute Gegenwart der eigenen Mutter im Alltag, die nicht selten bei der Haushaltsführung und Kinderbetreuung zur Seite steht und als Retterin auftritt« (ebd., S. 139). Allerdings nützten manche der alleinerziehenden Väter diese Situation auch, um sich von der Mutter abzugrenzen (ebd., S. 140).

Alleinerziehende Väter kommen in diesen Beschreibungen nicht gut weg. Sie eignen sich nicht zur Glorifizierung wie die alleinerziehenden Mütter, die im Fragebogen des Marcel Proust, der noch in den 1990er Jahren im *FAZ*-Magazin von bekannten Personen aus Politik und Kultur ausgefüllt wurde, öfter in der Rubrik »Ihre Heldinnen in der Wirklichkeit« auftauchten.

Welches aber ist die Situation von Kindern in Familien alleinerziehender Väter? Hierzu erfahren wir in der Literatur wenig bis nichts und verlassen uns zunächst einmal auf einen Beitrag des Psychoanalytikers André Green (1993). Er befasst sich mit einem Fall der abwesenden Mutter, die insofern uneindeutig abwesend ist (Boss 2008), als sie zwar anwesend, durch eine Depression jedoch innerlich abwesend ist. Green führt aus, dass die Situation der abwesenden Mutter für das Kind vor allem dann problematisch ist, wenn es sich in einer Phase befindet, in der es eben beginnt, den Vater als Dritten zu integrieren. Das ist längstens bis zum Ende des zweiten Lebensjahres der Fall. Resultat einer solchen Situation sei im langfristigen Lebensverlauf die Entwicklung eines Gefühls der Unfähigkeit, aus einer

Konfliktsituation herauszufinden, zu lieben, Begabungen zu nutzen und Lebenserfahrungen reifen zu lassen (Green 1993, S. 212). Ebenso wird ein Verlust an Sinn und eine damit zusammenhängende Leere (ebd., S. 216) beschrieben. Als Bestätigung für diese Annahmen können wir zwei Romane anbieten.

Zunächst wird die Bedeutung einer abwesenden Mutter für das Kind eindrücklich in dem Roman *So many ways to begin* von Jon McGregor (dt.: *So oder so*, 2007) beschrieben. Es handelt sich um einen in England lebenden Mann namens David, dessen Ehe versandet, der keine Beziehung zu seiner Tochter entwickeln kann und der in seiner Tätigkeit in einem Stadtmuseum, der er im Prinzip mit Begeisterung nachgeht, nicht vorankommt und schließlich entlassen wird. Erst, als er erfährt, dass die Eltern, bei denen er aufgewachsen ist, nicht seine leiblichen Eltern sind, kommt Bewegung in sein Leben. David macht sich auf die Suche nach seiner Mutter und findet sie schließlich via Internet in Irland – seine Halbschwester hat die nötigen Informationen dort deponiert. Er findet heraus, dass seine Mutter als Krankenschwester in London zur Zeit der Bombardierung durch die Deutschen gearbeitet hat, mehr aus Versehen schwanger wurde, ihr Kind gleich nach Geburt an eine Kollegin weitergegeben hat und in ihre irische Heimat zurückgekehrt ist. Eine Begegnung mit der Mutter wird geplant und verabredet. David will die Reise erst alleine, ohne seine Frau, antreten. Er will seiner Mutter also als Kind und nicht als erwachsener Mann gegenübertreten, der die Kindheit hinter sich gelassen hat. Jedoch lässt er sich von seiner Frau überreden, sie auf diese Reise mitzunehmen. Er erwartet bei seinem Besuch, wie auf den britischen Inseln üblich, eine große Verwandtschaft anzutreffen, findet aber nur Mutter und Halbschwester vor. Die Begegnung dauert keine Stunde. Am Abend fragt ihn seine Frau:

> »Was willst du jetzt tun?, fragte sie. Er lächelte und machte die Augen kurz wieder zu. David?, sagte sie und zupfte wieder an seinem Ohr. Er öffnete die Augen und sah sie an. Ich will nach Hause, sagte er« (McGregor 2007, S. 394).

Dieser Roman findet einen versöhnlichen Ausgang, der zeigt, dass auch eine abwesende Mutter nicht das abschließende Urteil über ein Leben ist. Nachdem der Sohn seine Mutter gesehen hat und sich nun ein Bild von ihr machen kann, kann er sich von ihr lösen, und der

Blick wird frei für die zahlreichen Baustellen seines erwachsenen Lebens.

Der Roman von Zsuzsa Bánk, *Der Schwimmer*, endet jedoch tödlich. Auch hier geht es um eine abwesende Mutter. Sie hat Ungarn verlassen und ist nach Frankfurt gegangen, ohne sich von den Kindern, einer älteren Tochter und einem jüngeren Sohn, zu verabschieden. Die beiden Kinder bleiben bei ihrem Vater, der nach dem Weggang seiner Frau seinen Hof aufgibt und mit ihnen von Verwandtschaft zu Verwandtschaft zieht, damit sie dort versorgt werden. Die ältere Schwester nimmt sich ihres Bruders an. Gemeinsam versuchen sie, mit ihrer Situation zurechtzukommen, und gehen oft auf Bahnhöfe, wo sie auf ihre Mutter warten, obwohl sie wissen, wie sinnlos das ist. Schließlich steigt der Junge in einen eisigen Fluss, wird durch Zufall gerettet, kämpft um sein Leben, sogar der Vater bangt jetzt um ihn, aber es ist zu spät.

Das Phänomen der abwesenden Mutter, so bestätigt dieses Beispiel die Annahmen von André Green, ist besonders prekär, wenn das Kind zum Zeitpunkt des Verlassenwerdens noch klein ist. Im Zusammenhang mit alleinerziehenden Vätern kommt es empirisch selten und entsprechend in der wissenschaftlichen Literatur überhaupt nicht vor, soweit wir das einschätzen können. Will man also über abwesende Mütter kleinerer Kinder im Zusammenhang mit alleinerziehenden Vätern etwas nachlesen, muss man auf Belletristik zurückgreifen. Wir werden aber in einem anderen Zusammenhang in diesem Buch noch einmal auf die abwesende Mutter stoßen: bei Adoptiv- und bei Pflegefamilien. Dort sind es, wie im Fall des erwähnten Daniel, nicht selten Kinder von unter einem Jahr, die von den leiblichen Eltern verlassen oder aufgegeben worden sind oder denen die Eltern von Behörden weggenommen worden sind.

Zum Abschluss dieses Abschnitts soll nun noch ein letzter Fall zur Sprache kommen. Es geht um den 17-jährigen Kochlehrling Gilles, der mit seinen Eltern zu einem familientherapeutischen Gespräch erscheint. Anlass dazu ist eine bei Gilles festgestellte Magersucht.

Zur familiengeschichtlichen Anamnese ist zu erfahren, dass Gilles' Mutter aus Brüssel stammt, während der Vater ein bodenständiger Einheimischer mit ländlicher Herkunft ist, aber in einer Kreisstadt lebt. Die Mutter hat zunächst, noch minderjährig, einen Sohn zur Welt gebracht, dessen Vater aber nicht heiraten dürfen, obwohl sie ihn sehr liebte. Ihr eigener Vater, ein höherer Sicherheitsbeamter, habe ihr das verboten. So zog sie ihren Sohn zunächst alleine auf. Durch Vermittlung einer Freundin, die ihre Skiferien in Tirol verbrachte, nimmt sie eine Brieffreundschaft zu Gilles' Vater, einem höheren Verwaltungsbeamten, auf. Diese mündet nach kurzer Zeit in eine Hochzeit, und die Mutter zieht mit ihrem Erstgeborenen nach Tirol. Er macht dort das Abitur und studiert erfolgreich Volkskunde. Gilles' Mutter wurde demgegenüber in Tirol nie heimisch. Auch heute noch hat sie mit der Sprache ihre Mühe, vor allem dann, wenn es um emotionale Themen geht. Dann muss Gilles übersetzen. Dies gelingt ihm sehr gut und flüssig.

Im Familiengespräch wird zweierlei deutlich: Zum einen geht es um die Ablösung von Gilles. Wenn er die Kochlehre beendet haben wird, plant er, auf einem Kreuzfahrtschiff als Koch anzuheuern – für einen Tiroler ist das nicht gerade der nächstgelegene Arbeitsplatz. Die Ablösung muss also abrupt erfolgen, Zwischentöne kann er sich in der gegebenen Situation nicht erlauben. Des Weiteren stellt sich heraus, dass die Mutter leiblich zwar anwesend, emotional aber beharrlich abwesend ist. Im Geiste scheint sie sich bei ihrem Geliebten in Brüssel aufzuhalten und mit dem Vater immer noch zu hadern, obwohl die Geschichte 20 Jahre her ist. Dass ihr Vater noch lebt, macht die Sache nicht einfacher.

Die vorliegende Situation ist familientherapeutisch gut beschrieben: Im Sinn von Salvador Minuchin (1996) könnte man bei Gilles' Magersucht von einer »Umwegsverteidigung« sprechen, und auch Helm Stierlin und Gunthard Weber (2001) haben die Dynamik der Magersucht im Ablöseprozess entsprechend gedeutet. Bei Gilles' Familie stellt sich die Sache hypothetisch so dar: In einer Situation, in der Gilles' Vater die Erziehungsverantwortung für den Sohn übernommen hat und in diesem Sinne ein »alleinerziehender Vater« ist, stellt die zunehmend lebensbedrohliche Magersucht Gilles' eine (sicher nicht bewusst geplante, aber sinnvolle) Strategie dar, die Mutter ins Erziehungsboot zu holen. Dem Paar wird auf diese Weise eine Chance gegeben, sich gemeinsam *als Paar* vom Sohn abzulösen, wenn der Sohn auf den Weltmeeren weilt. Die Magersucht wird somit interpretiert als der Versuch, eine schwierige Situation zu heilen. Gelingt dieser Versuch, wird diese Krankheit »zu etwas gut gewesen sein« (Blankenburg 2007).

Wie der Therapeut diese Hypothese in eine therapeutische Intervention umsetzt, ist Gegenstand des folgenden, letzten Abschnitts dieses Kapitels.

Alleinerziehendenfamilien in Beratung und Therapie

Der Beratungs- und Therapiebedarf aus der Sicht der Akteure. Werden Alleinerziehende gefragt, was sie selbst an fachlicher Unterstützung in ihrer Lebens- und Familiensituation für wichtig halten, dann stehen zwei Themen im Vordergrund: Die Beratung soll sowohl Fragen der Erziehungsberatung als auch praktische Fragen der Alltagsbewältigung inklusive Finanzen und beruflicher Wiedereingliederung umfassen und fachlich kompetent sein, und sie soll auf den individuellen Fall zugeschnitten sein. Jugendämter erfüllen nach Ansicht der Befragten diese Voraussetzungen in der Regel nicht, mit Ausnahme der Erziehungsberatungsstellen, die an Jugendämter angeschlossen sind. Bei den freien Trägern werden ebenfalls falsche und unzureichende Informationen bemängelt, jedoch wird generell die individuelle Behandlung hervorgehoben, die schon bei den Erziehungsberatungsstellen der Jugendämter gelobt wird (Schneider et al. 2001, S. 405 ff.). Fassen wir diese Befunde zusammen, dann fragen Alleinerziehende nach Fachleuten, die in Beratung und Therapie kompetent sind, während eine Ausbildung in Sozialarbeit bzw. Sozialpädagogik alleine nicht zu genügen scheint.

Werden umgekehrt Experten (Mitarbeiterinnen und Mitarbeiter freier Wohlfahrtsverbände, Jugendämter etc.) danach gefragt, welchen Beratungsbedarf Alleinerziehende haben, dann ergibt sich folgendes (ebd., S. 421 ff.): Es wird vermutet, dass alleinerziehende Mütter und Väter allgemein ein emotionales Bedürfnis nach Austausch und Unterstützung speziell bei Übergängen haben und dass es Angebote geben sollte, die auf spezielle Gruppen, z. B. Väter, zugeschnitten sind. Die Interessenverbände Alleinerziehender treten darüber hinaus für eine öffentliche Wahrnehmung der Situation Alleinerziehender und eine verbesserte Akzeptanz bei den Behörden ein. Interessant ist in diesem Zusammenhang, dass es Alleinerziehende gibt, die von einer politischen Interessenvertretung wenig halten. Sie sind der Auffassung, dass ihre Probleme ganz normale Probleme seien (ebd., S. 420).

Wir werden im Folgenden zunächst grundlegende Themen von Beratung und Therapie ansprechen, die sich aus familientherapeutischer Sicht stellen. Danach werden wir ins Detail gehen.

Allgemeine Grundsätze von Beratung und Therapie. Sie setzen wir als bekannt voraus und erinnern lediglich an die wesentlichen Punkte. Alleinerziehende Mütter oder Väter und ihre Kinder wollen als individueller Fall behandelt werden; sie wollen – auch in ihrer seelischen Not – ernst genommen und verstanden werden, und sie wollen nicht als Opfer, sondern als aktiv handlungsfähige Partnerinnen bzw. Partner in einem Beratungsgeschehen angesehen werden, deren eigene Lösungsversuche respektiert werden (Welter-Enderlin u. Hildenbrand 2004, 2006; Minuchin, Colapinto u. Minuchin 2000). Dass diese Grundsätze in der Arbeit mit Alleinerziehendenfamilien nicht selbstverständlich sind, zeigt sich schnell, wenn es um »Multiproblemfamilien« geht, bei denen nicht nur Hilfe in einer speziellen Familiensituation, sondern auch die Sicherung des Kindeswohls zum Thema wird. In diesen Fällen weicht dann rasch eine »Kultur der Anerkennung« einer »Kultur des Verdachts« (Winkler 2007): Die Kultur des Verdachts führt zu einem immensen Anstieg an Frühinterventionen, Familienunterstützungsmaßnahmen, Elterntrainings etc., die die Familie als Risiko betrachten, weshalb es sie zu disziplinieren gelte. Demgegenüber bedeutet eine Kultur der Anerkennung, dass im Hilfeprozess alle Akteure ihre Integrität behalten. Bei der Familie bedeutet dies vornehmlich, dass ihre Grenzen gewahrt werden. Dazu kommt, dass das naturwüchsige Potenzial der Familie erkundet und respektiert sowie als Ressource eingesetzt wird.

Spezielle Themen von Beratung und Therapie bei Familien Alleinerziehender. Weiter oben haben wir das Beispiel von Françoise Dolto zitiert, in dem sie durch genaue Beobachtung der Familiensituation ihres Patienten herausgefunden hat, dass er den fehlenden Vater, von dem er auf Grund der spezifischen Situation dieser Familie keinerlei Vorstellung haben kann, durch eine Nähmaschine ersetzt hat. Von dieser Erkenntnis ist es nur ein kleiner Schritt zu der allgemeinen Leitlinie, der zufolge die Triade und nicht die Dyade das Thema bei der Beratung und Therapie von Familien Alleinerziehender ist (Dolto 1990; Frisé u. Stahlberg 1992). Dolto schlägt vor, statt vom »alleinerziehenden Elternteil« vom »anwesenden Elternteil« zu sprechen. Dies lässt dann die Möglichkeit symbolisch offen, dass auch der abwesende Vater oder die abwesende Mutter Erziehungsverantwortung übernehmen kann. Daher kommt es darauf an, nicht von Besuchs*recht* zu sprechen, sondern daraus eine absolute *Pflicht* zu machen. Damit ist Dolto in Einklang mit dem deutschen Grundgesetz. Allerdings hat jüngst (2008) ein Richter einem Vater das Recht zugebilligt, seiner »zuvördersten Pflicht« (Art. 6 GG) als Vater nicht nachzukommen, weil er, dieser Vater, die Beziehung zu seiner neuen Familie »nicht gefährden« wollte.

Wenn aber der Vater oder die Mutter ihrer Pflicht nicht nachkommt, könne das Kind, so Dolto weiter, nicht auf den nicht ständig anwesenden Elternteil vertrauen, und die Beziehung stehe unter dem Vorzeichen von Unsicherheit. Dolto fasst auch den umgekehrten Fall ins Auge, bei dem die Mutter das Kind als ihren alleinigen Besitz betrachtet. Ohne den Vater aufzuwachsen schade dem Kind auch in diesem Fall.

Françoise Dolto kommt nicht auf das »Parental Alienation Syndrome«, also auf das »Syndrom der entfremdenden Eltern« zu sprechen, das die erwähnten Rückzüge (der Mutter mit ihrem Kind vom Vater, des Vaters von Mutter und Kind) beschreibt. Es geht eben nicht nur darum, dass einer der beiden erwachsenen Akteure so oder so handelt. Es geht um die dabei entfaltete Beziehungsdynamik: Ein Kind, das seinen Vater (oder seine Mutter) nicht mehr sehen darf, weil seine Mutter (oder sein Vater) ihm dies verbietet, befindet sich in einem Loyalitätskonflikt zwischen dem ständig anwesenden und dem abwesenden Elternteil. Weil das Kind aber nicht auch noch den ständig anwesenden Elternteil verlieren will, wird es sich im Konfliktfall für die Mutter (oder den Vater, falls er der Alleinerziehende ist) entscheiden, und die Mutter (bzw. der Vater) wird Gründe dafür anführen, die etwa mit der charakterlichen Unzulänglichkeit des abwesenden Elternteils begründet werden. Sind Jugendamtsmitarbeiter und Berater bzw. Therapeuten naiv, werden sie diese Zuschreibung der Mutter (oder dem Vater) abnehmen und auf die Einbeziehung des abwesenden Elternteils nicht drängen. Der abwesende Elternteil wird dann zum nachhaltig abwesenden Elternteil. Er wird dies nicht, weil das Kind es ablehnt, sondern deshalb, weil das Kind keine andere Wahl hat, als sich gegen den abwesenden Vater oder die abwesende Mutter zu stellen, will es die vorhandene Vertrauensbasis mit dem anwesenden Elternteil nicht gefährden. Es wird angenommen, dass 90 Prozent der Kinder, deren Eltern sich um das Sorgerecht streiten, unter diesem Syndrom leiden. (Auf die unnötige Pathologisierung, die mit der Formulierung dieses »Syndroms« einhergeht, möchten wir an dieser Stelle nicht eingehen. Die ihr zu Grunde liegende Dynamik ist es allerdings wert, erörtert zu werden.)

Françoise Dolto schlägt vor, mit den Eltern über diese Themen zu sprechen und, wo man nicht weiterkommt, auf die Bedeutung von männlichen Vorbildern aus dem Familien- und Freundeskreis hinzuweisen (alleinerziehende Väter spielen bei ihr keine Rolle). Auf die damit verbundenen Risiken sind wir bereits an verschiedenen Stellen dieses Kapitels zu sprechen gekommen, weiter unten wird es dann um Lösungsmöglichkeiten gehen.

Während Dolto ihre Interventionen auf die Ebene des Symbolischen konzentriert (Green 1993, S. 207), hat der Therapeut im Falle des oben eingeführten Kochlehrlings Gilles und seiner Familie versucht, aktiv handelnd Bewegung in eine Triade mit einer seelisch weitgehend abwesenden Mutter zu bringen. Er deutete die aktuelle Situation des Sohnes als diejenige eines jungen Mannes, der zu einer Reise in die Fremde aufzubrechen im Begriff ist und der dafür praktische und emotionale Unterstützung braucht. Selbstverständlich bot der (im weitesten Sinne alleinerziehende Vater) sofort an, diese Aufgabe zu übernehmen. Der Therapeut jedoch sagte, der Vater habe bereits viel getan für seinen Sohn, aber hier könne er nicht helfen. Gilles benötige jetzt einen Spezialisten für das Erschließen fremder Situationen, und nach Lage der Dinge sei das nun einmal seine Mutter. So wurde die abwesende Mutter ins Spiel gebracht. Sie ließ sich darauf ein, und es gelang dem Vater, sein Erziehungsengagement zurückzuhalten. Einige Jahre später ist zu erfahren, dass Gilles doch nicht Koch auf einem Kreuzfahrtschiff wurde, sondern nun als Gärtner in heimischer Erde herumgräbt. Gilles gehe es gut, die als Magersucht deklarierte Krise sei überwunden.

Virginia Satir, die zu den Pionieren der Familientherapie zählt, stellt ihre Interventionen bei Alleinerziehendenfamilien, wie der eben erwähnte Therapeut, in einen familiengeschichtlichen Rahmen (Satir 2004, S. 212 ff.). Ihr Ausgangspunkt ist ebenfalls die Triade. Zunächst komme es darauf an, mit der Geschichte, die zur Alleinerziehendenfamilie geführt hat, seinen Frieden zu machen und nach vorne zu blicken. Damit dies gelinge, müsse die vergangene Situation aber erst erschlossen werden. Wichtig sei des Weiteren, den Kindern in Alleinerziehendenfamilien ein vollständiges Bild von Männern und Frauen zu vermitteln. Falls eine Mutter in Therapie komme, sei ihr deutlich zu machen, dass aus einer gescheiterten Beziehung mit einem Mann nicht auf alle Männer geschlossen werden kann und dieses abwertende Bild den Kindern nicht vermittelt werden darf. Ebenso ungünstig sei es, wenn der (älteste) Sohn auf emotionaler Ebene den Partner ersetzen solle. Ihn in praktischen Kompetenzen zu fördern sei allerdings hilfreich. Bei abwesenden Müttern stelle sich die Frage, wer auf die emotionalen Bedürfnisse der Kinder nach Nähe eingehe, und Satir kann sich vorstellen, dass hier (falls finanzierbar) eine Haushälterin ersatzweise einspringen könne. Eine nicht zu beseitigende Leerstelle bei Alleinerziehendenfamilien bleibe aber das Vorbild für eine dauerhafte Beziehung zwischen einem Mann und einer Frau.

Bisher sind alle Themen angesprochen worden, die in der Beratung und in der Therapie von Familien Alleinerziehender eine Rolle spielen können. Ob sie dies auch wirklich tun, kommt auf den Einzelfall an. Ruth Limmer (2004, S. 127 ff.) fasst diese Themen zusammen. Wir ergänzen sie, wo nötig, in Klammern:

- Weil sich Alleinerziehende oft in einer Überforderungssituation befänden, die sie selbst nicht einmal bemerkten, seien sie für die Belange ihrer Kinder nur vermindert ansprechbar. Wichtig sei in einem solchen Fall, diese Situation mit der Mutter (oder dem Vater, der bei Limmer selten vorkommt) zu besprechen, an einer Neuverteilung der vorhandenen Pflichten zu arbeiten und dem alleinerziehenden Elternteil die Devise nahezubringen: »Kommt die Sorge um die eigene Befindlichkeit zu kurz, geht dies auch zu Lasten des Kindes« (ebd., S. 139).
- In der leiblichen Familie besteht zwischen Eltern und Kindern eine Hierarchiegrenze. Es sind die Eltern, die die Verantwortung für das Wohl der Kinder tragen. Wird aber z. B der Sohn für eine alleinerziehende Mutter zum Freund oder Partner (oder die ältere Tochter zur »besten Freundin« ihrer Mutter), dann wird diese Grenze aufgelöst. Noch kritischer wird die Situation, wenn der Sohn oder die Tochter zum Ratgeber der Mutter wird. Denn dann wird das Hierarchieverhältnis zwischen Eltern und Kindern auf den Kopf gestellt. Es ist deutlich, dass eine solche Fehlentwicklung umso weniger Chancen hat, je mehr der nicht anwesende Elternteil seine Erziehungsverantwortung wahrnimmt. Der abwesende Vater beispielsweise könnte die Mutter seines Kindes darin unterstützen, die Grenzen zu wahren, indem er selbst bei seinem Kind auf Grenzziehung hinarbeitet.
- Zur Vermeidung der im vorigen Punkt genannten Risiken plädiert Limmer für einen »autoritären Erziehungsstil«. (Damit ist

offenbar gemeint, dass es um einen Erziehungsstil geht, bei
dem auf unterschiedlichen Ebenen Grenzen gezogen werden:
moralische, emotionale, finanzielle, zeitliche, räumliche etc.).

- Im günstigen Falle bleiben Eltern auch dann Eltern, wenn sie
sich getrennt haben (oder nie vorhatten zusammenzuziehen).
Hier ist dann Toleranz für den jeweiligen Erziehungsstil des
nicht ständig anwesenden Elternteils erforderlich, und ebenso
wird daran zu arbeiten sein, dass die Enttäuschungen, die vom
Scheitern der Paarbeziehung noch übriggeblieben sind, nicht
die Beziehung des ehemaligen Paares als Eltern vergiften.

- Die Großeltern, die Eltern des alleinerziehenden Vaters bzw. die
Eltern der alleinerziehenden Mutter, werden, wie erwähnt, von
ca. 80 Prozent der Alleinerziehenden herangezogen. Dadurch
können vergangene Konflikte aus der Kindheit und Jugend der
alleinerziehenden Person wieder aktualisiert werden. (Zu denken wäre auch an Geschwisterkonflikte, wenn die jüngere
Schwester Unterstützung von ihrer Mutter erhält, die ältere aber
nicht, oder die ältere Schwester die Kinder ihres jüngeren Bruders betreut und wieder ihre Ältestenposition herauskehrt, ohne
dass der Bruder eine Chance hat, sich zu wehren.) Thema in
Beratung und Therapie sind dann die Reaktualisierung vergangen geglaubter Konflikte einerseits, die Entwicklung alternativer
Umgangsformen andererseits. Klare Grenzziehungen und klare
Aufgabenverteilungen sind hier wesentlich.

Diese Vorschläge gehen jeweils dahin, von Alleinerziehendenfamilien als Familien auszugehen, bei denen der abwesende Dritte wenigstens im Prinzip in die Sozialisation der Kinder einbezogen werden kann. Nicht eigens erwähnt werden die Fälle »radikaler Alleinerziehender«, bei denen der Dritte nur kurzfristig als Samenspender
eine Rolle gespielt hat. Er ist dann völlig abwesend und kann vielleicht nicht einmal namhaft gemacht werden. In manchen Gegen-
den Deutschlands, z. B. im Mecklenburg-Vorpommern, spielen die
Behörden dieses Spiel mit, indem sie in erheblichem Umfang darauf
verzichten, Väter, die ihre Alimente nicht zahlen, zur Zahlung zu
verpflichten. Stattdessen stellen sie die Kosten dem Steuerzahler in
Rechnung. So wird die dyadische Situation Alleinerziehender, die
nach alldem, was wir wissen, für das Kind eine ungünstige Situation
ist, staatlich gefördert. Optimistisch stimmt, dass in Mecklenburg-

Vorpommern derzeit (2009) Stimmen laut werden, die diese Praxis kritisieren.

Radikale Alleinerziehendenfamilien sind vor allem in zwei Kontexten zu finden: im ideologischen Feminismus (von radikalen alleinerziehenden Patriarchen ist uns derzeit nichts bekannt) und bei der sozial und ökonomisch depravierten Unterschicht. Bei Ersteren könnte man im Beratungs- und Therapiefall darauf hinzuarbeiten versuchen, die vorliegende Problematik (wenn denn eine vorliegt) aus der Sicht des Kindes und nicht aus der Sicht der Mutter in ihrer ideologischen Verkürzung anzugehen. Vor allem könnte man darauf hinweisen, dass die *Internationale Charta für die Rechte der Kinder* vorsieht, dass das Kind ein Recht auf Herkunft hat. Wir fürchten allerdings, dass solche Hinweise bei ideologischen Verhärtungen wenig hilfreich sind.

Junge Mütter mit Kindern ohne Väter wären darin zu unterstützen, nicht in die Abhängigkeit von ihren eigenen Eltern zu geraten. Darüber hinaus wäre wichtig, dass diese Mütter Gruppenangebote finden, um mit bestehenden triadischen Familienverhältnissen in Kontakt zu kommen. »Mütterzentren«, wie von Limmer vorgeschlagen, wären ebendeshalb nicht der Ort der Wahl, und in Familienzentren herrscht klassischer Männermangel sowohl auf der Betreuer- als auch auf Klientenseite. Bleibt das Angebot einer stabilen Hilfe durch einen qua Beruf anwesenden Dritten, etwa in Gestalt eines sozialpädagogischen Familienhelfers (und eben nicht: einer -helferin) oder Beraters bzw. Therapeuten.

Als Kontrast zu einem Vorgehen in Beratung und Therapie, das von der Triade ausgeht, werden wir abschließend ein dezidiert dyadisches Konzept vorstellen. Dieses stützt sich auf die Beobachtung, dass Kinder alleinerziehender Mütter, denen ein Angebot zu einer gruppentherapeutischen Intervention gemacht wurde, zu 83 Prozent (Jungen) bzw. zu 57 Prozent (Mädchen) »unsicher gebunden« gewesen seien (Franz u. Lensche 2003). Weil nach Auffassung der Bindungsforschung der Stil der »unsicheren Bindung« Risiken für die weitere Identitätsentwicklung in sich birgt, wurde das bindungsorientierte *Präventive Elterntraining für alleinerziehende Mütter* und ihre Kinder (PALME) (vgl. www.palme-elterntraining.de [11.7.2009]) entwickelt, das durch dafür geschulte Erzieherinnen durchgeführt wird. Ziel dieses Programms ist die Steigerung sowohl der affektiven als auch der beziehungsmäßigen und kognitiven Kompetenzen der

Mutter. Väter kommen in diesem Programm nicht vor. Wenn der Begriff »Elterntraining« im Programmtitel erscheint, dann bezieht er sich ausschließlich auf Mütter, und der Vater wird auch sprachlich aus der Elternschaft ausgebürgert.

In der alltäglichen Arbeit mit alleinerziehenden Vätern und Müttern ist es in der Tat mitunter so, dass der nicht ständig anwesende Elternteil nicht bereit ist, an der Beratung bzw. Therapie teilzunehmen. Die Beratung oder Therapie ist dann zwangsläufig auf ein dyadisches Setting verwiesen.

Es ist aber ein grundlegender Unterschied, ob Beratung und Therapie konzeptionell von der Triade ausgehen, die fallweise auf eine Dyade in der Beratung oder Therapie verkürzt ist (mit einem leeren Stuhl, auf dem der bzw. die Abwesende sitzen würde, wenn er bzw. sie anwesend wäre), oder ob die Triade von vorneherein als Konzept nicht existent ist. Theoriebildung und empirische Erfahrung lassen keinen anderen Schluss zu als den, dass eine nicht an der Triade ansetzende Beratung oder Therapie fehlerhaft ist.

Literatur

Literatur zur Einführung: Die Literatur zum Thema der Alleinerziehendenfamilien bezieht sich zum größeren Teil auf die Erziehenden und nur zum kleineren Teil auf ihre Kinder. Letztere stehen in diesem Buch allerdings im Mittelpunkt. Zum abwesenden Vater ist die Romanliteratur nicht mehr überschaubar. Derzeit gefällt uns am besten: J. R. Moehringer (2007): Tender Bar. Frankfurt a. M. (S. Fischer). Auch die wissenschaftliche Literatur zum abwesenden Vater füllt Bibliotheken. Derzeit halten wir folgendes Werk für das beste, wenn es um einen umfassenden Überblick geht: Heinz Walter (Hrsg.) (2002): Männer als Väter. Gießen (Psychosozial Verlag). Zur abwesenden Mutter vgl. André Green (1993): Die tote Mutter. *Psyche* 47 (3): 205–240. Ansonsten ist die wissenschaftliche Literatur zu diesem Thema schmal.

Alleinerziehendenfamilien – vier Fallskizzen. Norbert F. Schneider et al. (2001): Alleinerziehen – Vielfalt und Dynamik einer Lebensform. (Schriftenreihe des Bundesministeriums für Familie, Senioren, Frauen und Jugend, Bd. 199.) Stuttgart (Kohlhammer). Dies ist derzeit die wichtigste Studie zum Thema »Alleinerziehende in Deutschland«.

Aufwachsen in einer Alleinerziehendenfamilie: ein Risiko? Sabine Walper und Eva-Verena Wendt (2005): Nicht mit beiden Eltern aufwachsen – ein Risiko? In: Christian Alt (Hrsg.): Kinderleben – Aufwachsen zwischen Familie, Freunden und Institutionen. Bd. 1: Aufwachsen in Familien. Wiesbaden (VS Verlag für Sozialwissenschaften), S. 187–216; Lars Dencik (2002): Mor og Far or Mor og hendes nye partner. Om børns familier og familieskift gennem opvæksten I senmoderniteten [Mom and dad and mom and her new partner. About families of children and change of family by growing up in late modernity]. In: H. Hermansenn and A. Poulsen (eds.): Samfundets børn [The children of the society]. Aarhus (Klim), pp. 75–126.

Alleinerziehen: eine Angelegenheit vorwiegend von Müttern. Zum Unterschied von Vätern und Müttern: Wolfgang Lipp (2000): Die Familie: Biologische Grundlagen, frühe kulturelle Entwicklungen. *Zeitschrift für Familienforschung* 12 (3): 61–87; Wolfgang Hack et al. (2008): Ancient DNA, strontium isotopes, and osteological analysis shed light on social and kinship organization of the Later Stone Age. (PNAS – Proceedings of the National Academy of Sciences, vol. 105, no. 47.) Washington. Verfügbar unter: http://www.pnas.org [12.7.2009]; Ulrich Oevermann (1996): Theoretische Skizze einer revidierten Theorie professionalisierten Handelns. In: Arno Combe und Werner Helsper (Hrsg.): Pädagogische Professionalität – Untersuchungen zum Typus pädagogischen Handelns. Frankfurt a. M. (Suhrkamp), S. 70–198; Mathias Graf, Gisela Knotte und Heinz Walter (2000): Vom Jugend- zum jungen Erwachsenenalter. *System Familie* 13 (4): 178–182. Zu Vaterschaftstests: Frauke Brosius-Gersdorf (2006): »Vaterschaftstests«. Verfassungsrechtliche und verfassungspolitische Direktiven für eine Reform der Vaterschaftsuntersuchung. Berlin (Duncker & Humblot).

Ausgangslagen des Alleinerziehens. Neben den im Werk von Norbert F. Schneider et al. (2001) enthaltenen Informationen haben wir herangezogen: Bernd Eggen (2005): Alleinerziehende – Vielfalt einer Familienform. *Statistisches Monatsheft* 6. Stuttgart (Statistisches Landesamt Baden-Württemberg).

Zur Situation von Familien Alleinerziehender, bei denen die Väter nachhaltig abwesend sind. Günter Burkart (1993): Individualisierung und Elternschaft – Das Beispiel USA. *Zeitschrift für Soziologie* 22 (3): 159–177.

Resilienzpotenziale in Familien Alleinerziehender. Zum Begriff der Resilienz allgemein vgl. die Beiträge in Rosmarie Welter-Enderlin und Bruno Hildenbrand (Hrsg.) (2006): Resilienz – Gedeihen trotz widriger Umstände. Heidelberg (Carl-Auer). Zu Thomas Bernhard vgl. Dorett Funcke (2007): Der abwesende Vater – Wege aus der Vaterlosigkeit. Berlin (LIT); Françoise Dolto (1989): Alles ist Sprache. Weinheim (Quadriga).

Abwesender Vater – desertierter Vater? Zum abwesenden Vater allgemein vgl. Bruno Hildenbrand (2002): Der abwesende Vater als strukturelle Herausforderung in der familialen Sozialisation. In: Heinz Walter (Hrsg.): Männer als Väter – Sozialwissenschaftliche Theorie und Empirie. Gießen (Psychosozial-Verlag), S. 743–782. Zur feministischen Perspektive und zur Kritik daran: Olga Silverstein and Beth Rashbaum (1994): The courage to raise good men. New York (Penguin); Gerhard Amendt (2009): Vaterlose Gesellschaft als gewaltfreie Welt. Feministische Familienkonstruktionen. *Merkur* 63 (3): 210–221. Zur psychoanalytischen Sichtweise: Hermann Lang (1978): Die strukturale Triade. Universität Heidelberg (unveröffentl. Habilitationsschrift); Donald W.

Winnicott (2008): Vom Spiel zur Kreativität. Stuttgart (Klett-Cotta), 11. Aufl. Zur anthropologischen Perspektive: Claude Lévi-Strauss (1971): Rasse und Geschichte. Frankfurt a. M. (Suhrkamp). Zur Ersatzpaarlösung neben Dorett Funcke (2007) auch Walter Gehres und Bruno Hildenbrand (2007): Identitätsbildung und Lebensverläufe bei Pflegekindern. Wiesbaden (VS Verlag für Sozialwissenschaften).

Eine seltene Spezies: Alleinerziehendenfamilien mit einem Vater. Zur Statistik: Hans-Peter Heekerens (1998): Der alleinstehende Vater und seine Familie. *Familiendynamik* 23 (3): 266–289; sowie Erika Neubauer (1988): Alleinerziehende Väter und Mütter – Eine Analyse der Gesamtsituation. (Schriftenreihe des Bundesministers für Familie, Frauen und Gesundheit, Bd. 219.) Stuttgart (Kohlhammer). Zu psychosozialen Aspekten allgemein: Sabine Stiehler (2000): Alleinerziehende Väter – Sozialisation und Lebensführung. Weinheim/München (Juventa). Zur Psychoanalyse der abwesenden Mutter nochmals: André Green (1993): Die tote Mutter. *Psyche* 47 (3): 205–240. Zur systemischen Perspektive: Pauline Boss (2008): Verlust, Trauma und Resilienz. Stuttgart (Klett-Cotta); Salvador Minuchin (1996): Psychosomatische Krankheiten in der Familie. Stuttgart (Klett-Cotta), 6. Aufl.; Helm Stierlin und Gunthard Weber (2001): In Liebe entzweit. Heidelberg (Carl-Auer), 2. Aufl. 2003. Zur anthropologischen Perspektive auf Krankheit: Wolfgang Blankenburg (2007): Futur-II-Perspektive in ihrer Bedeutung für die Erschließung der Lebensgeschichte des Patienten. In: Wolfgang Blankenburg: Psychopathologie des Unscheinbaren. Ausgewählte Aufsätze. (Hrsg. von Martin Heinze.) Berlin (Parados).

Alleinerziehendenfamilien in Beratung und Therapie. Zum Thema »Beratung und Therapie allgemein«: Rosmarie Welter-Enderlin und Bruno Hildenbrand (2004): Systemische Therapie als Begegnung. Stuttgart (Klett-Cotta), 4., völlig überarb. u. erw. Aufl.; Michael Winkler (2007): Familienarbeit in der Heimerziehung – Überlegungen zu einer Theorie in kritischer Absicht: Da werden Sie geholfen! In: Hans Günther Homfeld und Jörgen Schulze-Krüdener (Hrsg): Elternarbeit in der Heimerziehung. München/Basel (Ernst Reinhardt), S. 196–233; zum *parental alienation syndrome* und zur Diskussion darüber vgl. Mechtild Gödde (o. J.): Wenn Väter zu Fremden werden ... Verfügbar unter: http://www.familienhandbuch.de/cmain/f_Aktuelles/a_Trennung_Scheidung/s_553.html [25.6.2009]. Zur psychoanalytischen Perspektive: Françoise Dolto (2008): Scheidung, wie ein Kind sie erlebt. Stuttgart (Klett-Cotta), 3. Aufl.; Maria Frisé und Jürgen Stahlberg (1992): Allein – mit Kind. München/Zürich (Piper). Zur Bindungsforschung und zum Elterntraining: M. Franz und H. Lensche (2003): Alleinerziehend – alleingelassen? Die psychosoziale Beeinträchtigung alleinerziehender Mütter und ihrer Kinder in einer Bevölkerungsstichprobe. *Zeitschrift für psychosomatische Medizin* 49: 115–138. Zur systemischen Perspektive: Ruth Limmer (2004): Beratung von Alleinerziehenden – Grundlagen, Interventionen und Beratungspraxis. Weinheim/München (Juventa); Patricia Minuchin, Jorge Colapinto und Salvador Minuchin (2000): Verstrickt im sozialen Netz. Neue Lösungswege für Multiproblem-Familien. Heidelberg

(Carl-Auer); Virginia Satir (2004): Kommunikation, Selbstwert, Kongruenz. Konzepte und Perspektiven familientherapeutischer Praxis. Paderborn (Junfermann).

2.2 Die Stieffamilie

> »*Eltern können auseinandergehen, sich nicht mehr lieben, sich in großer Bitterkeit scheiden lassen, andere heiraten, viele Kilometer wegziehen – für die Kinder ist das alles erträglich, solange ein Elternteil hinter dem anderen herzottelt wie ein Sklave.*« (Richard Ford 1995, S. 320)

Die Angstattacken von Anna Greif und ihre familiengeschichtlichen Hintergründe • Die Stieffamilie als Familie eigener Art • Zentrale Themen der Stieffamilie und Ansätze zu ihrer Bearbeitung • Erfolgreiche gemeinsame Elternschaft der leiblichen Eltern (Co-Parenting) • Die Integration des Stiefelternteils • Aufmerksamkeit gegenüber der strukturellen Komplexität einer Stieffamilie • Stieffamilien in Beratung und Therapie • Literatur

Die Angstattacken von Anna Greif und ihre familiengeschichtlichen Hintergründe

Einer von uns (B. H.) erhält im Frühsommer des Jahres 2007 eine Anfrage wegen einer Beratung. Unsere Adresse sei durch eine gute Freundin vermittelt worden, deren Vater systemischer Familientherapeut sei. In der E-Mail heißt es:

> »Seit bald zwei Wochen habe ich plötzlich unbestimmte Angstgefühle und -ausbrüche sowie körperliche Panikattacken angesichts meiner auf den ersten Blick eigentlich durchweg positiven Lebenssituation. Das versuche ich nun täglich und nächtlich in den Griff zu bekommen, um mein eigentlich sehr fröhliches Wesen wieder zu erreichen.«

Anna Greif, so heißt die Klientin, lehnt die vom Hausarzt angebotene medikamentöse Behandlung ab und will sich »stattdessen eher mit dem Geschehen auseinandersetzen, um Besserung zu erreichen«, so heißt es weiter in der E-Mail.

Im zehn Tage nach der Anfrage stattfindenden Erstgespräch an einem Freitag berichtet die 1980 geborene Klientin, dass es ihr seit Sonntag konstant gutgehe, allerdings habe sie gestern wieder eine Anwandlung einer Panikattacke gehabt, die sie jedoch habe abschütteln können. Morgens habe sie depressive Phasen und Angst vor dem Tag, und bis am Nachmittag leide sie unter Bauchkrämpfen. Das kenne sie sonst von sich nicht. Am liebsten würde sie raus aus der Wohnung und aus der Stadt und abhauen. Nach bisherigen Lösungsversuchen gefragt, antwortet Anna Greif, dass sie außer beim Hausarzt und bei einem Psychiater noch in einer psychologischen Beratung gewesen sei. Dort sei herausgekommen, dass das, was sie gerne mache, ihr auch Angst mache.

Was wissen wir bis dahin? Wir wissen, dass diese Frau in einer Krise steckt, dass diese Krise sie in Form von Panikattacken heimsucht, dass sie sich bereits um Hilfe bemüht hat, mit dem Angebot aber nicht recht zufrieden war. Vor allem nimmt sie die angebotenen Psychopharmaka nicht. Citalon, ein stimmungsaufhellendes Antidepressivum, weist sie zurück, weil ihr der Psychiater davon abgeraten hat. Das aus der Gruppe der Benzodiazepine stammende Tavor hat sie nicht vertragen, also hat sie es abgesetzt. Gegen therapeutische Gespräche hat sie jedoch nichts einzuwenden. Wir haben es also mit einer aktiven, bei aller Angst und Panik selbstbewussten Klientin zu tun.

Nachdem Anna Greif ihr Anliegen geschildert hat, lautet unsere Frage zur Problematik: Warum hat sie jetzt diese Panikattacken, warum nicht früher oder später? Um dieser Frage nachzugehen, erkundigen wir uns nach der aktuellen Lebenssituation von Anna Greif, und wir erfahren: Sie hat gerade ihr Studium (in einem künstlerisch-handwerklichen Fach) beendet, arbeitet in zwei festen Anstellungen und lebt seit sechs Monaten in einer festen Beziehung. Das alles mache ihr Angst, und sie denke, sie müsse es hinter sich lassen. Anna Greif befindet sich also in einer Übergangssituation, man könnte auch sagen: in einer Übergangskrise. Diese besteht darin, dass sie nun die Grundlagen dafür geschaffen hat, ein selbstbestimmtes, erwachsenes Leben zu führen: Sie hat sich erfolgreich in einem Beruf bewährt, und sie hat eine Partnerschaft begründet, die Aussicht auf Dauer hat. Wo also ist das Problem?

An dieser Stelle lohnt es sich, darauf zu schauen, woher Anna Greif kommt, anders formuliert: welche Herkunftsfamiliensituation sie hinter sich lässt, wenn sie den eingeschlagenen Weg konsequent fortsetzt. Hierzu erfahren wir: Die Großeltern Anna Greifs mütterlicherseits, geboren 1912 (Großvater) und ca. 1923 (Großmutter), stammen aus einem in der ehemaligen DDR gelegenen einsamen Teil der Rhön und waren schon vor dem Zweiten Weltkrieg zusammen. Sie konnten aber erst in den frühen 1950er Jahren heiraten, nachdem der Großvater, ein Architekt, aus Krieg und Gefangenschaft heimgekehrt war. Die gesamten Lebensumstände (aktiv religiös, Selbständigkeit in einem akademischen Beruf, wohnhaft in einer Sperrzone des DDR-Grenzgebiets) lassen darauf schließen, dass dieses Paar ein zurückgezogenes Leben geführt haben muss. Das wird allerdings mehr für den Großvater als für die Großmutter gegolten haben. Sie war Lehrerin. Allerdings unterrichtete sie ein Fach, für das man in der DDR wenig Verwendung hatte: Englisch. Die Großmutter scheint aber für ihre Töchter das Tor zur DDR-Welt gewesen zu sein. Sie verfolgen den von der Mutter eingeschlagenen Weg, sich die Fremde über die Sprache zu erschließen, und führen ihn noch ein Stück weiter, indem sie sich für nah- und fernöstliche Sprachen interessieren und daraus einen Beruf, den der Dolmetscherin, machen. Der Sohn hingegen tritt beruflich in die Fußstapfen des Vaters und heiratet die Schwägerin seiner mittleren Schwester. Orientierung der Berufswahl an den Eltern und Einengung des Heiratskreises deuten darauf hin, dass wir es mit einer nach innen sehr verbundenen Familie zu tun haben.

Die älteste Tochter, Annas Mutter, geht hinsichtlich der Partnerschaft einen anderen Weg. Als Dolmetscherin lernt sie einen Industriellen aus dem Nahen Osten kennen, der im selben Jahr wie ihre Mutter geboren wurde. Als sich eine Liebesbeziehung entwickelt, die jeweils bei den Geschäftsreisen erneuert wird, schlägt der Industrielle vor, dass Sabine (das ist der Vorname von Annas Mutter) zu ihm in sein Heimatland zieht, dort werde sie seine Zweitfrau. Sabine geht auf dieses Angebot nicht ein und beendet die Beziehung. Da ist sie bereits mit Anna schwanger. Anna wird ihren leiblichen Vater einmal, im Alter von drei Jahren, sehen. Eine weitere Begegnung im Jahr 2008 im Heimatland des Vaters scheitert kurz vor ihrem Zustandekommen an der Weigerung des Vaters, sich dieser emotionalen Situation auszusetzen.

Im Jahr nach Annas Geburt heiratet Sabine einen geschiedenen Mann, der in der Landwirtschaft tätig ist und später, mit Sabines Unterstützung, zum Dozenten an einer Universität aufsteigt. Dieser Mann bringt einen zehnjährigen Sohn mit in die Ehe. Zwei Jahre später kommt das gemeinsame Kind Anke auf die Welt. Damit leben in dieser Familie drei Kinder, von denen jedes einen eigenen Status hat. Wir haben es mit jener Konstellation zu tun, die heute mitunter die »Deine-meine-unsere-Kinder-Familie« genannt wird. Die Jüngste ist die leibliche Tochter des Paares. Der Älteste hat einen leiblichen

Vater und eine Stiefmutter, seine leibliche Mutter ist abwesend, ihm aber bekannt, denn er lebte während seiner ersten neun Lebensjahre mit ihr und seinem leiblichen Vater zusammen. Anna hat eine leibliche Mutter und einen Stiefvater, den leiblichen Vater kennt sie nicht, hat aber von ihm gehört und ihn einmal kurz gesehen, da war sie noch ein kleines Kind. Kontakt gab es seither nicht.

Sabine hat ihren Ehemann durch eine Kontaktanzeige kennengelernt, und die Ehe wurde geschlossen, kurz nachdem sie mit einem geliebten, aber nicht erreichbaren Partner abgeschlossen und von ihm nur ein Kind zurückbehalten hat. Wir können uns nur schwer vorstellen, dass diese Ehe durch die im ersten Kapitel erwähnten Aspekte moderner Paarbeziehungen, nämlich Unendlichkeitsfiktion, personelle Unersetzbarkeit und emotionale Bezogenheit, gekennzeichnet war. Aber was nicht ist, kann noch werden, mag man einwenden. Dies trifft im vorliegenden Fall nicht zu, die Ehe war schon nach vier Jahren in einer schweren Krise und wurde nach 17 Jahren geschieden.

Zur Familieninteraktion berichtet Anna, dass der Stiefvater ein strenges Regime geführt habe. Oberstes Prinzip sei Leistung gewesen, und wenn sie keine Leistung gebracht habe, dann sei sie massiv abgewertet, auch geschlagen worden. Die Mutter habe sie vor dem Stiefvater nicht geschützt. Der Einzige, der sie verstanden und der sie auch in ihren pubertären Verwirrungen akzeptiert habe, sei der Großvater mütterlicherseits gewesen.

Auf dieser Grundlage habe sie folgendes Selbstbild entwickelt: Nach der Geburt habe sie nicht leben wollen und das Essen verweigert, so hätten die Krankenschwestern es erzählt. Später habe sie beschlossen, dass sie das Leben objektiv betrachten müsse und nur sie selbst sich mögen könne. Und schließlich sei Leistung ein Gegengift gegen die Panikattacken gewesen, die erstmals aufgetreten seien, als ihr zehn Jahre älterer Stiefbruder mit 16 Jahren die Familie verließ, um zur See zu fahren.

Die Stieffamilie als Familie eigener Art

Kaum eine der in diesem Buch behandelten Familienformen ist so gut untersucht wie die Stieffamilie. Das hängt damit zusammen, dass dieses Thema in enger Verbindung mit einem anderen Thema steht, das vor allem die amerikanische Familienforschung bewegt hat: die Scheidungsfolgenforschung. Mit steigenden Scheidungsziffern in Deutschland wird es auch hierzulande zunehmend interessant.

Die Stieffamilie ist keine Variante einer »normalen« Kernfamilie, sondern eine Familie eigener Art. Erst wenn diese Differenz anerkannt wird, wird es möglich, den Belangen der Stieffamilie gerecht zu werden. Und umgekehrt: Die Weichen sind schon falsch gestellt, wenn zwei versuchen, aus der Stieffamilie, die sie gegründet haben, eine der »Normalfamilie« nachgebildete Familie zu machen.

Dabei hat die Stieffamilie gegen generalisierte Mythen anzukämpfen, die erst allmählich, mit zunehmender Verbreitung dieses Familientypus, an Bedeutung abnehmen: Stiefmütter seien gemein, manipulativ und eifersüchtig, Stiefväter seien potenziell sexuelle Missbraucher, die leibliche Mutter spiele das Opfer, wenn die Kinder bei der Stiefmutter lebten, sie sei auf Rache aus und mische sich in die Angelegenheiten der neuen Familie ein, während der abwesende leibliche Vater zurückgezogen, unfähig und nicht präsent sei, und außerdem litten die Kinder in Stieffamilien an Pathologien und Entwicklungsverzögerungen und zerstörten das Leben ihrer Eltern. Schließlich kennt jeder Stiefmütter aus dem Märchen, die nicht eigens »böse« genannt werden müssen, weil dieses Attribut im Begriff der Stiefmutter schon mitgedacht ist.

Die Stieffamilie, um nun wieder auf Inhalte zu kommen, ist also negativ belastet. Deshalb wird mitunter vorgeschlagen, andere, neutralere Begriffe zu suchen, z. B. Patchworkfamilie. Man fragt sich, was daran besser sein soll, bedenkend, dass *patchwork* wörtlich übersetzt »Flickwerk« bedeutet. Begriffswechsel ändern ohnehin wenig an den durch sie bezeichneten Wirklichkeiten, in diesem Fall daran, dass nämlich in der Stieffamilie Kinder dauerhaft mit einem leiblichen und einem nichtleiblichen Elternteil zusammenleben und dass daraus Spannungen entstehen, für die Lösungen im Dienste der Kinder gefunden werden müssen.

Entsprechend heftig ist die Debatte darüber, ob das Aufwachsen in einer Stieffamilie ein Kind schädigt oder nicht. Die einen listen eine Reihe von Problemen auf, an denen Stiefkinder doppelt so häufig leiden wie Kinder, die mit ihren leiblichen Eltern aufwachsen. Erwähnt werden neben psychischen Problemen und Verhaltensauffälligkeiten: Schulversagen, Delinquenz, Sucht und ein geringes Selbstwertgefühl. Andere sprechen von »guter Scheidung« und »glücklichen Scheidungskindern«, wobei es bei genauerer Betrachtung aber lediglich um Schadenbegrenzung geht. Elisabeth Marquardt hält solchen Schlagworten entgegen, dass sie eher dazu nützlich seien, das schlechte Gewissen der Eltern zu beruhigen. Denn das Aufwachsen zwischen zwei Welten führe bei den Kindern zu einem inneren Konflikt, der sie ihr Leben lang begleite.

Zentrale Themen der Stieffamilie und Ansätze zu ihrer Bearbeitung

Ein zentrales Thema der Stieffamilie ist, dass das Familienleben auf mehrere Haushalte verteilt ist. Wenn ein Kind zwischen diesen Haushalten pendelt, dann pendelt es zwischen sozialen Welten. In einer davon erlebt sich das Kind als fremd, mindestens insofern, als es nicht an den Überzeugungen, Routinen, Ritualen und Gewohnheiten in dem Maße teilnimmt, in dem es in der Familie daran teilnimmt, in der es die meiste Zeit lebt. Des Weiteren muss für den Stiefelternteil eine angemessene Position erst gefunden und in den Familienalltag übersetzt werden.

Was aber hilft den Kindern, mit ihrer neuen Familiensituation zurechtzukommen, nachdem sie zunächst mit ihren leiblichen Eltern oder mit ihrer alleinerziehenden Mutter oder ihrem alleinerziehenden Vater aufgewachsen sind? Wenn wir zuerst die Eigenschaften im Kind betrachten, dann sind dies zunächst Alter und Geschlecht – wenn das Kind noch klein und zugleich ein Mädchen ist, dann hat es gute Chancen. Intelligenz, gute Problemlösungsfähigkeiten und eine gute Beziehung zu mindestens einer Bezugsperson, gute emotionale Selbststeuerung, Bindungsfähigkeit und robustes Temperament sind weitere günstige individuelle Voraussetzungen für das Überleben in einer Stieffamilie. Als ungünstig erweisen sich körperliche Behinderungen sowie psychische und Verhaltensauffälligkeiten. Sie beeinträchtigen die Kinder darin, mit dem Wechsel in eine Stieffamilie fertigzuwerden.

Welche Familiensituationen helfen Kindern, das Leben in einer Stieffamilie zu bewältigen? Die Pioniere der Stieffamilienforschung, Visher und Visher, nennen sechs Faktoren: (1) Verluste werden betrauert, das heißt, die Beteiligten haben sich mit der Situation, die zur Entwicklung einer Stieffamilie führte, emotional auseinandergesetzt. (2) Es bestehen realistische Erwartungen – die Idee, dass nun allen bewiesen werden muss, wie gut die Stieffamilie funktioniert, wird verworfen. (3) Das neue Paar lebt zusammen (erst, nachdem die

Schritte 1 und 2 bewältigt worden sind). (4) Es werden angemessene Rituale in der neuen Familie entwickelt. (5) Es werden befriedigende Stiefbeziehungen gebildet, das sind solche, mit denen alle Beteiligten einverstanden sind. (6). Die beteiligten Haushalte (die jeweilige neue Familie der getrennten Partner) kooperieren. Insgesamt ist man sich in der Literatur darüber einig, dass folgende drei Punkte zentral für das Gelingen einer Stieffamilie sind: (1) erfolgreiche gemeinsame Elternschaft der leiblichen Eltern *(Co-Parenting)*; (2) Integration des Stiefelternteils in die Familie; (3) Aufmerksamkeit gegenüber der strukturellen Komplexität einer Stieffamilie. Wir gehen diese Punkte nun nacheinander durch.

Erfolgreiche gemeinsame Elternschaft der leiblichen Eltern (Co-Parenting)

Unter gemeinsamer Elternschaft in einer Stieffamilie wird verstanden, dass die Eltern zwar als Paar getrennt sind, aber als Eltern gemeinsame Erziehungsverantwortung übernehmen. Dieses Arrangement ist das unmittelbare Resultat einer Auffassung von Familie, der zufolge eine Familie durch die strukturellen Kriterien der Unendlichkeitsfiktion und der Nichtersetzbarkeit der Personen strukturiert ist. Co-Parenting gilt als Schlüssel zu einer für die Kinder günstigen Stieffamiliensituation. Für den jeweiligen Stiefelternteil hat es grundlegende Konsequenzen. Er wird von der Aufgabe entlastet, eine Elternfunktion auszuüben. Noch deutlicher: Wenn die Elternschaft entfällt, muss ein anderer Begriff für den Stiefelternteil und für die Stieffamilie gefunden werden. So weit geht man aber auch in jener Forschung nicht, die für das Co-Parenting eintritt, und das ist die Mehrheit. Allerdings könnte man sich auch vorstellen, dass Stiefeltern die gemeinsame Elternschaft der leiblichen Eltern nicht als Entlastung, sondern als ständige Störquelle und als Verhinderung von Verantwortungsübernahme, also Bevormundung, ansehen.

Vor allem für die Kinder hat die gemeinsame Elternschaft der getrennt lebenden leiblichen Eltern einen großen Vorteil – sie werden nicht in Loyalitätskonflikte verstrickt. Allerdings ist die gemeinsame Elternschaft für die Eltern sehr anspruchsvoll, denn es muss ihnen gelingen, im Umgang miteinander zwei Dinge auseinanderzuhalten: die Paarbeziehung, die gescheitert und beendet ist, und die Elternbeziehung, die auf unbegrenzte Zeit weiterwirkt. Entsprechend ist ein solches Arrangement eher die Ausnahme als die Regel. Für Deutschland liegen Zahlen vor, denen zufolge ein Drittel der Kinder, deren Eltern getrennt leben, keinen Zugang zum nichtanwesenden Elternteil hat. Ein weiteres Drittel sieht den getrennt lebenden Elternteil sporadisch, ein Viertel einmal im Monat, und nur ein Zehntel sieht den getrennt lebenden Elternteil mehrmals in der Woche oder täglich. Das bedeutet, dass nur bei einem Drittel der Kinder, die in der Studie von Napp-Peters (1995) erfasst wurden, überhaupt die Voraussetzungen für die Entwicklung einer gemeinsamen Elternschaft auch bei Trennung der Eltern bestand. Günstiger sehen die Zahlen in der Mittelschicht sowie dort aus, wo das Sorgerecht gemeinsam von den Eltern ausgeübt wird.

Besonders die abwesenden Väter gelten als Schwachstelle bei der Entscheidung für eine gemeinsame Elternschaft. Vor allem, wenn der Konflikt zwischen den Eltern andauert, gehen die Väter auf Distanz. Auch ein größerer geografischer Abstand trägt zur Verhinderung einer gemeinsamen Elternschaft bei.

Die Integration des Stiefelternteils

Wenn Stiefeltern den biologischen Elternteil bei der Kinderbetreuung unterstützen, dann gilt dies als hilfreich für die Kinder. Die Frage ist aber, wie diese Unterstützung aussehen soll. Dass die Stiefeltern in eine Position »sozialer Elternschaft« eintreten, gilt als Extremfall und ist juristisch auch nicht vorgesehen – allenfalls faktische, nicht aber soziale Elternschaft ist dann möglich. Es sei denn, der Stiefelternteil adoptiert das Stiefkind. Vor allem Frauen geraten leicht in die Gefahr, volle Verantwortung für ihre Stiefkinder zu übernehmen. Sie sind mit allgemeinen Erwartungen konfrontiert, denen zufolge Frauen für das emotionale Klima in einer Familie zuständig sind, insbesondere für die Betreuung und emotionale Unterstützung von Kindern. Wenn sich eine Frau darauf einlässt, gerät sie als Stiefmutter rasch in Konkurrenz zur leiblichen Mutter. Sie wird dann zur »bösen« Stiefmutter – das hat man ja immer schon gewusst. Umgekehrt tendieren leibliche Väter dazu, in dem Maße, in dem ihre Partnerin Verantwortung für ihre Stiefkinder übernimmt, sich auf die Sorge um den Lebensunterhalt der Familie zu beschränken. Wir sind diesem Thema schon im Kapitel über alleinerziehende Väter begegnet.

Die Integration des Stiefelternteils in eine Stieffamilie ist ein Prozess, der sich über fünf bis sieben Jahre hinzieht. Was an dessen Ende steht, ist offen. Es kann Fälle geben, in denen ein Stiefelternteil die erwähnte »soziale Elternschaft« übernimmt, und es kann sich dabei um gelungene Fälle handeln. Zwingend ist das nicht. Wie die Beziehungen zwischen Stiefeltern und Stiefkindern ausfallen, ist fallweise unterschiedlich und kulturell variabel. Virginia Rutter berichtet aus den USA, dass es nicht unüblich ist, dass Stiefkinder ihre Stiefeltern mit »Onkel« oder »Tante« ansprechen. Aus Frankreich wird berichtet, dass die Ansprache als Freund, wenn es denn so weit kommt, der Situation angemessen sei. In Deutschland ist es nicht unüblich, dass Stiefeltern als »Vater« oder »Mutter« angesprochen werden, oder es bleibt beim Vornamen. »Onkel« und »Tante« waren Begriffe, die unmittelbar nach dem Zweiten Weltkrieg in Deutschland gängig waren, als Massen von Witwen und Witwern Möglichkeiten suchten, wieder in einer vollständigen Familie zu leben, ohne dem Verstorbenen seinen Platz wegzunehmen. Inzwischen ist diese Variante hierzulande aus der Mode gekommen.

Die Frage ist, welche Terminologie einer Familienform gerecht wird, die eben nicht eine Variante der »Normalfamilie« darstellt, sondern eine Familie eigener Art ist. »Onkel« und »Tante« sind Begriffe, die aus dem Verwandtschaftssystem stammen. Daher rücken sie Stiefeltern näher an die aus Mutter bzw. Vater und leiblichen Kindern bestehende Familie heran, aber nicht so weit, dass sie zu leiblichen Eltern werden. Sie haben, so angesprochen, aber auch nicht den Status von Leuten, die außerhalb des Verwandtschaftssystems stehen. Damit nehmen sie eine Mittelposition ein. Die französische Variante, dem Stiefelternteil den Status einer Person zuzubilligen, die gegebenenfalls zur Freundin oder zum Freund werden kann, hält den Stiefelternteil völlig aus der Familie heraus. Eine Elternposition wird hier von vornherein nicht zugemutet. Vom strukturalen Standpunkt aus gesehen, ist diese Praktik konsequent.

Fassen wir diese Überlegungen zur Terminologie in der Stieffamilie zusammen, dann lautet das Fazit: Die Bezeichnung des Stiefelternteils mit Kategorien, die der leiblichen Elternschaft vorbehalten sind, verwischt die spezifische Eigenheit der Stieffamilie. Verwischung, anders gesprochen: Entdifferenzierung zieht aber immer einen Verlust an lebenspraktischer Rationalität nach sich. Sie schafft Probleme, die vermeidbar gewesen wären, wenn man sich von Anfang an mit solchen Praktiken alltäglichen Umgangs auseinandergesetzt hätte. Nur in oberflächlicher Betrachtungsweise erscheinen diese Themen als Randthemen.

Ein letzter Punkt zum Thema der Integration von Stiefeltern in die Stieffamilie: Wichtig ist auch, wo die Partner im Lebens- und Familienzyklus zum Zeitpunkt der Gründung der Stieffamilie stehen. Je größer der Unterschied in den Lebens- und Familienerfahrungen ist, desto größer ist die Herausforderung beim Übergang zu einer neuen Familie. Wenn beispielsweise eine Frau, die 15 Jahre lang in einer Familie gelebt und mit ihrem Mann Kinder großgezogen hat, nach Trennung und Scheidung mit einem Mann zusammenzieht, der bis dahin alleine gelebt hat, dann treffen zwei völlig verschiedene Lebenswelten und zwei völlig verschiedene Erfahrungszusammenhänge aufeinander. In einem solchen Fall tritt zu den Aufgaben, die eine Stieffamilie ohnehin zu bewältigen hat, noch die weitere Aufgabe hinzu, eine gemeinsame Familienwelt auszuhandeln und in einen Alltag zu überführen, der allen Beteiligten gerecht wird: die der Mutter-Kind-Beziehung und der Paarbeziehung. Dafür sind jedoch die Voraussetzungen sehr asymmetrisch verteilt.

Aufmerksamkeit gegenüber der strukturellen Komplexität einer Stieffamilie

Die Haltung von Stieffamilien, nach allen schmerzhaften Erfahrungen mit Konflikt, persönlicher Herabwürdigung, Trennung und nach dem endlich gelungenen Neubeginn mit einem neuen Partner bzw. einer neuen Partnerin möglichst rasch wieder eine »ganz normale Familie« zu werden, ist nur zu verständlich. Gleichwohl halten Fachleute an der Überzeugung fest, dass es allen Beteiligten bessergeht, wenn sie sich ständig über ihre komplexe Konstellation als Stieffamilie im Klaren sind. Diese schließt nicht nur die Koexistenz von biologischer und anderen Formen von Elternschaft ein, sondern auch die Tatsache, dass eine Stieffamilie auf einer oder zwei vorgängigen Familien mitsamt ihren Geschichten aufbaut. Bei einer Stieffamilie kommen eben nicht nur zwei Fremde aus unterschiedlichen Herkunftsfamilien zusammen, um eine eigene Welt zu bilden. Es kommen Erfahrungen aus mindestens einer, gegebenenfalls auch aus zwei Familienwelten hinzu. Sie haben ihren Wert nicht notwendig einfach dadurch verloren, dass sie gescheitert sind.

Wer in der Stieffamilie wen zur Familie zählt, ist eine Frage, die überraschende Antworten bereithält, und sie können sehr unterschiedlich ausfallen. Wenn wir bisher das Eigenständige einer Stieffamilie betont haben, dann findet dies in den folgenden Befunden eine Bestätigung. In einer Studie zählten Kinder zwischen sieben und elf Jahren ihren nicht mit ihnen zusammenlebenden Vater zu den Familienmitgliedern, nicht aber ihre Mutter und ihren aktuellen Partner. Andere Studien haben ergeben, dass 15 Prozent der Stiefeltern ihr Stiefkind nicht mit zur Familie zählen, selbst wenn es bei ihnen lebt. In einer weiteren Studie zählten 31 Prozent der Stiefkinder ihre Stiefeltern nicht zur Familie. Jedoch kann auch gezeigt werden, dass eine gute Beziehung zum leiblichen Vater die Beziehung zum Stiefvater nicht notwendig bedroht. Man kann als Kind zu beiden Personen eine gute Beziehung haben, wenn geregelt ist, wer wofür zuständig ist. Mitunter wird eine gute Beziehung zum leiblichen Vater als günstige Voraussetzung für eine gute Stiefvaterbeziehung angesehen.

Die Grenzen einer Stieffamilie sind andere als die einer »normalen« Kernfamilie. Das Verwandtschaftssystem kann eine Kernfamilie unterstützen, nicht nur in Krisenzeiten, aber vor allem dann. Wenn aber die Verwandtschaft in die Kindererziehung einbezogen wird, nachdem es zu Trennung und Scheidung und zur Gründung einer Stieffamilie gekommen ist, kann sich die Herausbildung einer nach außen abgegrenzten Stieffamilie als schwierig erweisen. Denn dann hat sich die Anzahl der Personen ja vergrößert, die jeweils auf einer Seite der Konfliktparteien stehen. Das kann so weit gehen, dass die leiblichen Eltern längst zu einem Modus geteilter Elternschaft gefunden haben, während ihre Verwandten den aktuellen Stand nicht kennen und weiter die alten Konflikte schüren – oder sie im eigenen Interesse am Laufen halten.

Von diesen Verwandten spielen die jeweiligen Großelternpaare eine besondere Rolle, da sie die wichtigsten Verwandten nach den eigenen Eltern und Geschwistern sind. Mit einem Stiefelternteil kommen auch Stiefgroßeltern dazu. Andere werden möglicherweise ausgegrenzt, z. B. die Eltern des nicht mit den Kindern lebenden leiblichen Elternteils.

Wir gelangen zu dem Fazit, dass die Stieffamilie keine abweichende Familienform ist, die sich darum bemühen sollte, sich möglichst rasch der »Normalfamilie« anzunähern. Stattdessen tun Stieffamilien gut daran, sich über ihre komplexe Situation Klarheit zu verschaffen und zu angemessenen eigenen Lösungen zu kommen, nach Möglichkeit unter Einschluss des abwesenden leiblichen Elternteils. Bevor wir nun aber zum Thema der Beratung und Therapie bei Stieffamilien kommen, das wir im letzten Satz bereits angerissen haben, soll es um eine heikle Frage gehen, nämlich um die Frage, ob es ein Risiko ist, in einer Stieffamilie aufzuwachsen. Dass diese Frage eindeutig mit Ja zu beantworten ist, legen die eingangs dieses Kapitels erwähnten Vorurteile gegen die Stieffamilie nahe.

Wir haben im Kapitel über den langen Weg der Kernfamilie Zahlen angeführt, die zeigen, dass es im Vergleich zur leiblichen und zur Alleinerziehendenfamilie riskant ist, in einer Stieffamilie aufzuwachsen. Diese Daten sagen uns allerdings nichts über die Gründe, warum das so ist. An ökonomischem Stress oder Alltagsstress kann es nicht liegen, dass die Kinder in der Stieffamilie gefährdeter sind, denn Stiefväter gelten allgemein als diejenigen, die eine Familie vor ökonomischem Stress bewahren, während Alleinerziehen immer auch ein Armutsrisiko bedeutet. Es liegt dann offenbar an der veränderten Konstellation: Ein Fremder tritt auf den Plan. Hierzu liegen Studien vor. Die Anwesenheit eines Stiefelternteils sei epidemiologisch der beste Prädiktor für sexuellen Missbrauch, heißt es. Andere sagen, dass das Risiko, von einem Stiefvater sexuell missbraucht zu werden, bei 1:6 liegt, während dasselbe Risiko beim leiblichen Vater bei 1:50 liegt. Wieder andere Zahlen besagen, dass das Risiko, vom Stiefvater missbraucht zu werden, doppelt so hoch ist wie beim leiblichen Vater. Genaue Zahlen sind auf Grund der hohen Dunkelziffer nicht zu erhalten. Aber die Tendenz bleibt gleich: Kinder, die mit einem Erwachsenen zusammenleben, mit dem sie keine leibliche Verbindung haben, tragen ein größeres Missbrauchsrisiko als Kinder, die mit dem leiblichen Vater zusammenleben.

Wir kommen an dieser Stelle zurück auf den im Kapitel über Alleinerziehende geschilderten Fall von Boris Kucharczyk. Nachdem die von ihrem Adoptivvater missbrauchte Mutter von Boris sich früh aus ihrer Adoptivfamilie gelöst und sich mit einem Mann zusammengetan hatte, der sie verlässt, als sie schwanger wird, zieht sie ihren Sohn zunächst alleine auf. Drei Jahre nach der Geburt von Boris heiratet sie Hans Kucharczyk. Dieser ist, wie erinnerlich, als jüngster von drei Brüdern und mit einem Halbbruder aufgewachsen, der 15 Jahre älter ist als er. Seine Mutter ist dominant, sein Vater meist abwesend. Er kann in dieser Familie keine strukturbildenden Aufgaben übernehmen. In diesem Kontext wundert es dann nicht, dass Hans nicht nur seinen Stiefsohn Boris, sondern auch seine beiden Töchter, die sechs und sieben Jahre jünger sind als Boris, sexuell missbraucht. Boris verbringt einige Jahre in einem Heim sowie in einer Pflegefamilie, kehrt immer wieder nach Hause zurück und macht sich schließlich ab dem Alter von zehn Jahren »selbstständig«. Mit Einbrüchen und Drogenhandel hält er sich über Wasser. Wegen dieser Straftaten sowie wegen Gewaltdelikten muss er, noch keine 20 Jahre alt, eine vierjährige Haftstrafe absitzen.

Zu Entwicklungen wie der eben geschilderten gibt es einige Erklärungsversuche. Beispielsweise wird angenommen, dass die Schranke des Inzesttabus in komplexen Familienformen wie bei der Stieffamilie niedriger liegt als in Kernfamilien mit leiblicher Elternschaft. Das Datum, dem zufolge Kinder in Stieffamilien 40-mal mehr physischer Gewalt ausgesetzt sind als leibliche Kinder, wird so erklärt, dass die eigenen, also die leiblichen Kinder geschützt werden, während die Kinder aus einer früheren Verbindung der Partnerin als Konkurrenz der eigenen Kinder betrachtet und weggedrängt werden (»Der neue Löwe beißt die Kinder des alten Löwen weg«, so brachte der Entwicklungspsychologe Rainer Silbereisen die Sache in einer Diskussionsbemerkung auf den Punkt). Wir ziehen eine Deutung vor, die weniger an den soziobiologischen als an den sozialen und kulturellen Gestaltungen von Familienbeziehungen ansetzt. Diese besagt, dass die Komplexität der Struktur einer Stieffamilie, das Verwobensein von Themen der Emotionalität, der erotischen Beziehung, der Loyalität und der Alltagsorganisation über mehrere Haushalte hinweg ein hohes Stresspotenzial birgt, welches sich im Einzelfall in Form von Gewalt Bahn bricht.

Bei Boris Kucharczyk besteht dieser Einzelfall in einer äußerst ungünstigen Paarkonstellation: Eine selbst missbrauchte und mit einem geringen Selbstwertgefühl ausgestattete Mutter trifft auf einen Partner, bei dem es durch Vaterabwesenheit zu Defiziten in der Strukturbildung gekommen ist. Die Mutter dieses Partners, die ihren Mann von ihren Söhnen ferngehalten hat, konnte – nachvollziehbar vor dem Hintergrund ihrer eigenen Familiengeschichte – dieses Strukturdefizit nicht ausgleichen.

Diese Erklärung hat den Vorteil, dass wir nicht auf ein elementares, nicht zu steuerndes Geschehen aus dem Tierreich zurückgreifen müssen, sondern uns fragen können, wie denn auf der Ebene der sozialen Organisation menschlichen Verhaltens den Handelnden solche Impulse und andere Prozesse, die im Leben einer Stieffamilie Bedeutung erlangen, zur *Gestaltung* aufgegeben sind. Mit solchen

Gestaltungsprozessen und ihrer Unterstützung in Beratung und Therapie werden wir uns im nächsten, abschließenden Abschnitt befassen.

Stieffamilien in Beratung und Therapie

Etwa 20 Prozent der Kinder, die in einer Stieffamilie aufwachsen, entwickeln Verhaltensprobleme, die eine Behandlung und/oder eine Fremdplatzierung erforderlich machen. Es sind vor allem die Stiefkinder, nicht die leiblichen Kinder, die davon betroffen sind. Beispielsweise wurden von 111 identifizierten Patienten in 94 Stieffamilien in 90 Fällen das Stiefkind als Problemkind benannt (»identifiziert« heißt in der Sprache der systemischen Familientherapie, dass das Kind nicht der Patient *ist*, sondern *als* Patient von seiner sozialen Umgebung, von den Eltern zum Beispiel, *deklariert* wird). In einer anderen Studie wurde die Auffassung vertreten, dass die Zahl der Stiefkinder mit ernsthaften Problemen halbiert werden könnte, wenn sich diese Familien rechtzeitig beraten lassen würden. Dann hätten nur noch 10 Prozent der Stiefkinder behandlungsbedürftige Probleme. Dieser Anteil wäre dann mit dem bei leiblichen Familien identisch. Anders formuliert: Stieffamilienkinder haben nur dann ein doppelt so hohes Risiko wie Kinder, die bei ihren leiblichen Eltern aufwachsen, behandlungsbedürftig verhaltensauffällig zu werden, wenn ihre leiblichen und Stiefeltern sich nicht rechtzeitig darum bemühen, der Eigenart dieser Familienform gerecht zu werden.

Es geht also, vor jeder Beratung oder Therapie, zunächst einmal um Prävention. Einige schlagen vor, bereits im Kindergarten und in der Grundschule um die Akzeptanz der Stieffamilie zu werben. Die leiblichen Eltern sollen dort, wo dies zumutbar ist, zur Übernahme geteilter elterlicher Verantwortung ermuntert werden, während die jeweiligen Stiefeltern eine Rolle als Unterstützer zugeschrieben bekommen sollten. Im Übergang zur Stieffamilie erweisen sich Selbsthilfegruppen als sinnvoll (www.stieffamilien.de [11.7.2009]).

Wenn ca. 20 Prozent der Stiefkinder beratungs- oder therapiebedürftig sind und diese Zahl durch einfache präventive Maßnahmen der Informationsvermittlung halbiert werden kann, dann heißt das gleichzeitig, dass nur eine Minderheit von Stieffamilien behandlungsbedürftige »Problemfamilien« sind. Um diese soll es nun gehen.

Fangen wir mit Informationen darüber an, was solchen Familien geholfen hat. Es sind die folgenden Punkte: dass die Stieffamilie als Familie eigener Art Wertschätzung erfuhr, dass die Situation der Stieffamilie normalisiert wurde, dass an der Reduktion von Gefühlen der Hilflosigkeit gearbeitet, also Optimismus in Bezug auf gelingende Problemlösungen verbreitet wurde und, vor allem, dass die Paarbeziehung gestärkt wurde. Auf Grund dieses letztgenannten Punktes wird vorgeschlagen, einer Familienberatung eine Paarberatung vorangehen zu lassen. Wenn es dann zu einer Familienberatung oder -behandlung kommt, dann sind folgende Punkte wichtig:

- Es wird auf die Familiengeschichte, den Lebenslauf und auf die Familienentwicklungen der beteiligten Personen und Verwandtschaftsgruppen fokussiert. Damit soll herausgefunden werden, welche Erfahrungen mit Bindung, mit Autonomie, mit Grenzen und Grenzöffnungen sowie mit Trennungen in den einzelnen Herkunftsfamiliensystemen gemacht wurden und welche Muster sich dabei herausgebildet haben. Es sind vier Herkunftsfamilien im Spiel, wenn ein Paar sich trennt und jeweils wieder eine Beziehung eingeht. Des Weiteren kann mit dem Blick auf die Familiengeschichte herausgefunden werden, wo die in Beratung oder Therapie gekommenen Partner lebens- und familienzyklisch gerade stehen: Wie sieht es mit der Ablösung vom Elternhaus aus, wer hat wie viel Erfahrung mit Familienleben, wer hat bei seinen Kindern bereits welche Entwicklungsschritte begleitet, wer kennt sich mit Pubertät und Ablösung als Vater oder Mutter aus etc.? Je größer die Unterschiede der Partner hinsichtlich ihrer Stellung im Lebenslauf und in der Familienentwicklung sind, desto größer sind die Herausforderungen, denen sie beim Gründen einer Stieffamilie gegenüberstehen.

Dies zeigt sich im Fall von Anna Greif sehr deutlich. Während Sabine Greif aus einem wirtschaftsbürgerlichen und christlich geprägten Elternhaus stammt, kommt ihr Mann aus einer an sozialem wie an Bildungskapital armen Landarbeiterfamilie. Von dort hat er sich mit Unterstützung, vielleicht auch mit Druck seiner Ehefrau bis zu einer akademischen Position emporgearbeitet. Zur Ausbildung einer gemeinsamen Familienwelt ist es dabei nicht gekommen. Nach vier Jahren beginnen die Krisen, nach 17 Jahren erfolgt die Scheidung. Die beiden Kinder, die in die Ehe von Mutter und Vater mitgebracht wurden und die durch das Fehlen einer gemeinsamen Familienwelt noch mehr ins Abseits geraten, schließen sich zusammen und bilden übergangsweise eine Überlebenseinheit, bis der Bruder mit 16 Jahren die Familie verlässt. Anna folgt zum nächstmöglichen Zeitpunkt seinem Beispiel.

• Auf gemeinsamer Verantwortung der leiblichen Eltern bestehen. Dies gilt vor allem für die Einbeziehung des getrennt lebenden Elternteils in die Therapie. Ziel ist es, ein System geteilter elterlicher Verantwortung zu bilden, in dem die Partner ohne elterliche Verantwortung, die Stiefeltern also, eine unterstützende Aufgabe haben.

Der Siebte Familienbericht aus dem Jahr 2006 zeichnet in dieser Hinsicht ein differenziertes Bild. Dort heißt es im Zusammenhang mit rechtlichen Aspekten gemeinsamer elterlicher Verantwortung, also mit dem geteilten Sorgerecht (S. 125):

»Der juristische Sorgerechtsstatus an und für sich ist nicht in signifikanter Weise mit der zwischenelterlichen Beziehung oder der kindlichen Anpassung verknüpft. Väter mit gemeinsamem Sorgerecht waren nach der Scheidung zufriedener, was längerfristig eine positive Auswirkung auf ihr Engagement bei den Kindern hat. Bei Familien mit hohem Konfliktniveau ist das gemeinsame Sorgerecht nicht geeignet, die Beziehung zu restaurieren. Wenn die Eltern zudem nicht imstande sind, ihre Konflikte auf die partnerschaftliche Ebene zu begrenzen, kann sich dies destruktiv auf die Kinder auswirken.«

Als Fazit wird gezogen: Trotz großer Vorbehalte gegen das gemeinsame Sorgerecht nehmen die Fälle zu, in denen es in Anspruch genommen wird. Allerdings ist der Weg zur gemeinsamen Sorge helfend zu begleiten, dabei ist der jeweilige Einzelfall zu berücksichtigen.

• Ein weiterer wichtiger Punkt ist, zu akzeptieren, dass die Entwicklung einer Stieffamilie ein langer Prozess ist, der sich über fünf bis sieben Jahre hinziehen kann und der vor allem ein Prozess mit offenem Ausgang ist. Die Zahlen über Wiederverheiratungen und ihr Scheidungsrisiko sprechen da eine deutliche Sprache. Im Laufe dieses Prozesses ist es die Aufgabe des Therapeuten, die Familie beim Finden von Lösungen zu unterstützen, die in anderen Modellen als dem der Kernfamilie wurzeln.

Es gilt, eine Struktur zu finden, die der jeweiligen Stieffamilie und ihren Besonderheiten gerecht wird. Besondere Aufmerksamkeit verdienen die Grenzen innerhalb der Familie und zur Außenwelt. Sie unterscheiden sich teilweise von den Grenzen, wie sie für eine Kernfamilie typisch sind. Denn bei der Stieffamilie gehört zum Beispiel der abwesende Elternteil (der Vater zumeist) punktuell dazu, weil, wenn er Verantwortung übernimmt, zum Beispiel die Zeitpläne koordiniert werden müssen. Dazu gehört auch, dass Personen mit unterschiedlichem Status und mit unterschiedlichen Loyalitäten in der Familie leben.

- Auf die Geschlechtsrollenstereotype achten. Stiefmütter geraten leicht in die Gefahr, die an sie herangetragenen Erwartungen, ihren Stiefkindern eine gute Mutter zu sein, zu erfüllen. Dies bringt sie unweigerlich in Konflikt mit der leiblichen Mutter, die ja, wie ausgeführt, ihren Kindern *als* Mutter erhalten werden soll, auch wenn sie nicht mehr bei ihnen lebt. Die leiblichen Väter geraten wiederum leicht in die Gefahr, marginalisiert oder gar kriminalisiert zu werden. Ziel ist es, ihren Beitrag zur gesunden Entwicklung ihres Kindes zu betonen.

Auch hierzu ein Beispiel: Eine Ehefrau trennte sich von ihrem Mann, nachdem sie herausgefunden hatte, dass er eine gleichgeschlechtliche Beziehung im Geheimen unterhielt. Sie war wegen einer Depression unklarer Genese in stationärer psychiatrischer Behandlung, in der die Paarproblematik zur Sprache kam. In diesem Zusammenhang begann die Patientin, diskret Hinweise zu streuen, denen zufolge sie bei ihrem Mann beim gemeinsamen Baden mit dem damals zweijährigen Sohn sexuelle Übergriffe beobachtet habe. Wir äußerten in diesem Zusammenhang die Vermutung, dass diese Vorwürfe möglicherweise nicht der Wirklichkeit entsprächen, sondern als Munition im zu erwartenden Scheidungskrieg benutzt werden sollten. Zu unserer Überraschung ließ die Patientin daraufhin ihre Vorwürfe kommentarlos fallen, und wir konnten an der Entwicklung einer gemeinsamen Sorge arbeiten.

- Die Eltern und Stiefeltern sollen ermuntert werden, die gesamte Bandbreite an Emotionen zu akzeptieren, die von den Kindern empfunden werden. Denn ihre Situation ist charakterisiert durch Verlust, Ambivalenz und durch eine ungewisse Zukunft.

Das vertraute Familienmilieu ist ihnen abhandengekommen, sie pendeln jetzt zwischen zwei Familien, deren Dauerhaftigkeit sich erst noch einstellen muss – wenn es gutgeht. Akzeptanz ist eine angemessene Alternative zu der Überzeugung, die Stieffamilie sei eine mangelhafte Kernfamilie. Tatsächlich ist sie eine binukleare Familie, eine Familie mit zwei Kernen, und wenn man den Kindern ermöglicht, dies so zu nehmen, wie es ist, dann müssen sie ihre Gefühle nicht verleugnen.

- Schließlich gilt es, die Stellung der Stiefgeschwister im Geschwistersystem der Stieffamilie zu klären. Wenn eine Stieffamilie konstituiert wird, dann ändern sich die Positionen von Ältestem, Mittlerem und Jüngstem.

Nehmen wir als klassisches Beispiel einen Bauernhof. Die Bäuerin stirbt bei der Geburt des zweiten Kindes, das erste Kind ist ein Sohn, das zweite eine Tochter. Der Bauer heiratet innerhalb eines Jahres erneut, denn es muss die Position der Bäuerin auf dem Hof besetzt sein. Abhängig davon, wie viele Kinder dieses Paar haben wird, werden unterschiedliche Optionen der Paar-, Eltern-Kind- und Geschwisterbeziehungen eröffnet. Bekommt das neue Paar keine eigenen Kinder, versagt der Bauer seiner zweiten Ehefrau den vollen Status als Ehefrau, dann hat sie mehr den Status einer Bediensteten, und die Frage ist, wie lange sie sich dies gefallen lässt. Bekommt das neue Paar drei und mehr Kinder, dann besteht eine Tendenz, dass die zweite Kindergruppe die erste an den Rand drückt. Der Erstgeborene und damit in weiten Teilen Westeuropas designierte Hofnachfolger kann sich in diesem Fall ausrechnen, dass er gegen seinen Konkurrenten aus der zweiten Kindergruppe keine Chance haben wird. Er wird, wenn er klug ist, baldmöglichst den Hof verlassen und sein Glück andernorts suchen. Bleibt er, und nimmt er den Kampf um seine Position auf, ist eine problematische Karriere gebahnt. Bekommt das neue Paar genau ein Kind, dann ist die Chance groß, dass die beiden Kindergruppen (die zweite Gruppe ist genau genommen keine) sich koordinieren können und alle ihre Stelle in der Geschwisterreihe behalten.

Boris Kucharczyk ist den Weg eines Einzelkämpfers gegangen. Damit ist er gescheitert, und er lebt jetzt in einer Langzeiteinrichtung für Drogenabhängige und psychisch Kranke. Dort kann er täglich in sachbezogenen Zusammenhängen, vor allem am Arbeitsplatz, die Auseinandersetzung mit Autoritäten erproben. Parallel dazu verfolgt er ein selbstinitiiertes Projekt der Familienzusammenführung. Er vermutet, sein richtiger Vater heiße Sascha Kucharczyk und lebe in Polen. Ihn will er finden. Wie verworren sein Konzept von Herkunft ist, zeigt sich daran, dass er seinem leiblichen Vater den Nachnamen seines Stiefvaters gibt.

Abschließend ein Beispiel für eine gelungene Integration von Kindern unterschiedlicher Herkunft: In eine Ehe, in die die Partnerin eine Tochter mitgebracht hat, werden drei Kinder geboren, das erste davon ist ein Junge. Nach aller Erfahrung würde nun die Stieftochter an den Rand geraten. Nicht so in dieser Familie. Denn die Eltern nennen ihren erstgeborenen Sohn Benjamin. Dies ist ein alttestamentarischer Name, der wörtlich u. a. »Glückskind« bedeutet und der Name des jüngsten der zwölf Söhne Jakobs ist. Seither wird der Vorname Benjamin immer mit dem Jüngsten konnotiert. Im vorliegenden Fall bedeutet diese – vermutlich nicht bewusst vorgenommene – Vornamengebung, dass die Stieftochter ihre Position als Älteste auch als Stieftochter beibehält. Da ist es nicht weiter verwunderlich, dass die beiden auch im jungen Erwachsenenalter eine gute Beziehung miteinander haben und die Stiefschwester beispielsweise ihren Halbbruder beim Studieneinstieg in einer fremden Stadt unterstützt.

Literatur

Diesem Kapitel liegt zu Grunde: Charles Hennon, Bruno Hildenbrand a. Andrea Schedle (2008): Stepfamilies and children. In: Thomas P. Gullotta and Gary M. Blau (eds.): Family influences on childhood behavior and development – Evidence-based prevention and treatment approaches. New York/London (Routledge and Kegan Paul), pp. 161–185. Das Kapitel haben wir für die vorliegenden Zwecke überarbeitet und teilweise gekürzt. Die dort enthaltene Literaturliste umfasst eine Reihe weiterführender Texte.

Die Stieffamilie als Familie eigener Art. L. Ganong and M. Coleman (2004): Stepfamily relationships: Development, dynamics, and intervention. New York, NY (Springer). Zu zentralen Themen der Stieffamilie: R. Peuckert (2004): Familienformen im sozialen Wandel. Stuttgart (UTB), 5., überarb. u. erw. Aufl.

Zentrale Themen der Stieffamilie und Ansätze zu ihrer Bearbeitung. Frank F. Furstenberg (1987): The new extended family: The experience of parents and children after remarriage. In: K. Pasley and M. Ihinger-Tallman (eds.): Remarriage and Stepparenting: Current Research and Theory. New York (Guilford), pp. 42–61; E. M. Hetherington and M. Stanley-Hagan (2002): Parenting in divorced and remarried families. In: Marc H. Bornstein (ed.): *Handbook of parenting: Being and becoming a parent. New York (Lawrence Erlbaum)*, 2nd ed., pp. 287–316;

A. Napp-Peters (1995): Familien nach der Scheidung. München (Kunstmann). Zur »guten Scheidung« und zu »glücklichen Scheidungskindern«: C. Ahrons (2004): We're still family. What grown children have to say about their parents' divorce. New York (Harper Collins); Remo H. Largo und Monika Czernin (2004): Glückliche Scheidungskinder. München (Piper). Zur Kritik an diesen Konzepten: Elizabeth Marquardt (2005): Between two worlds: The inner lives of children of divorce. New York (Crown). Günstige individuelle Voraussetzungen für das Überleben in einer Stieffamilie: Emmy E. Werner (1999): Entwicklung zwischen Risiko und Resilienz. In: Günther Opp et al. (Hrsg.): Was Kinder stärkt – Erziehung zwischen Risiko und Resilienz. München/Basel (Ernst Reinhardt), S. 25–36; Michael Rutter (1990): Resilience reconsidered: Conceptual considerations, empirical findings, and policy implications. In: Samuel J. Meisels and Jack P. Shonkoff (eds.): Handbook of early childhood intervention. New York (Cambridge University Press), 2nd ed., pp. 205–220.

Erfolgreiche gemeinsame Elternschaft der leiblichen Eltern (co-parenting). K. Adamsons and K. Pasley (2006): Coparenting following divorce and relationship dissolution. In: M. A. Fine and J. H. Harvey (eds.): Handbook of divorce and relationship dissolution. Mahwah, NJ (Lawrence Erlbaum), pp. 241–262. Zur Häufigkeit des Kontakts zwischen Kindern und ihren abwesenden Vätern: W. Bien, A. Hartl und M. Teubner (Hrsg.) (2002): Stieffamilien in Deutschland: Eltern und Kinder zwischen Normalität und Konflikt. Opladen (Leske & Budrich); M. E. Lamb (2000): The history of research on father involvement: An overview. *Marriage and Family Review* 29: 23–42; K. Pasley and S. L. Braver (2004): Measuring father involvement in divorced, non-resident fathers. In: R. Day and M. Lamb (eds.): Conceptualizing and measuring father involvement. Mahwah, NJ (Lawrence Erlbaum), pp. 217–240; K. Henley and K. Pasley (2005): Conditions affecting the association between father identity and father involvement. *Fathering* 3: 59–80.

Die Integration des Stiefelternteils. E. B. Visher and J. S. Visher (1991): How to win as a stepfamily. New York (Brunner/Mazel), 2nd ed.; E. M. Hetherington and M. Stanley-Hagan (2002): Parenting in divorced and remarried families. In: Marc H. Bornstein (ed.): *Handbook of parenting: Being and becoming a parent. New York (Lawrence Erlbaum)*, 2nd ed., pp. 287–316; B. Carter and M. Mc-Goldrick (eds.) (2004): The expanded family life cycle: Individual, family, and social perspectives. Boston, MA (Allyn & Bacon), 3rd ed. Zur Frage, wie Stiefkinder ihre Stiefmutter oder ihren Stiefvater ansprechen: V. Rutter (1994): Lessons from stepfamilies. *Psychology Today, 27* (3): 30–39; I. Théry und M. J. Dhavernas (1998): Elternschaft an den Grenzen zur Freundschaft: Stellung und Rolle des Stiefelternteils in Fortsetzungsfamilien. In: M.-T. Meulders-Klein und I. Théry (Hrsg.): Fortsetzungsfamilien. Neue familiale Lebensformen in pluridisziplinärer Betrachtung. Konstanz (UVK), S. 163–204. Strukturelle Komplexität der Stieffamilie: E. B. Visher, J. S. Visher and K. Pasley (2003): Remarriage families and stepparenting. In: Froma Walsh (ed.): Normal family process: Growing diversity, and complexity. New York (Guilford), 3rd ed., pp. 153–175; R. Peuckert

(2004): Familienformen im sozialen Wandel. Stuttgart (UTB), 5., überarb. u. erw. Aufl. Wer zählt wen zur Familie? S. Ritzenfeld (1998): Familienbeziehungen in Stiefvaterfamilien. Ein Vergleich der Beziehungen in Stief- und Kernfamilien unter besonderer Berücksichtigung von Stiefvater und Stiefkind. Weinheim (Juventa); A. C. Bernstein (1989): Yours, mine, and ours: How families change when remarried parents have a child together. New York (Norton); F. Furstenberg Jr. and A. Cherlin (1991): Divided families: What happens to children when parents part. Cambridge, MA (Harvard University Press); L. Staub und W. Felder (2003): Scheidung und Kindeswohl. Bern (Huber); S. Walper und B. Schwarz (Hrsg.) (1999): Was wird aus den Kindern? Chancen und Risiken für die Entwicklung von Kindern aus Trennungs- und Stieffamilien. Weinheim (Juventa).

Stieffamilien in Beratung und Therapie. Zu Problemen in der Stieffamilie und zur Prävention: V. Krähenbühl, H. Jellouschek, M. Kohaus-Jellouschek und R. Weber (2001): Stieffamilien. Struktur – Entwicklung – Therapie. Freiburg (Lambertus); V. Rutter (1994): Lessons from stepfamilies. *Psychology Today* 27 (3): 30–39; B. Carter and M. McGoldrick (eds.) (2004): The expanded family life cycle: Individual, family, and social perspectives. Boston (Allyn & Bacon), 3rd ed.; M. Coleman and L. Ganong (1987): An evaluation of the stepfamily self-help literature for children and adolescents. *Family Relations* 36: 61–65. Beratung und Therapie bei Stieffamilien: E. B. Visher, J. S. Visher and K. Pasley (2003): Remarriage families and stepparenting. In: Froma Walsh (ed.): Normal family process: Growing diversity and complexity. New York (Guilford), 3rd ed., pp. 153–175.

3. Abwesende Eltern

3.1 Die Pflegefamilie

> »So, Arne, kamst du zu uns, du mit deiner Sanftmut und Duldsamkeit,
> so begannen die gemeinsamen Jahre, in denen du uns oft genug ratlos
> machtest und mitunter daran zweifeln ließest, ob du jemals zu uns gehören
> könntest, einfach weil dir die Spielregeln und Wahrheiten, denen wir uns
> verpflichtet fühlten, nicht das bedeuteten, was sie uns bedeuteten.«
> (Siegfried Lenz 1999, S. 26)

*Das Pflegekind zwischen Herkunftsfamilie und Pflegefamilie: Ein Fallbeispiel
• Pflegefamilien als unkonventionelle Familienform • Zur Geschichte der Pflege-
familie • Die besonderen Zumutungen an Pflegefamilien • Zur Herkunft von
Pflegekindern • Identitätsbildung und Lebensverläufe bei Pflegekindern • Die zur
Herkunftsfamilie des Pflegekindes abgeschlossene Familie • Aufwachsen in einer
fachlich informierten Pflegefamilie • Die Pflegefamilie als Familie eigener Art
• Beratung bei Pflegekindern und ihren Familien • Literatur*

Das Pflegekind zwischen Herkunftsfamilie und Pflegefamilie: Ein Fallbeispiel

Inge Bracht bringt 2007 im Alter von 22 Jahren einen Jungen, Moritz, zur Welt. Der Vater des Jungen lebt zum Zeitpunkt der Geburt seines Sohnes in einer neuen Paarbeziehung und ist in einer suchttherapeutischen Wohngemeinschaft untergebracht. Den Krankenschwestern fällt auf, dass Frau Bracht Schwierigkeiten hat, ihrem Kind angemessen zu begegnen. Sie wenden sich an den Sozialdienst der Klinik. Dort setzt man sich mit dem für Inge Bracht zuständigen Jugendamt in Verbindung.

Die für den Bezirk, in dem Frau Bracht gemeldet ist, zuständige Sozialarbeiterin des Allgemeinen Sozialen Dienstes (AsD) des Jugendamts, Frau Klönne, erkundet deren soziales Umfeld. Sie findet heraus, dass Frau Bracht bis auf eine nicht näher bestimmbare »Ziehmutter« alleine dasteht. Ihre leibliche Mutter lebt in einem Pflegeheim, der Vater ist vor acht Jahren verstorben, die Geschwister, vier an der Zahl, sind nicht auffindbar. Vor diesem Hintergrund beschließt Frau Klönne, Frau Bracht die Unterbringung in einer Mutter-Kind-Einrichtung in der Nähe ihres Wohnorts vorzuschlagen. Sie klärt das dafür Nötige mit der von ihr ausgewählten Einrichtung und will mit Frau Bracht das Weitere absprechen. Dazu kommt es zunächst aber nicht, denn Frau Bracht hat zum vereinbarten Zeitpunkt das Krankenhaus verlassen, ihren Sohn Moritz aber im Krankenhaus zurückgelassen. Erst in einem weiteren Anlauf kann Frau Bracht zu einem Gespräch bewogen werden, und sie willigt in das Vorhaben der Sozialarbeiterin ein.

Gemäß einer Erziehungsvereinbarung soll Frau Bracht zunächst für sechs Monate in der Mutter-Kind-Einrichtung bleiben. Bereits nach drei Monaten jedoch wird Moritz vom Jugendamt nach § 42 Kinder- und Jugendhilfegesetz (KJHG bzw. Sozialgesetzbuch [SGB], Achtes Buch [VIII] – Kinder- und Jugendhilfe) in Obhut genommen, als beobachtet wird, dass Frau Bracht ihren Sohn schlägt und erheblich verletzt. Das Jugendamt stellt einen Antrag auf Sorgerechtsentziehung und zeigt Frau Bracht wegen Körperverletzung an. Moritz wird einer Bereitschaftspflegestelle und nach einem Monat für unbestimmte Zeit einer Pflegefamilie übergeben. Gleichzeitig wechselt die Zuständigkeit im Jugendamt von Frau Klönne, ASD, zu Frau Larch vom Pflegekinderdienst.

Bei der von Frau Larch ausgewählten Pflegefamilie handelt es sich um ein kinderloses Paar mit einem eigenen Betrieb, das sich beim Jugendamt zunächst als adoptionswillig gemeldet hat. Da das Jugendamt dem Paar ein Kind mit den gewünschten Merkmalen (Junge, null bis drei Jahre alt) nicht vermitteln kann, erklärt es sich bereit, auch ein Pflegekind zu übernehmen.

Pflegefamilien als unkonventionelle Familienform

Wie bei der Adoptivfamilie, so sind auch bei der Pflegefamilie die leiblichen Eltern abwesend. Während diese im Adoptionsfall aber dauerhaft abwesend sind, können sie im Falle der Pflegefamilie mehr oder weniger unvorhersehbar auf der Bildfläche erscheinen und ihren Anspruch auf die Erziehung ihres Kindes geltend machen. Für eine Pflegefamilie stellt eine solche Ausgangslage eine Quelle ständiger Verunsicherung dar.

Wir beobachten verschiedene Wege, mit dieser Verunsicherung fertigzuwerden. Ein Weg besteht darin, die leiblichen Eltern zu ignorieren und aus dem Pflegeverhältnis unter der Hand ein Adoptionsverhältnis zu machen. Eine Alternative dazu besteht darin, von vorneherein ein Pflegeverhältnis als ein Vertragsverhältnis zu begründen, und zwar nicht nur zwischen dem Jugendamt und der Pflegefamilie, sondern auch zwischen den Pflegeeltern und den leiblichen Eltern. § 36 des Kinder- und Jugendhilfegesetzes (Mitwirkung, Hilfeplan) würde dieses Vorgehen decken, wird aber meist nicht im erforderlichen Umfang genutzt. Als Nachteil dieses Vorgehens wird vermutet, dass die Pflegekinder ständig mit Irritationen konfrontiert sind, die möglicherweise vom Wechsel zwischen leiblichen Eltern und Pflegeeltern und zurück ausgehen. Ebenso befürchten Pflegeeltern wie Fachleute, dass die Kinder in ständige Loyalitätskonflikte gestürzt werden, wenn die leiblichen Eltern dauerhaft im Spiel gehalten werden. Aus der Sicht des Pflegekindes allerdings sind die leiblichen Eltern ohnehin immer im Spiel.

Deutschland ist im internationalen Vergleich ein Land, in dem die leiblichen Eltern nicht mehr viel zu sagen haben, wenn ihr Kind erst einmal in einer Pflegefamilie untergebracht ist. Jedenfalls legen die Zahlen zur Rückführung von Pflegekindern in ihre Herkunftsfamilie diese Einschätzung nahe. In einer aktuellen Studie des Deutschen Jugendinstituts wird geschätzt, dass ca. 3 Prozent aller zu einem Stichtag in Vollzeitpflege untergebrachten Kinder innerhalb eines Jahres geplant zu einem oder beiden Elternteilen zurückkehren. Wenn man auch wenig über die Entwicklung dieser Zahlen in den letzten Jahren weiß, so wird dennoch vermutet, dass sie in den letzten 15 Jahren leicht gesunken, die Rückführungen also noch weniger geworden sind.

Bei allen Schwierigkeiten des internationalen Vergleichs weisen die vorliegenden Studien darauf hin, dass Deutschland unter den westlichen demokratischen Gesellschaften bei den Rückführungsquoten schlecht abschneidet. In Großbritannien und in den USA beispielsweise liegen sie drei- bis fünfmal höher. Die Fachleute vom Deutschen Jugendinstitut vermuten als Grund für die geringe Rückführungsquote in Deutschland fachliche Mängel:

> »[...] nicht ausreichend entwickelte und umgesetzte Hilfekonzepte zur Wiederherstellung der Erziehungsfähigkeit bei Herkunftseltern und eine hohe Vorsicht der Fachkräfte gegenüber den Kindeswohlrisiken scheiternder Rückführungen« (Kindler et al. 2009).

Dahinter vermuten wir weitere Gründe: eine für Deutschland – je nach Region unterschiedlich ausgeprägte – typische Missachtung von

Familiengrenzen, deren Konsequenz eine »Kultur des Verdachts« im Gegensatz zu einer »Kultur der Anerkennung« ist (Winkler 2007, S. 200). Anstatt nach einer sozialpolitischen Kultur der Sorge und Anerkennung zu trachten, werden die Familien dem Verdacht ausgesetzt, dass sie ihre Aufgaben nicht wahrnähmen. Diese Kultur des Verdachts führt zu einem immensen Anstieg an Frühinterventionen, Familienunterstützungsmaßnahmen, Elterntraining etc., die die Familie als Risiko betrachten, weshalb es sie zu disziplinieren gelte. Dagegen fordert Winkler eine Logik der Anerkennung, was zunächst bedeutet, dass im Hilfeprozess alle Akteure ihre Integrität behalten. Bei der Familie bedeutet dies vornehmlich, dass ihre Grenzen gewahrt werden. Dazu kommt, dass das naturwüchsige Potenzial der Familie erkundet und respektiert sowie als Ressource eingesetzt wird.

In diesem Buch sind wir schon verschiedentlich auf diesen Punkt zu sprechen gekommen.

Als wir, um auf unser Eingangsbeispiel in diesem Kapitel zurückzukommen, Frau Larch, die Verantwortliche für den Pflegekinderdienst eines Jugendamts, fragten, wie viele Rückführungen im Jahr 2008 in ihrem Bereich vorgekommen seien, antwortete sie: seit 1991 null. Für sie besteht zwischen Adoption und Pflegeverhältnis offenbar kein grundlegender Unterschied.

Wir werden im Folgenden zunächst auf die Geschichte der Pflegefamilie eingehen und dann strukturelle Besonderheiten der Pflegefamilie diskutieren. Danach beschreiben wir Identitätsentwicklungsprozesse und Biografieverläufe von Pflegekindern in ihren jeweiligen Herkunfts- und Pflegefamilien und definieren Pflegefamilien als »Familien eigener Art«. Abschließend behandeln wir Fragen der Beratung bei Pflegefamilien, ihren Kindern und deren Herkunftsfamilien.

Zur Geschichte der Pflegefamilie

9. Jahrhundert	Gründung der ersten Waisen- und Findelhäuser, die häufig Klöstern angeschlossen sind.
15. Jahrhundert	Kinder werden aus den überfüllten Versorgungsanstalten heraus gegen ein Entgelt an Ammen und »Ziehmütter« vermittelt.
1522	Erste Armenordnung – vorgesehen ist die Versorgung von bettelnden Kindern in Waisenhäusern und Pflegefamilien.
1618–1648	Während des Dreißigjährigen Krieges kommt die Pflegefamilienerziehung zum Erliegen.

1770–1820	»Waisenhausstreit« – Befürworter und Gegner der Anstalts- und der Familienpflege geraten miteinander in Konflikt.
Ende des 18. Jahrhunderts	Auflösung von Waisenhäusern und Unterbringung der Kinder in Bauernfamilien. Pflegekinder werden hauptsächlich als Arbeitskräfte eingesetzt.
1825	Die städtischen Pflegestellen werden der Aufsicht durch freiwillige Pflegerinnen, meistens Damen aus dem Bürgertum, unterstellt.
1869	Durchsetzung eines allgemeinen Pflegekinderschutzes – durch die Gewerbeordnung wird die Pflege eines fremden Kindes als »freies Gewerbe« verankert, das einer »Halteerlaubnis« bzw. Pflegeerlaubnis durch die Polizei bedurfte.
1880	Gründung des »Deutschen Vereins für Armenpflege und Wohlthätigkeit«.
Ende des 19. Jahrhunderts	Reform der Pflegefamilienerziehung, Ausbau staatlicher Kontrollstrukturen – nichteheliche Kinder erhalten einen Amtsvormund.
Erster Weltkrieg	Die Aufnahmekapazitäten der Waisenhäuser sind erschöpft. Kinder und Jugendliche werden auf dem Land in Bauernfamilien untergebracht.
1922	Inkrafttreten des Reichsjugendwohlfahrtgesetzes (RJWG), Neuordnung des Pflegekinderwesens – Pflegekinder und Pflegeeltern werden unter Aufsicht des Jugendamts gestellt.
1933–1945	Zentralisierung der Pflegekindervermittlung und -betreuung durch die »Nationalsozialistische Volkswohlfahrt«.
Nach 1945	Die Heimerziehung ist die einzige Institution der Fremderziehung innerhalb der öffentlichen Jugendhilfe.
1970er Jahre	Die Pflegefamilie wird zu einer stabilen Säule der Jugendhilfe.
1973	Die Bundesregierung verlangt von den Jugendämtern vorbereitende und begleitende Hilfen für Pflegekinder, Pflegefamilien und Eltern und eine angemessene Vergütung für den Erziehungsbeitrag.
1976	Gründung des Bundesverbandes der Pflege- und Adoptivkinder.
Seit 1980	Wandel der Jugendhilfe – zunehmender Ausbau familienunterstützender Maßnahmen zur Vermeidung von Fremdunterbringung.
1990er Jahre	Radikaler Wandel in der Praxis des Pflegekinderdienstes: Schulung und Training der Pflegeeltern, Professionalisierung des Pflegekinderwesens.

Die besonderen Zumutungen an Pflegefamilien

In seinem Buch *Pflegekinder und ihre Familien* schreibt Jürgen Blandow (2004, S. 16) über die »besonderen Zumutungen, die das Konstrukt ›Pflegeverhältnis‹ den Beteiligten aufnötigt«. Bei Pflegefamilien handelt es sich im Vergleich zu leiblichen Familien um einen widersprüchlichen Ort für Identitätsbildungsprozesse. Der Widerspruch liegt darin, dass hier eine Familie unter vertragsmäßigen Bedingungen begründet wird. Das Verhältnis ist kündbar – durch die Pflegeeltern oder durch das Jugendamt. Im Prinzip kann das Pflegeverhältnis auch durch die Klienten, also durch das Pflegekind und seine Familie, gekündigt werden.

Im Kontext dieser widersprüchlichen Ausgangslage sind die Familienmitglieder mit der Herausforderung konfrontiert, unbedingte Beziehungen »auf Zeit« zu entwickeln. In unserem Eingangsbeispiel ist diese Widersprüchlichkeit getilgt, allerdings nicht zum Nutzen von Moritz. Denn er wird früher oder später dahinterkommen, dass er nicht das Kind dieser Eltern ist. Spätestens im Kindergarten wird dies der Fall sein, wo er unter einem Nachnamen geführt werden wird, der anders lautet als der seiner »Eltern«. Dann wird sich Moritz die Frage stellen, wer denn seine Mutter ist (später wird er nach dem Vater fragen), und die Pflegeeltern, die ihn unter ganz anderen Voraussetzungen aufgenommen haben, nämlich denen, dass Moritz »ihr« Kind ist, werden in Erklärungsnöte kommen, wenn das Täuschen nicht mehr hilft.

Im Einzelnen ergibt sich folgende komplexe und zugleich in ihrer Komplexität nicht zu ändernde Ausgangslage:

- *Die Austauschbarkeit von Personen*: Leibliche Eltern kann man nicht austauschen, wohl aber Pflegeeltern. Ihre Elternschaft ist definiert als eine psychosoziale Dienstleistung gegenüber einem ihnen zunächst »fremden« Kind.
- Es besteht keine *Solidarität des gemeinsamen Lebensweges*, denn das Betreuungsverhältnis ist rechtlich fixiert und befristet. Längstens mit dem 27. Lebensjahr, in den meisten Fällen allerdings beim Erreichen der Volljährigkeit, wird das Pflegeverhältnis beendet. Kind seiner Eltern bleibt man dagegen sein Leben lang, das Umgekehrte gilt ebenfalls.
- Während das leibliche Kind aus der Liebe des Paares entsteht, woraus sich eine *spezifische affektive Solidarität* speist, ist das

Pflegekind aus Sicht der Pflegefamilie Kind fremder Eltern. Und es ist an seine leiblichen Eltern in der Regel affektiv auch dann gebunden, wenn sie sich nachhaltig unsolidarisch verhalten haben und eine Vertrauensgrundlage nicht aufgebaut werden konnte.

Diese besonderen, durch Widersprüche gekennzeichneten Merkmale von Pflegefamilien konstituieren unaufhebbar ein Pflegeverhältnis. Sie bleiben auch dann bestehen, wenn sich im Verlaufe eines Pflegeverhältnisses eine intensive Beziehung zwischen den Pflegeeltern und ihrem Pflegekind entwickeln sollte. Pflegefamilien sind durchaus in der Lage, den ihnen anvertrauten Kindern einen sicheren Rahmen zu bieten – wir werden darauf zurückkommen. Dass ihnen das gelingt, ist umso erstaunlicher, wenn man bedenkt, dass diese Kinder in der Regel einen solchen sicheren Rahmen in ihrer Herkunftsfamilie nicht erleben konnten und Angeboten an Sicherheit entsprechend misstrauisch gegenüberstehen.

Zur Herkunft von Pflegekindern

Die Familien, aus denen Pflegekinder kommen, unterscheiden sich hinsichtlich ihrer Zusammensetzung von anderen Familien mit Kindern. Während von allen in Deutschland lebenden Kindern 15,4 Prozent mit einem alleinerziehenden Elternteil aufwachsen, kommen 64 Prozent der Pflegekinder aus einer Alleinerziehendenfamilie (61 Prozent alleinerziehende Mütter, 3 Prozent alleinerziehende Väter). Das bedeutet, dass knapp zwei Drittel der Pflegekinder nicht die Erfahrung einer vollständigen Familie machen konnten. Anders gesprochen: Diese Kinder haben Auseinandersetzungen in der Triade nicht dauerhaft erleben können, und sie haben ihre Eltern auch nicht zuverlässig als Paar erlebt. Die Pflegefamilie ist der erste Ort, der ihnen dies ermöglicht – aber die Pflegeeltern sind nicht die leiblichen Eltern. Bei einem Drittel der Pflegekinder kommt hinzu, dass sie noch ein Geschwister haben, das bei den Eltern oder bei der Mutter lebt, während ihnen dieser Status verwehrt ist, so dass es hier zu Erfahrungen der Ausgrenzung kommt.

Identitätsbildung und Lebensverläufe bei Pflegekindern

Über vier Jahre hinweg haben Gehres und Hildenbrand (vgl. 2007) junge Erwachsene im Alter zwischen 25 und 32 Jahren untersucht, die aus erheblich belasteten Familienmilieus stammen und den größeren Teil ihrer Kindheit und Jugend in Pflegefamilien verbracht haben. Zu den Belastungen in den Herkunftsfamilien gehören neben problematischen Familienkonstellationen auch schwere Traumatisierungen durch erlittenen sexuellen Missbrauch und Hospitalismus, Suizid und Mord bei Familienangehörigen. Diese jungen Erwachsenen führen heute trotz dieser ungünstigen Ausgangslagen ein weitgehend selbständiges Leben. Das Untersuchungsinteresse war auf die Frage gerichtet, welche Merkmale von Pflegefamilien zu diesen Entwicklungen beitragen.

Eines der zentralen Ergebnisse dieser Studie ist, dass Pflegefamilienverhältnisse durch das ständige Ringen um Normalisierung der Beziehungen zwischen Pflegekind, seiner Herkunftsfamilie und der Pflegefamilie charakterisiert sind. *Sozialisation im Modus des Als-ob* ist demnach die Schlüsselkategorie für die Sozialisationsphase des gemeinsamen Zusammenlebens in der Pflegefamilie: Pflegefamilien leben – bis auf Weiteres – so mit dem Pflegekind zusammen, *als ob* es sich bei der Beziehungsgrundlage um die einer leiblich fundierten Familie handeln würde. Pflegefamilien entwickeln in diesem Kontext eine *unbedingte Solidarität bis auf Weiteres*. Dies bedeutet, dass sie, obwohl das Pflegeverhältnis befristet ist, das ihnen zunächst fremde Kind bedingungslos akzeptieren und ihm ein hohes Maß an Vertrauen und Zugewandtheit zuteilwerden lassen, ohne von ihm Gegenleistungen zu erwarten.

Gehres und Hildenbrand haben sich gefragt, wie die Familien beschaffen sind, die eine solche Aufgabe auf sich nehmen. Eine Antwort haben wir gefunden, als wir uns die Geschichten dieser Familien genauer angeschaut haben: Besondere *eigene biografische Erfahrungen der Pflegeeltern* disponieren zu der Fähigkeit, solche Beziehungsverhältnisse einzurichten und durchzuhalten. Das Lebensthema *Fremdheit* und das *Kämpfen gegen soziale Desintegration* bilden einen wichtigen lebensgeschichtlichen Hintergrund in den Familiengeschichten der Pflegeeltern. Pflegefamilien gleichen darin den Herkunftsfamilien von Pflegekindern. Dieses *Normalisierungsthema* scheint durchweg einen günstigen Einfluss auf die Bereitschaft von Familien zu haben, sich als Pflegefamilien zu begreifen und die damit verbundenen Herausforderungen zu bewältigen.

Auf dieser Grundlage sind Pflegeverhältnisse variabel gestaltet. Gehres und Hildenbrand haben folgende Variationen gefunden:

- *Die gegenüber der Herkunftsfamilie des Pflegekindes abgegrenzte Pflegefamilie.* Diese Variation einer Pflegefamilie kann einen angemessenen affektiven Rahmen für den Sozialisationsverlauf des Pflegekindes insbesondere in seinen frühen Lebensjahren bieten. Sie eignet sich aber nicht als Dauerlösung. Die Autoren haben dabei einen Fall – Dieter Werner, dazu weiter unten mehr – vor Augen, bei dem die leiblichen Eltern auf Grund eines Gefängnisaufenthaltes nach einer Kindstötung für lange Zeit ausfielen. Jedoch entstanden Probleme bei der Ablösung aus dieser Pflegefamilie. Denn das Muster der Abgrenzung wurde auf Dauer gestellt. Es wurde versäumt, rechtzeitig die Familiengrenze zu öffnen, als der Pflegesohn das Alter erreicht hatte, in dem Kinder sich von der Familie ablösen.

- *Die Pflegefamilie als Verwandtschaftssystem, in dem auch die Herkunftsfamilie des Pflegekindes einen Platz hat.* Diese Variation entfaltet ihre Möglichkeiten vor allem in Regionen, in denen das erweiterte Verwandtschaftssystem noch lebendig ist, also vor allem im ländlichen Raum. Ihr Risiko besteht darin, die Grenze zwischen leiblichem Kind und leiblicher Mutter (im untersuchten Fall ist der Vater abwesend) zu verwischen und beide als Pflegekinder in der Pflegefamilie zu behandeln. Diese Entwicklung kann zwar sinnvoll sein, muss jedoch von den Beteiligten ständig reflektiert werden.

- Die *Verwandtenpflege.* Ihr Risiko besteht ebenfalls darin, dass Familiengrenzen verwischt werden. In einem Fall, den die Autoren untersucht haben, lebte ein Pflegekind, ein Mädchen, bei seinem Bruder, der erheblich älter war, sowie bei dessen Partnerin, die wiederum erheblich älter war als der Bruder, so dass praktisch drei Generationen in einem Pflegefamilienverhältnis unter einem Dach lebten. Solche Konstellationen sind es, die eine kundige Sozialarbeiterin zu der Äußerung bewegte: »Ehrlich gesagt, die Verwandtenpflegen sind eigentlich meine schlimmsten.« Zurück zum Fall: In einer adoleszenztypischen Krisensituation schlug sich der Bruder (der die Position des Pflegevaters innehatte) auf die Seite seiner Schwester, machte so seine Partnerin zu seiner Mutter, wurde wieder zum Bruder, verließ auf diese Weise die Paarbeziehung und zerstörte so die strukturelle Grundlage der (Pflege-)Familie. Daraufhin wurde das Pflegeverhältnis aufgelöst, an seine Stelle trat die folgende Variation:

- Die *zum familialen Umfeld hin offene Pflegefamilie*. Sie ist für Pflegekinder in der Adoleszenz sinnvoll, wenn die Orientierung nach außen wichtiger wird als ein stabiler affektiver Rahmen der Familie. Letzterer wird zwar immer noch benötigt, tritt aber gegenüber der Außenorientierung in den Hintergrund und erhält nur situativ Bedeutung. Die Pflegefamilie ist in diesem Fall eine Familie, die offene Grenzen gegenüber ihrer sozialen Umwelt aufweist und auf diese Umwelt bezogen ist. Typische Beispiele für diese Variation sind Pfarrfamilien und Familienbetriebe. Die entsprechenden außerfamilialen Milieus sind im ersten Fall die Kirchengemeinde, im zweiten Fall die Kunden und die Lieferanten bzw. Berufskollegen. Als besonders leistungsfähig stellen sich hier landwirtschaftliche Familienbetriebe heraus.

Gehres und Hildenbrand wollen keiner der beschriebenen Variationen einen Vorrang zusprechen. Jedoch betonen sie, dass nicht alle Pflegefamilien für alle Sozialisationsphasen und für alle Problemlagen der Pflegekinder, die diese in das Pflegeverhältnis mitbringen, gleichermaßen geeignet sind. Entscheidende Kriterien sind die Fähigkeit seitens der Pflegefamilie, *einzelfallspezifische Problemstellungen beim Kind* zu erfassen, sowie die Fähigkeit, fallspezifische Entwicklungen wahrzunehmen und dann den Umgangsstil entsprechend zu ändern – oder aber das Pflegeverhältnis zu beenden. Im letzteren Fall hat das Jugendamt die Aufgabe, mit dem Pflegekind, seinen Eltern und den bisherigen Pflegeeltern eine andere bzw. altersangemessene Lösung zu suchen. Sie kann innerhalb der Hilfeform der Pflegefamilie erfolgen. Aber auch andere Lösungen sind denkbar, z. B. der Umzug des Pflegekindes in eine Jugendwohngruppe oder in ein Heim.

Wir werden im Folgenden zwei Pflegeverhältnisse vorstellen, die aus der Studie von Gehres und Hildenbrand stammen. Zunächst geht es um eine Pflegefamilie, die sich radikal von den Herkunftsfamilien ihrer Pflegekinder abgrenzt, weil sie der Auffassung ist, dass diese Familien beim Aufbau einer sicheren Bindung stören. Wir werden den Verlauf des Aufenthalts und die Ablösung eines Pflegekindes aus dieser Familie einschließlich der Zuwendung zur Herkunftsfamilie beschreiben.

Im Vergleich dazu stellen wir eine Pflegefamilie vor, in der beide Pflegeeltern, im Unterschied zur ersten Pflegefamilie, Fachleute sind. Diese Familie arbeitet flexibel und variabel mit den Herkunfts-eltern. Auch hier richten wir unseren Blick auf die biografische Aus-gangslage in der Herkunftsfamilie, auf den Verlauf in der Herkunfts-familie und auf die Ablösung.

Die zur Herkunftsfamilie des Pflegekindes abgeschlossene Familie

Familienbiografische Ausgangslage. Dieter Werner wird 1969 in einer mittelgroßen Stadt in Südwestdeutschland geboren. Als unsere Stu-die beginnt, ist er knapp 32 Jahre alt. Die Familie Werner zeigt eine Strukturschwäche, die sich über mehrere Generationen erstreckt. Der Vater (geb. 1931) von Dieter Werner arbeitete als Knecht, Bergmann, Bauhilfsarbeiter und zuletzt als Hausmeister. Seine sieben Jahre jün-gere Ehefrau (geb. 1938) ist ungelernt und war zeitweise als Küchen-hilfe tätig. Beide sind zumindest vorübergehend in Pflegefamilien aufgewachsen. Über die Großeltern und über mögliche Geschwister sowohl des Vaters als auch der Mutter ist nur so viel bekannt, dass auch heute noch eine enge Beziehung zwischen den leiblichen Eltern und einer älteren Schwester der Mutter besteht.

Das Ehepaar Werner hat fünf Kinder, von denen vier heute noch am Leben sind. Die älteste Tochter (geb. 1967) wird wie alle ihre Ge-schwister unmittelbar nach der Geburt zunächst in einem Kinder-heim untergebracht und wächst später in einer Pflegefamilie auf. Heute lebt sie nach Auskunft von Dieter Werner und seiner letzten Pflegefamilie in einer norddeutschen Stadt in einer Einrichtung für Erwachsene und bezieht Sozialhilfe. Der ältere Bruder von Dieter Werner (geb. 1968) verbringt seine Kindheit und Jugend nach dem Aufenthalt in einem Kinderheim in zwei unterschiedlichen Pflegefa-milien. Über seine Lebenssituation und seinen Aufenthaltsort heute liegen keine Daten vor. Die drei Jahre jüngere Schwester (geb. 1972) wird nach ihrem Heimaufenthalt im Kleinkindalter adoptiert und sei, so Dieter Werner, von ihren Adoptiveltern misshandelt worden. Des-halb sei sie, so Herr Werner weiter, im Erwachsenenalter zeitweise in psychiatrischer Behandlung gewesen. Der jüngste, nach 1973 gebo-rene Bruder ist infolge körperlicher Misshandlungen durch den Va-ter im Säuglingsalter ums Leben gekommen (andere jugendamtliche Angaben verweisen auf zwei Fälle von Totschlag durch den Vater). Als Ursache für die Fremdunterbringung aller Kinder der Familie geben Dieter Werner und seine letzten Pflegeeltern den einen unzweifelhaften Totschlag sowie den anschließenden Gefängnisaufenthalt des Vaters an. Ob die Mutter ebenfalls im Gefängnis war, ist unbekannt. Dagegen nennt das zuletzt für Dieter Werner zuständige Jugendamt einen Sorgerechtsentzug unabhängig von einem Totschlag als Grund für die Fremdplatzierung. Jedenfalls lebt Dieter Werner ab dem fünften Lebensjahr bis zu seinem 25. Lebensjahr insgesamt in drei Pflegefamilien und Erziehungsstellen und in einem weiteren Kinderheim. Ob er zusammen mit seinen Geschwistern zwischen Mai 1973 und November 1974 in seiner Herkunftsfamilie gelebt hat, wie eine Anamnese aus den 1980er Jahren nahelegt, ist auf Grund von sich widersprechenden Aktenaufzeichnungen zweier Behörden nicht herauszufinden. Das für ihn zuständige Jugendamt weist in einem für unsere Untersuchung erstellten Anamnesebogen eine durchgängige Fremdunterbringung auf, so dass man nach dieser Lesart davon ausgehen kann, dass seine Biografie ein Beispiel ist für das Aufwachsen in unterschiedlichen stationären Institutionen der Jugendhilfe. Für Dieter Werner selbst wie auch für die im Laufe seiner Kindheit und Jugend zuständigen Jugendämter liegen seine frühen Jahre jedenfalls im Dunkeln. Dies spricht zum einen nicht für eine solide Fachlichkeit der Kinder- und Jugendhilfe in den 1970er Jahren. Zum anderen sehen wir bei Dieter Werner die Folgen jugendamtlicher Versäumnisse: eine tiefe biografische Verunsicherung, durch die bestehende Traumatisierungen in der Herkunftsfamilie noch verschärft werden.

Der Aufenthalt von Dieter Werner in der Pflegefamilie Hoffmann/Pauly als lebensgeschichtlicher Normalisierungsprozess. Die für die Identitätsbildung und Autonomieentwicklung von Dieter Werner entscheidenden Veränderungen vollziehen sich ab seiner Unterbringung in der Pflegefamilie Hoffmann/Pauly zwischen seinem 13. und 15. Lebensjahr (die Zahl ist nicht eindeutig bestimmbar). Interessant ist, dass die Erinnerungen und Deutungen von Dieter Werner und seinen letzten Pflegeeltern, die jeweils das 13. Lebensjahr als das Aufnahmealter ausweisen, die Oberhand über die jugendamtlichen Zeitangaben gewinnen und die amtlichen Daten für die Betroffenen bedeutungslos werden. Die Lebensphase in der Pflegefamilie Hoffmann/Pauly bis zum Jahre 2001 wird von Dieter Werner als Phase der Normalität empfunden. Das Aufwachsen in seiner Herkunftsfamilie, die institutionellen Bedingungen der Heime und die dort erfahrenen Beziehungen in Gleichaltrigengruppen erlebt er als Be-

drohung und als Anormalität. Dieter Werner normalisiert seine Biografie durch die Konstruktion, schon immer zur Pflegefamilie Hoff-
mann/Pauly gehört zu haben. Die Pflegeeltern Hoffmann/Pauly ihrerseits deuten Dieters Biografie so, dass er nur auf Grund widriger
Umstände nicht schon früher in seiner Pflegefamilie leben konnte.
»Normalität« sei ihm endlich im Jugendalter mit dem Einzug bei der
Familie Hoffmann/Pauly zugebilligt worden.

Der stabilisierende Rahmen der Pflegefamilie Hoffmann/Pauly. In
der Pflegefamilie Hoffmann/Pauly findet Dieter Werner für ca. zehn
Jahre, bis zu seinem 25. Lebensjahr, einen familienähnlichen Ver-
band vor, in dem er zum ersten Mal belastbare und haltbare Bindungen, vor allem zum Pflegevater, erlebt. Der Pflegevater verkörpert
diejenige erwachsene Bezugsperson seiner Kindheit, die der Junge
am längsten kennt; er garantiert ihm biografische Kontinuität, Zugehörigkeit und die Gewissheit, sich zumindest auf eine Bezugsperson verlassen zu können. Dieter Werner lebt zwischen seinem siebten und achten Lebensjahr das erste Mal bei diesem Pflegevater und
seiner damaligen Frau. Nach der Trennung der Pflegeeltern und einer zwischenzeitlichen mehrjährigen Unterbringung in einer stationären Einrichtung habe er dann, so Dieter, »Himmel und Hölle in
Bewegung gesetzt«, um zu Werner Hoffmann, der inzwischen mit
Frau Pauly zusammenlebt, zurückkehren zu können. Mit der erneuten Aufnahme wird Herr Hoffmann endgültig für Dieter zur wichtigsten erwachsenen Bezugsperson, die mit ihm während der Kind-
heits- und Jugendphase über seine Lebensgeschichte spricht. Der
Pflegevater macht diese Vorgeschichte verantwortlich für Probleme
des Pflegesohnes, wie z. B. für seine Schwierigkeiten, längere Partnerschaften einzugehen. Diese Externalisierung von Dieter Werners
individuellen Problemen erweist sich als Stabilisierung seiner Identitätsbildung und seiner sozialen Integrität. Hingegen wird die Herkunftsfamilie pathologisiert.

Herr Hoffmann versteht die Pflegefamilie radikal als Ersatzfa-
milie. Doppelte Elternschaft als nicht auflösbare soziale Tatsache bei
Pflegeverhältnissen leugnet er, ihre Relevanz für Identitätsbildungsprozesse von Pflegekindern spielt er herunter. In dieser Radikalität
des sozialisatorischen Rahmens liegen im Fall von Dieter Werner die
zentralen Beiträge der Pflegeeltern zu seiner Sozialisation. Hier erlebt er zum ersten Mal unbedingte und unbegrenzte Zugehörigkeit
und den Aufbau stabiler Bindungen sowohl gegenüber den Pflege-

eltern als auch gegenüber den leiblichen Söhnen der Pflegemutter. Die »Geschwisterbindung« besteht auch nach Werners Auszug aus der Pflegefamilie fort, denn mit einem der beiden Söhne von Herrn Hoffmann unterhält er eine langjährige Wohngemeinschaft.

Gleichzeitig führt dieser Prozess der Normalisierung durch pflegefamiliale Sozialisation zu einer Disqualifizierung der leiblichen Eltern von Dieter Werner. Jeder Versuch der Kontaktaufnahme wird unterbunden. Die Folgen, die sich daraus für den weiteren Identitätsbildungsprozess von Dieter Werner insbesondere während der Ablösung aus der (Pflege-)Familie ergeben, beschreiben wir im letzten Teil dieser Falldarstellung. Zunächst stellen wir die Frage nach den konkreten psychosozialen Bedingungen und Ressourcen, die es ermöglicht haben, dass die Pflegefamilie Hoffmann/Pauly zu solchen stabilisierenden sozialisatorischen Leistungen in der Lage war, wozu insbesondere ein hohes Maß an unbedingter Solidarität gehörte.

Zwei Sachverhalte garantieren unserer Einschätzung nach die gelingende Sozialisation in der Pflegefamilie Hoffmann/Pauly. Erstens haben die beiden Pflegeltern strukturell in ihren Herkunftsfamilien das erfahren, was auch Dieter Werner in seiner Herkunftsfamilie erlebt hat. Zweitens haben die Pflegeeltern mit einem Aussiedlerhof nebst Gaststättenbetrieb in einem stadtnahen, gleichwohl abgelegenen Mittelgebirge ein relativ abgeschlossenes, nach außen nur durch Rollenbeziehungen geöffnetes und Zugehörigkeit für die Familienmitglieder gewährendes Milieu geschaffen, das Wohnen und Arbeiten integriert und Außenkontakte minimiert. Im Einzelnen:

Ähnliche familiengeschichtliche Erfahrungen bei den Pflegeeltern und bei ihrem Pflegesohn als Wirkfaktor. Herr Hoffmann (1946–2007) stammt aus einer traditionellen Handwerksfamilie, die in der Nähe eines großen südwestdeutschen Ballungszentrums lebt. Sein Großvater väterlicherseits erlernt neben dem Beruf des Schlossers das traditionelle Handwerk des Schmiedes. Marie Hoffmann (geb. ca. 1886), seine Großmutter väterlicherseits, ist als Vollwaise im Heim aufgewachsen und im Erwachsenenalter als Hauswirtschafterin tätig. Dieses Ehepaar hat drei Kinder: zwei Töchter und einen Sohn. Der Sohn (1921–1979) ist der Älteste in der Geschwisterreihe und der Vater von Herrn Hoffmann. Er vollzieht einen beruflichen Aufstieg im Arbeitermilieu, indem er den Beruf des Maschinensetzers erlernt und ausübt. Zu einer familialen Belastung und zu einer dadurch bedingten beruflichen Neuorientierung nach dem Krieg kommt es durch die Verstrickungen des Vaters in den Nationalsozialismus in seiner schlimmsten Gestalt. Dieses Thema wird in dieser Familie bei den Kindern nicht erwähnt. Nach dem Krieg und einer Umschulung des Vaters zum Maurer wandert die Familie 1954 nach Argentinien aus. Es gelingt den Eltern allerdings nicht, dort heimisch zu werden. Nach vier Jahren kehrt die Familie wieder nach Deutschland zurück. Bis zum Eintritt in das Rentenalter arbeitet der Vater fortan in seinem ursprünglichen Beruf in einer Großstadt als Maschinensetzer und als nebenberuflicher Wirt in einer Kleinstadt.

Die Mutter des Pflegevaters (geb. 1923) stammt aus der traditionalen Unterschicht. Sie ist die Älteste in der Geschwisterreihe und hat keinen Beruf erlernt. Ihr Vater ist Hausmeister an einer Schule. Nach dem Krieg ist sie als Hausangestellte tätig.

Herr Hoffmann ist der Älteste von zwei Geschwistern; seit 1982 hat er keinen Kontakt mehr zu seiner Herkunftsfamilie. Er macht eine Lehre zunächst zum Feinmechaniker, dann zum Land- und Pferdewirt. Nach Tätigkeiten im ökologischen Landbau lässt sich Herr Hoffmann mit seiner Frau als Gast- und Landwirt nieder und beginnt, Pflegekinder aufzunehmen. Seine erste Ehe wird nach zehn Jahren geschieden; Herr Hoffmann ist zu diesem Zeitpunkt 32 Jahre alt. Das Ehepaar hat zwei leibliche Kinder: ein Mädchen (geb. 1973) und einen Jungen (geb. 1976). Zu beiden hat Herr Hoffmann seit Ende der 1990er Jahre keinen Kontakt mehr.

Die Familiengeschichte von Frau Pauly (geb. 1950), der letzten Pflegemutter von Dieter Werner und Partnerin von Karlheinz Hoffmann, ist ebenfalls durch Brüche gekennzeichnet. Anne Pauly stammt aus einer französischen Hugenottenfamilie. Sie ist die einzige Tochter und hat drei jüngere Brüder. Ihr Vater (1929–1989) ist selbständiger Elektriker, ihre Mutter (geb. 1929) Hausfrau und später Verkäuferin. Diese Mutter ist – in einer bäuerlich strukturierten Mittelgebirgsregion – in einem vom Katholizismus geprägten Familienmilieu aufgewachsen. Frau Paulys Vater Paul stammt aus einer Familie mit drei leiblichen Kindern und einer Adoptivtochter. Beim Tod der halbjüdischen Mutter ihres Vaters, die ca. 1940 ermordet wird, ist der Vater der Pflegemutter elf Jahre alt. Den Mutterverlust erlebt der Vater von Frau Pauly als sehr belastend.

Frau Pauly, die Pflegemutter von Dieter Werner, heiratet nach einer Ausbildung und kurzen Berufstätigkeit als Arzthelferin zunächst im 18. Lebensjahr, also sehr früh, einen zwei Jahre jüngeren Mann und bekommt nach einem Jahr das erste Kind. Ein Jahr nach der Geburt des zweiten Sohnes verunglückt dieser Mann tödlich (1977). Gleich darauf heiratet sie den Exmann ihrer Schwägerin, er stirbt 1978. Danach lebt sie mit Karlheinz Hoffmann zusammen. Dies führt zu folgender Konstellation: Der Sohn eines (mutmaßlichen) KZ-Aufsehers schließt sich mit einer Frau zusammen, deren Großmutter im KZ umgebracht wurde. Beide ziehen sich in einen abgelegenen Hof zurück und leben in einer auf sich selbst gestellten Familie, die nicht nur eigenen Kindern, sondern auch Pflegekindern Schutz, Verbundenheit und Solidarität bietet.

Wiedergutmachung von Schuld und Entwurf einer Gegenwelt dürften die lebensgeschichtlichen Motive dieses Paares sein, wenn sie auch nicht explizit angesprochen werden. Die Orientierung der Pflegefamilie Hoffmann/Pauly am Ersatzfamilienkonzept verstärkt diesen Charakter einer Gegenwelt noch, weil dieser Ansatz die Unterschiedlichkeit von Familiensystemen und Sozialisationsprozessen betont und der Pflegefamilie die zentralen sozialisatorischen Leistungen zuschreibt. Dieter Werner, dessen Vater ebenfalls erhebliche Schuld auf sich geladen hat, wird von Herrn Hoffmann und seinen beiden Familien gerettet.

Das Modell des »Ganzen Hauses« als sozialisatorischer Wirkfaktor. Der zweite zentrale sozialisatorische Wirkfaktor ist das besondere pflegefamiliale Milieu eines Bauernhofes. Die Pflegeeltern leben während der Unterbringung von Dieter Werner, in den Jahren zwischen 1982/1985 und 1993/94, die meiste Zeit auf einem größeren, abgelegenen Bauernhof mit Tierhaltung, ökologischem Landbau und Gaststättenbetrieb. Die Familienmitglieder sind aufeinander angewiesen, um die vielen Aufgaben und Pflichten (tägliche Fütterung und Pflege des Viehbestandes, Bestellung der Felder sowie Betreiben der Gaststätte) bewältigen zu können. Eine Folge davon ist die Einschränkung von Autonomiespielräumen der einzelnen Akteure zu Gunsten des Erhalts des Hofes. In diesem Zusammenhang steht auch die Berufswahl von Dieter Werner. Er wird Metzger, um gemeinsam mit dem Pflegevater hauseigene Schlachtungen für den Gaststättenbetrieb durchführen zu können. Ein anderes Motiv ist, dass Zugehörigkeit auf dem Bauernhof und in der Gastwirtschaft in erster Linie Zugehörigkeit zu einer Arbeitsordnung bedeutet. Insofern sind Familienbetriebe mit Land- und/oder Gastwirtschaft ideale Lebensorte für Pflegekinder, da die Zughörigkeit nicht primär über die leibliche Herkunft, sondern über die Zugehörigkeit zu einem Betrieb hergestellt werden kann. Wir werden auf diese Konstellation erneut bei der fachlich informierten Pflegefamilie Strauch stoßen.

Die räumlich-soziale Isolierung dieser Pflegefamilie schränkt allerdings die Chancen ein, Grenzen zu überschreiten, sich neuen Erfahrungen zu öffnen und die Möglichkeiten von Milieus außerhalb der Familie für Identitätsbildungsprozesse zu nutzen. Erst mit dem Wegzug der Pflegeeltern in ein anderes Bundesland, wo sie wiederum auf einen Hof zieht, ergeben sich für Dieter Werner größere Freiräume für die Entwicklung einer eigenen Lebenspraxis. Er kann jetzt seinen Hobbys, z. B. sportlichen Aktivitäten, nachgehen. Mit dem Verlassen dieser Pflegefamilie steht entsprechend auch ein Berufswechsel an. Dieter Werner wird Verwalter des Magazins einer großen Kreisbehörde.

Identitätsfördernde Entwicklungen bei Dieter Werner und seine Entdeckung der Herkunftsfamilie. Wenngleich der Aufbau von Autonomiespielräumen bei Dieter Werner durch das Leben in der Pflegefamilie Hoffmann/Pauly eingeengt war, ist diese Lebensphase für ihn im Rückblick mit überwiegend identitätsfördernden Erfahrungen verknüpft, gerade weil dieser relativ geschlossene Familienbetrieb Zugehörigkeit und Solidarität im Rahmen einer sich selbst erklärenden Arbeitsordnung geboten hat.

Nach dem Wechsel in ein anderes Bundesland 1993/94 pendeln Dieter Werner und seine »Brüder«, die beiden Söhne der Pflegemutter, aus beruflichen Gründen zwischen der alten und der neuen Umgebung. Die Wohngemeinschaft wird beibehalten. Dieter Werner wendet sich darüber hinaus nun, angeregt durch unser Interesse an seiner Lebensgeschichte und begleitet von erheblichen Schuldgefühlen den Pflegeeltern gegenüber, seiner Herkunftsfamilie zu. Ein erster Kontakt entsteht im Herbst 2001. Die weitere Entwicklung folgt dem in der Literatur häufig beschriebenen typischen Muster auf Seiten der Kinder. Zuerst werden die Eltern idealisiert, allmählich aber wird das Verhältnis normalisiert. Dementsprechend schildert Dieter Werner seine ersten Begegnungen mit den Eltern ausgesprochen positiv; er spricht mit Bewunderung von seinen leiblichen Eltern: Sie seien »wahnsinnig gut zu ihm«; er würde sie »vorsichtig genießen«; er sei »hin und weg«. Er erlebe sie als »wahnsinnig liebe Menschen«, aber auch als »völlig hilflos«. Sie hätten einerseits in lebenspraktischen Angelegenheiten große Probleme, beispielsweise kämen sie mit dem Anrufbeantworter nicht zurecht, den er für sie angeschlossen habe. Die Unselbständigkeit beziehe sich aber auch auf Familienangelegenheiten. Er erwähnt in diesem Zusammenhang das Unverständnis der Eltern hinsichtlich der Unterhaltszahlung für ihre älteste Tochter Sylvia-Katharina, die in einer Einrichtung für Erwachsene in einer norddeutschen Großstadt lebt. Das Liebevolle seiner Eltern zeige sich demgegenüber darin, dass sie sehr um ihn besorgt seien, sie hätten ihm »Tüten voll Zeug zugeschickt«, und sein Vater habe ihm beim ersten Treffen 50 Euro zugesteckt. Dieses Geld habe er jedoch erst nach Rücksprache mit seiner Mutter angenommen. Die Eltern würden sich weiterhin sehr um ihn kümmern und würden auch bei ihm anrufen, um sich zu erkundigen, ob er nach den jeweiligen Besuchen bei ihnen gut zu Hause angekommen sei.

Von dem Augenblick an, da Dieter Werner seine Eltern bewusst wahrnehmen kann, konstruiert er zwischen ihnen und sich Ähnlichkeiten im Psychosozialen und im Körperlichen. Körperliche Ähnlichkeiten entdeckt er bei Augen, Mund und Händen. Am wichtigsten aber ist ihm die Beschreibung seines Vaters als »Hauruckmensch«. Damit meint er dessen Impulsivität, zuweilen Heftigkeit in Konfliktsituationen (»sturer Kopf«, »Furchtblässe«, »halbroter Kopf« bei Aufregung). Er selbst sei ebenfalls so gewesen, als er im Kinderheim (ca. im 13. Lebensjahr) gelebt habe.

Die Erweiterung von selbstbestimmter Handlungsfähigkeit und Lebenspraxis im Prozess der Ablösung von der Pflegefamilie. Dieter Werner befindet sich seit 2002 bis heute in einem – lebensgeschichtlich betrachtet – verspäteten Prozess der Ablösung sowohl von seinen letzten Pflegeeltern als auch von seiner Herkunftsfamilie. Er schafft es immer besser, seine bisherige Lebensgeschichte zu verstehen und mehr selbstbestimmt zu handeln. Dies gelingt ihm in dem Maße, in dem er sich vom Lebensmodell seiner Herkunftseltern abgrenzt, das ihm vertraute pflegefamiliale Sozialisationsmodell distanziert einschätzt und sich Möglichkeiten selbstgewählter Orientierungen erschließt.

Mittlerweile ist Dieter Werner in der Lage, eine reflexive Distanz gegenüber dem Lebensentwurf und der Lebenspraxis seiner Eltern einzunehmen, ohne ihr Handeln zu disqualifizieren. So erklärt er sich z. B. die vielen Geschenke (»alter Kram«), die er von seinen Eltern erhält, als Versuch, eine katastrophale Familiengeschichte zu korrigieren. Er vergleicht seinen sozialen Status mit dem seines Vaters und sieht bei sich die Vorteile liegen. Er selbst hat es geschafft, der Vater nicht. Dass es ihm finanziell gutgeht, führt er auf seine Sozialisationsbedingungen bei der Pflegefamilie Hoffmann/Pauly zurück. Wenn er seine Mutter als eine »liebe, nette Person« beschreibt, zu der er im Gegensatz zum Vater einen guten Draht habe, und er über die schlechte Behandlung und Kontrolle der Mutter durch den Vater klagt, dann finden sich Ansätze zu einer nachgeholten triadischen Interaktion im Primärsystem Familie. Andererseits idealisiert er den Vater, gewinnt aber zu ihm allmählich ein realistisches und zunehmend distanziertes Verhältnis. Parallel dazu wird sein Selbstverhältnis gefestigter. Phasen der primären Sozialisation, die in einem üblichen menschlichen Leben nacheinander und über Jahre verteilt einander folgen, überlagern sich in diesem kurzen, aber heftigen Prozess der Annäherung und der Individuierung. Insgesamt ist zu sehen, dass Dieter Werner sich im Alter von um die 30 Jahren mit Entwicklungsaufgaben auseinandersetzt, die Erikson (1977) als typisch für die Adoleszenz beschrieben hat, nämlich die Identitätsbildung durch Ablösung und Neubewertung des Bezuges zu den Eltern.

Perspektiven für die Zukunft. Inzwischen hat sich Dieter Werner weitgehend sowohl von seinen letzten Pflegeeltern als auch von seiner Herkunftsfamilie abgelöst, er ist zu einer eigenständigen Einschätzung sowohl seines Lebens in der Pflegefamilie als auch seines verhinderten Lebens in seiner Herkunftsfamilie gekommen. Er habe, so sagt er, sein bisheriges Leben damit zugebracht, sich zu fragen, »was ich selbst falsch gemacht habe und wie ich es anderen recht machen könne«. Heute habe er »keinen Druck mehr dahinter«. Dieser Zuwachs an Autonomie wird durch seinen zunehmenden beruflichen Erfolg unterstrichen.

Folgen wir dem gängigen Schema der Entwicklungsaufgaben im Erwachsenenalter, dann fehlt Dieter Werner nach Verankerung in Beruf und Gemeinwesen ein letzter Schritt: die Partnerschaft. Dafür sieht er sich jedoch noch nicht gerüstet, er möchte sich noch nicht mit dem Thema einer eigenen Vaterschaft auseinandersetzen. Dies als Entwicklungsverzögerung zu interpretieren wäre angesichts der Biografie von Dieter Werner unangemessen.

Aufwachsen in einer fachlich informierten Pflegefamilie

Die lebens- und familiengeschichtliche Ausgangslage von Christoph Wilhelm (geb. 1978). Die Mutter von Christoph Wilhelm (geb. 1953) stammt aus einer Vertriebenenfamilie, die dem Facharbeitermilieu angehört und nach der Vertreibung in einer ostdeutschen Großstadt ansässig geworden ist. Ihr Vater verlässt die Familie noch vor ihrer Geburt. Ihre Mutter heiratet kurz danach erneut, elf Jahre später wird sie auch von diesem Mann verlassen. Bis zu ihrem elften Lebensjahr vollzieht sich die Sozialisation der Mutter von Christoph Wilhelm im Rahmen einer erweiterten Triade, bestehend aus der Großmutter mütterlicherseits, der Mutter und dem Stiefvater, der von Frau Wilhelm als fürsorglicher Stiefvater erlebt wird. Zeitgleich mit dem Tod der Großmutter kommt es zur Trennung der Eltern. Diese Ereignisse werden von ihr als traumatische Einschnitte erlebt. In dieser lebensgeschichtlichen Phase – der beginnenden Pubertät und damit der Ablösung bzw. Neustrukturierung bisheriger familialer Bindungen – bedeutet der Ausfall von zwei signifikanten Anderen eine tiefe Verunsicherung des Identitätsbildungsprozesses. Kurz darauf verheiratet sich die Mutter erneut, diesmal mit einem Beamten der unteren Hierarchieebene. Dieser Ehe entstammt ein Sohn, der ca. 15 Jahre jünger ist als Frau Wilhelm. Frau Wilhelm berichtet, dass sie für ihre berufstätigen Eltern (die leibliche Mutter und den zweiten Stiefvater) den Haushalt be- und ihren Stiefbruder versorgen musste. So führt sie ein Dasein als »Aschenputtel«. Soziale Entwurzelung, Vaterabwesenheit zu einem frühen Zeitpunkt, Randständigkeit in einer Stieffamiliensituation und die frühzeitige Übernahme von Verantwortung kennzeichnen die Biografie von Frau Wilhelm. In der Folge entwickelt sie einen Durchbeißerhabitus vor allem im beruflichen Bereich. Sie studiert erfolgreich Elektrotechnik, nachdem ihre ursprünglichen Ausbildungswünsche (Architektur- oder Sportstudium) wegen der Flucht ihres Vaters in den Westen von den Behörden abgelehnt worden sind bzw. eine sportliche Karriere (Volleyball) auf Grund gesundheitlicher Probleme nicht realisierbar ist.

Christophs Vater (geb. 1952) stammt aus einer seit drei Generationen bestehenden Fabrikantenfamilie. Frau Wilhelms Aufstiegsbestrebungen werden durch ihre Partnerwahl unterstützt, die aber ein Problem mit sich bringt, denn wirtschaftsbürgerliche Selbständigkeit war zur Zeit der Heirat der beiden (um 1978) in der DDR nicht willkommen. Ihr Mann ist Ingenieur, wie sie selbst, und damit wird der von Frau Wilhelm als Aufsteigerin erreichte Status zusätzlich konsolidiert. Des Weiteren ist er der Jüngste von zwei Söhnen. Sein älterer Bruder, ebenfalls Ingenieur, siedelt früh nach Westdeutschland über.

Damit ist Herr Wilhelm der einzige Sohn, der den Eltern geblieben ist. Dies wird den Rahmen seiner Ablösungsprozesse bestimmen: Ihn ziehen zu lassen, das wird den Eltern wesentlich schwerer fallen, als dies beim ersten Sohn der Fall gewesen ist.

Das Paar wird am Heimatort von Herrn Wilhelm sesshaft, zieht aber nicht in die Villa seiner Eltern ein, die inzwischen in mehrere Wohnungen aufgeteilt worden und durch Einquartierte belegt ist. So ist es dem Paar möglich, eine eigene Wohnung zu nehmen und sich von Herrn Wilhelms Eltern unabhängig zu machen. Frau Wilhelm, ein Einzelkind, kommt dabei die Aufgabe zu, ihren Mann, einen Jüngsten, von den Eltern unabhängig zu machen. Mit diesem (unausgesprochenen) Auftrag steht sie alleine da (bzw. stellt sie sich, ihrem Habitus als Durchbeißerin entsprechend, alleine). Sie stützt sich nicht auf ihre Mutter; ihre Vorgeschichte in der Herkunftsfamilie bietet dazu auch keinen Anlass.

Der prekäre Status von Christoph Wilhelm in seiner Herkunftsfamilie. Christoph Wilhelm kommt zur Unzeit auf die Welt, nämlich in einer Phase, in der seine Eltern sich noch nicht autonom als Paar konstituieren konnten und insofern auf die Integration eines Dritten noch gar nicht vorbereitet waren. Da aber sein Vater nachhaltig eine erhebliche Ambivalenz zeigt, was die Ablösung von den eigenen Eltern anbelangt, kommt es nicht zu einer triadischen Beziehung zwischen Christoph und seinen Eltern. In Christophs Erinnerung soll der Vater bei seinem letzten Besuch bei der fachlich informierten Pflegefamilie gesagt haben: »Ich habe mich entschieden, mit deiner Mutter zusammenzuleben und nicht mit dir.« Die Darstellung des Pflegevaters, der Zeuge dieser Äußerung war, lautet: »Ich lebe mit deiner Mutter zusammen, nicht mit dir.« So wird der Sohn vom Vater auf die Partnerschaftsebene gehoben, was umgekehrt bedeutet: Der Status des Kindes wird ihm verwehrt. Folgerichtig führt diese Äußerung zum vorläufigen Kontaktabbruch, der von den Eltern ausgeht. Allerdings kündigen die Eltern ihre unbedingte Solidarität mit Christoph niemals auf. Er gehört dazu, aber eine Position in der Triade bleibt ihm versagt.

Die signifikanten Anderen in der Sozialisationsgeschichte von Christoph Wilhelm. Gleichwohl ist die Autonomie der Lebenspraxis bei Christoph Wilhelm trotz dieser strukturellen Problematik nicht übermäßig eingeschränkt. Fragen wir uns nun also, weshalb Christoph Wilhelm trotz schwerer Belastungen in Kindheit und früher Jugend dieses Maß an Selbständigkeit im Selbst- und Weltverhältnis über alle bestehenden ambivalenten Bindungen hinweg erlangen konnte. Welche Kompensationsmöglichkeiten konnte er sich erschließen? Da sind zunächst die Großeltern väterlicherseits zu nennen. Sie bezeichnet Christoph Wilhelm als seine »zweiten Eltern«. Damit geraten sie in eine Konkurrenzsituation zu den leiblichen Eltern. Die Konkurrenzsituation zeigt sich darin, dass der Aufenthalt (offenbar beider Söhne) bei den Großeltern von den Eltern als »Abhauen« und mithin als Flucht deklariert war. Der dahinterliegende Konflikt wird von Christoph Wilhelm so geschildert, dass »mein Opa und meine Oma das Gefühl hatten, dass meine Mutter, wie soll man das sagen, den Vater kräftig unter Kontrolle hat«. Christoph Wilhelms Eltern sagen dazu, dass sich die Großeltern väterlicherseits in ihre Erziehungsangelegenheiten eingemischt und ihrer Schwiegertochter die Schuld an Christophs Problemen gegeben hätten. Gleichzeitig hätten sie immer als Paar gegen die Eltern des Mannes zusammengestanden.

Auch eine Krankenschwester spielt als Bezugsperson eine Rolle. In der Universitätsklinik trifft Christoph, zu diesem Zeitpunkt zehn Jahre alt, auf »Schwester Angelika als einzige Bezugsperson«, die ihm »Mitgefühl und Mitleid« gezeigt habe. Christoph sieht sich also als Opfer, und wichtig ist ihm die Erfahrung von Solidarität. Von Mutterersatz o. Ä. ist nicht die Rede. Das zeigt, dass er schon selbst zurechtkommt (wenn auch in der ambivalenten Figur des Opfers), aber emotionale Unterstützung gerne entgegennimmt. Die schon 1986 von einer Psychologin in der DDR gestellte Diagnose »ausgeprägte Ich-Persönlichkeit« findet hier einen Beleg.

Weitere bedeutende Bezugspersonen sind ein Heimleiterehepaar in Ostdeutschland. Christophs Eltern sorgen für einen Platz in einem christlich orientierten Kinderheim, um einer Einweisung in eines der berüchtigten staatlichen Kinderheime der DDR zuvorzukommen. Die Eltern fürchten diese Heime, und zwar zu Recht. Eine andere Deutung, die des Heimleiterpaares, besagt, dass eine »neuropsychologische Ärztin« (Formulierung der Heimleiterin) dieses Heim für Christoph empfohlen habe, da es kleiner als die typischen staatlichen Heime und deshalb für Kinder mit seiner Problematik geeigneter sei.

Christoph selbst berichtet, dass er in dem fraglichen christlichen Kinderheim »der Einzige« gewesen sei, »der zu den Kindern von der Heimleitung ins Haus durfte und mit denen spielen«. Ihm kam also

– aus seiner Sicht – eine privilegierte Stellung unter den Heimbewohnern zu. Aus der Perspektive des Heimleiterpaares kann diese Einschätzung nicht bestätigt werden. Für sie war Christoph nicht privilegiert, auch nicht im Zugang zu ihrem Familienleben, aber im Unterschied zu Kindern, »die wirklich Probleme hatten« (Heimleiterin), sei er ein »völlig normaler, ausgesprochen sympathischer und liebenswerter Kerl, ein bissel schöner Junge eigentlich, ein bissel wild manchmal und eben sehr intelligent, hat mein Mann schon gesagt, und pfiffig« gewesen. Ein Problem seien allerdings die Eltern gewesen, die »haben sich nie restlos von dem Gedanken lösen können, dass der krank ist«. Christoph Wilhelm erzeugt sich so eine Alternative zu seiner Herkunftsfamilie, die jedoch primär in seiner Fantasie besteht.

Schließlich folgt der Aufenthalt in einer *fachlich informierten Pflegefamilie* in Südwestdeutschland. Sie ist ein weiterer Ort, an dem signifikante Andere für Christoph von Bedeutung werden.

Struktur der Pflegefamilie Strauch. Die beiden Pflegeeltern Magdalena (geb. 1954) und Gerhard Strauch (geb. 1951) betreiben eine Kleinsteinrichtung im südwestdeutschen Raum, die nach § 34 Kinder- und Jugendhilfegesetz finanziert wird und damit offiziell im Rahmen der Jugendhilfe als ein Kinderheim gilt, aber in ihrer Struktur einer Pflegefamilie entspricht. Für solche Einrichtungen wird zuweilen auch der Begriff der Erziehungsstellen verwendet. Sie werden von Fachpersonal betrieben. Wir sprechen im Folgenden auf Grund der Struktur des Zusammenlebens und auf Grund der fachlichen Ausbildung des Pflegeelternpaares von einer fachlich informierten Pflegefamilie und sehen darin einen Unterschied zur traditionellen Pflegefamilie, in der die Pflegeeltern Berufen jenseits des psychosozialen Feldes nachgehen.

Magdalena Strauch ist ausgebildete Erzieherin und hat im Anschluss an ihre Ausbildung, wie ihr Ehemann, einige Jahre in einem Kinderheim gearbeitet. Gerhard Strauch ist Psychologe mit Psychotherapieausbildung. 1981 gründen die beiden Eheleute die Einrichtung, genannt »Cleverle«, auf der Schwäbischen Alb. Seither haben sie 36 Pflegekinder betreut; die meisten haben dort bis zur Volljährigkeit gelebt.

Frau Strauch ist 1954 als drittes von fünf Kindern in einer selbständigen schwäbischen Handwerksfamilie in der Nähe von Stuttgart geboren. Ihr Großvater gründet den Handwerksbetrieb, den ihr Vater als einziger Sohn und ältestes Kind in der Geschwisterreihe weiterführt. Die Mutter von Frau Strauch zieht vier eigene und ein fremdes Kind auf, daneben geht sie musischen Interessen nach – allerdings auf Grund ihrer Belastungen als Mutter und Leiterin eines Geschäftshaushalts nicht in dem Umfang, den sie sich gewünscht hätte. Frau Strauch muss wie bereits ihre Mutter als mittleres Kind im Haushalt und bei der Versorgung der Kinder mithelfen. Hinsichtlich der Werte und Orientierungen in der Herkunftsfamilie der Pflegemutter spielt der Pietismus eine zentrale Rolle, der in dieser Familie eine klare Wertehierarchie vorgibt. Frau Strauch berichtet: »An erster Stelle stehen die Bedürfnisse und Interessen der Eltern, zunächst des Vaters, dann der Mutter und der Kinder entsprechend der Geschwisterreihenfolge, beginnend mit dem ältesten Kind.«

Auch Gerhard Strauch stammt aus einem Familienbetrieb. Seine Vorfahren leben als deutschstämmige Siedler seit mindestens drei Generationen im Banat. Die unmittelbaren männlichen Vorfahren in der Familie (Urgroßvater, Großvater und Vater von Herrn Strauch) erlernen jeweils den Beruf des Strickers; die Ehefrauen unterstützen ihre Männer bei der Arbeit und sind gleichzeitig für die Versorgung der Kinder zuständig. Es handelt sich hier um die Familienform der »Hausindustrie«, die ab Mitte des 18. Jahrhunderts in Europa entsteht und in einigen Regionen auch noch bis zu Beginn des 20. Jahrhunderts aufzufinden ist. Außer durch die Produktion im Haus, die Mitarbeit aller Familienmitglieder und die Beibehaltung der handwerklichen Produktionstechnik ist die Hausindustrie vor allem dadurch charakterisiert, dass es eine »relativ große Autonomie in der Gestaltung des Arbeitsablaufs sowie in der Entscheidung über die Arbeitszeit und das Arbeitstempo« (Rosenbaum 1993, S. 195) gibt. Zwar finden sich nach Angaben von Herrn Strauch in seiner Familiengeschichte auch Vorfahren, die als Tagelöhner arbeiten, aber allen gemeinsam ist die autonomieorientierte Existenzweise mit einem relativ hohen Anteil von Selbstversorgung.

Sozialisatorische Beiträge und Ressourcenentwicklung in der Pflegefamilie bzw. im Kleinstheim Strauch. Durch die Gründung und im Alltag des Kleinstheims »Cleverle«[2] knüpft die Pflegefamilie Strauch an diese Formen des Familienbetriebes und an die hohe Bewertung

---

2 Dieser Name deutet schon an, dass es den Pflegeeltern um die eigenständige Entwicklung der Kinder geht, die sich Autoritätspersonen gegenüber gewitzt verhalten.

von Selbstversorgung an. Das »Cleverle« liegt zwischen zwei Dörfern und umfasst neben dem relativ großen Grundstück am Wohnhaus auch Stallungen, Äcker und Wiesen. Auf dem Gelände leben außer den Pflegeeltern und den Pflegkindern gelegentlich auch Praktikanten. Räume für Übernachtungsgäste, beispielsweise Eltern der Pflegekinder, stehen ebenfalls zur Verfügung. Darüber hinaus stellt die Pflegefamilie landwirtschaftliche Produkte überwiegend für den Eigenbedarf her. Der Pflegevater schlachtet nach dem Vorbild seiner Vorfahren selbst; es wird eine seltene Kuhrasse gezüchtet und damit gehandelt. Früher wurde die Milch an eine Genossenschaft verkauft. Einerseits ist das »Cleverle« ein nach außen abgeschlossenes Milieu, das den Kindern und Jugendlichen als Schonraum dient. Andererseits ist dieses Milieu nach außen offen. So ist der Pflegevater beispielsweise auch politisch tätig. In die Beschaulichkeit des Dorfes, in welchem das »Cleverle« liegt, hat er von Anfang an einige Unruhe gebracht, sich gleichzeitig aber auch Ansehen erworben.

Die Analyse zeigt, dass sich die Integration von Gegensätzen in mehrfacher Hinsicht als die zentrale sozialisatorische Leistung der Pflegefamilie Strauch erweist:

- Bezogen auf die Lebensweise: Verbindung von vormodernen, ganzheitlichen Lebens- und Wirtschaftsformen (landwirtschaftliche Subsistenzwirtschaft) mit modernen Formen des Erwerbs durch die Aufnahme von Pflegekindern und durch das Angebot therapeutischer Hilfen.
- Bezogen auf die beiden zentralen Varianten der außerfamilialen Unterbringung von Kindern und Jugendlichen im Rahmen der Jugendhilfe: Es gelingt dem Pflegeelternpaar Strauch, die Vorteile der Heimerziehung (Entlastung des Erziehungspersonals, fachliche Unterstützung, Fortbildung, Supervision im Rahmen von Arbeitszeiten) mit den Vorteilen der Familienpflege (diffuses Milieu mit affektiver und unbedingter sowie – bis auf Weiteres – zeitlich unbegrenzter Solidarität innerhalb des Familiensystems) zu verbinden.
- Die Pflegefamilie Strauch ist als einzige Pflegefamilie in unserer Stichprobe in der Lage, je nach Fallspezifik und lebensgeschichtlicher Entwicklungsphase die Herkunftsfamilie des jeweiligen Pflegekindes zu ersetzen – das heißt, vollständig die Verantwortung für das Kind zu übernehmen – oder zu ergänzen – das

heißt, mit der Herkunftsfamilie die Verantwortung für das Kind zu teilen und zwischen beiden Modi flexibel zu wechseln. Sie hat somit einen anspruchsvollen Weg des Umgangs mit den Herkunftsfamilien der von ihr betreuten Kinder gefunden, der die unglückliche Konfrontation zwischen diesen beiden Haltungen im Umgang zwischen Pflegefamilien und Herkunftsfamilien vermeidet.

- Bezogen auf die Zusammenarbeit mit den anderen beteiligten Personen und Institutionen: Die Erziehungspraxis der Pflegefamilie Strauch schließt die Kooperation sowohl mit dem Herkunftsmilieu (mit Eltern, Elternteilen, Großeltern, Geschwistern) als auch mit der Jugendhilfebehörde und sonstigen an der Sozialisation der betreuten Kinder und Jugendlichen beteiligten Akteuren und Institutionen (z. B. Schulen) ausdrücklich ein bzw. bezieht diese Instanzen, unabhängig von Sympathie oder Antipathie der Pflegeeltern gegenüber den beteiligen Akteuren, in den Hilfeprozess ein.

- Bezogen auf den Ablöseprozess: Trotz oftmals konflikthafter Ablösung von der Pflegefamilie bleiben den ehemaligen Pflegekindern die Pflegeeltern als Ansprechpartner erhalten, wenn das gewünscht wird. Das bedeutet, dass die Pflegeeltern in der Lage sind, ihr Handeln differenziert zu beurteilen und zwischen Konfliktpotenzialen, die sie unmittelbar betreffen, und entwicklungsbedingten Gegenübertragungskonflikten zu unterscheiden.

Mit der Einrichtung des »Cleverle« verbinden Magdalena und Gerhard Strauch das Ziel, Kindern zu helfen, die auf Grund des Versagens ihrer Herkunftsfamilie in Not geraten sind. Um dieses Ziel zu ereichen, verzichten sie auf eigene Kinder. Auf diese Weise können sie als Familie zusammenleben, in der die Kinder alle denselben Status haben. Zu Grunde gelegt wird eine vormoderne familienbetriebliche Struktur, die an die Herkunftsfamilien beider Pflegeeltern anschließt. In Abgrenzung zu diesen, insbesondere zur Herkunftsfamilie von Frau Strauch, findet in Bezug auf Kinder eine radikale Neubewertung statt: Kinder sind das Wichtigste im Leben und dürfen keinen Mangel erleiden. Sie müssen von den erwachsenen Bezugspersonen geduldig und mit hohem Engagement in ihrer Entwicklung gefördert werden.

*Nachholende Strukturbildung bei Christoph Wilhelm in der Pflege-
familie Strauch.* Die Alltagsgestaltung in der Pflegefamilie Strauch
wird wesentlich durch die Anforderungen bestimmt, die sich aus der
landwirtschaftlichen Nutzung sowohl der Getreidewirtschaft als auch
der Viehhaltung ergeben. Mit der »Kuhmetapher« veranschaulicht
Lukas, der zeitgleich mit Christoph Wilhelm in dieser Einrichtung
lebte, den Erziehungsstil des Pflegevaters:

> »Wenn man die Kuh führt am Seil, und sie zieht, und man zieht dagegen,
> hat man keine Chance. Wenn man aber nach seitlich zieht und sie im Kreis
> um sich rumlaufen lässt, dann hat man gewonnen. Und das ist genau das,
> was der Gerhard mit einem macht. Er lässt einen immer im Kreis rennen
> und lässt einem keine Chance, irgendwie sein eigenes Ding zu machen.
> Und das war am Anfang, war das für mich gut, weil ich einfach überhaupt
> keine Grenze gehabt habe und nix, und da war das okay, dass mich jemand
> bremst und jemand mir die Richtung gibt. Da war das super. Und gegen
> später, wo ich dann aber versucht habe, irgendwie mein eigenes Ding zu
> machen, dann irgendwann war das einfach zu krass dann der Gegensatz.
> Ich habe einfach nur irgendwie ausbrechen müssen.«

Der Erziehungsstil des Pflegevaters wird als autoritär beschrieben.
Den Kindern und Jugendlichen in dieser Pflegefamilie werden Grenzen gesetzt. Damit ist nachholende Strukturbildung gemeint. Diese
Grenzen werden aber nicht willkürlich gesetzt, sondern sie ergeben
sich aus dem sachlogischen Zusammenhang eines landwirtschaftlichen Familienbetriebs und werden von dorther einsichtig. Für alle Kinder und Jugendlichen in dieser Pflegefamilie steht ein Pferd bereit, für
das sie verantwortlich sind. Dies spricht im Übrigen nicht für eine üp-
pige finanzielle Ausstattung dieser Pflegefamilie, denn die fraglichen
Pferde werden jeweils vom Pflegevater, der auch als Pferdepfleger bekannt ist, vor dem Abdecker gerettet und wieder aufgepäppelt. Pflege
bezieht sich im »Cleverle« auf Mensch und Tier gleichermaßen.

Lukas rundet seine Kuhmetapher mit dem Bild des »Ausbre-
chens« ab. Ausbrechen bezieht sich auf die Ablösung aus diesem
strukturierten Lebenszusammenhang und damit auf den letzten
Schritt der Individuierung im primären Sozialisationsprozess. Wie
in der Sozialisation in der leiblichen Familie, so ist auch in der Pflegefamilie die Ablösung nicht zum Nulltarif zu haben, sondern erfordert
eine (für beide Seiten) teils schmerzliche Loslösung.

*Die sozialisatorische Funktion der Pflegemutter und der Eltern des
Pflegevaters.* Die Aufgaben der Pflegemutter werden von Lukas eben-

falls sehr prägnant beschrieben: »Die Frau Strauch ist die gute Seele im Hintergrund. Sie hat meines Erachtens nicht viel zu melden, aber überall die Finger drin.« Der oben beschriebene Erziehungsstil des Pflegevaters, seine quasitherapeutische Arbeit an der Konflikt-bewältigung sowie die Arbeit im erweiterten sozialen Umfeld der Pflegekinder wären ohne die tagtägliche Versorgungs- und Organi-sationsarbeit der Pflegemutter, z. B. ihre permanente Präsenz, ihre Ansprechbarkeit, die Versorgung mit Essen und Trinken, ihr Trösten und Zuhören, sozialisatorisch weit weniger relevant. Lukas erkennt sehr gut, dass die Bedeutung von Frau Strauch eher dem klassischen Frauenmodell des »Wirkens im Hintergrund« entspricht. Die Auftei-lung expressiver und instrumenteller Beziehungsmodalitäten in der sozialisatorischen Triade findet auch hier ihren Ausdruck.

Auch die in der Nähe der Pflegefamilie lebenden Eltern des Pfle-gevaters, sozusagen die Pflegegroßeltern, sind ein wichtiger Faktor in der nachholenden Strukturbildung. Der Vater von Herrn Strauch bleibt den Pflegekindern als beliebter Erzähler von Familiengeschich-ten in Erinnerung. Damit vermittelt er ein Modell einer intergenera-tionell verankerten Familientradition, die auch in dieser Pflegefami-lie gelebt wird.

Christophs Aufenthalt in der Pflegefamilie Strauch und sein weiterer Lebenslauf. In dieser fachlich informierten Pflegefamilie inszeniert Christoph eine triadische Dynamik, die der einer Kernfamilie ent-spricht. Der Pflegevater sagt: »Meine Frau kriegt immer den ganzen Frust über die Mutterbeziehung ab, ich hatte immer das Glück, dass die Väter wenigstens nicht so präsent waren, also gab es da eine Lü-cke zu füllen.« Auf diese Weise findet im »Cleverle« nachholende sozialisatorische Interaktion statt. Darüber hinaus erfährt Christoph auf der Grundlage dieser Erfahrungen von seinem Pflegevater Un-terstützung darin, ein strukturiertes Verhältnis zu seinen Eltern zu gewinnen.

Die wesentlichen sozialisatorischen Wirkungen während Chris-tophs Unterbringung in der Pflegefamilie Strauch lassen sich auf fünf Komplexe zurückführen, die gemeinsam zum Gelingen der Fremdunterbringung beigetragen haben:

- An erster Stelle steht die Bereitschaft des Pflegevaters, eine inten-sive Beziehung mit Christoph einzugehen. Er verbringt sehr viel Zeit mit dem Jungen und gibt ihm dabei Gelegenheit, ein hohes

Maß an Perspektivenübernahmefähigkeit zu entwickeln. In der Kommunikation mit Christoph übernimmt er lediglich Übersetzungsleistungen, d. h., er betätigt sich als Grenzgänger zwischen seinen eigenen Wirklichkeitssichten und den davon stark abweichenden Wirklichkeitskonstruktionen des Jungen. Christoph wird dabei das Recht auf seine eigene Weltsicht – im Gegensatz zur Praxis seiner Herkunftseltern – zugestanden. Diese wird nicht gewertet, und er wird ihretwegen auch nicht verurteilt.

- An zweiter Stelle steht die Weigerung der Pflegefamilie, Christoph zu pathologisieren. Christophs Entwicklungsgeschichte und sein Handeln versteht der Pflegevater mittels Psychologie und Psychopathologie als eine Folge früherer Sozialisationserfahrungen, die sich durch eine offene Grundhaltung und viel Geduld seitens der Pflegeeltern mittelfristig aber korrigieren lassen. Interessant dabei ist, dass pathologisierende Beschreibungen, zu denen der Pflegevater greift, auf die Angehörigen beschränkt bleiben. Christoph selbst wird normalisiert. (Wir sind dieser Praxis im vorigen Fallbeispiel bereits begegnet, nur war es dort ein Laie, der diagnostizierte und der insofern seine Kompetenzen überschritt.) Herr Strauch bringt seine Haltung gegenüber Christoph folgendermaßen zum Ausdruck:

»Ich denke, drei Dinge waren wichtig für ihn, erstens, dass der Ort, an dem er lebt, genauso akzeptabel ist wie jeder andere. Zweitens, sein Blickwinkel ist nicht der falsche, aber er wird ergänzt durch den anderen, so dass er in der Lage ist, von beiden Seiten des Flusses den Blickwinkel einzunehmen, dann kann er frei entscheiden, wann er sich wie verhält und wo er lebt. Und das Dritte ist: Solange du deine Sprache noch nicht so benutzen kannst, dass die anderen dich verstehen, helfe ich dir, es auszudrücken, was du empfindest, und du kannst dann hören, wie es sich anhört, was du empfindest, dann findest du deine Sprache dafür. Und das, denke ich, ist weitgehend genug.«

- Drittens trägt die klare Aufteilung familialer Aufgaben zum Gelingen bei. Demnach übernimmt der Pflegevater die instrumentell-repräsentativen Aufgaben der Pflegefamilie: Er setzt Regeln, befasst sich mit Konflikten, vertritt die Familie nach außen. Die Pflegemutter wendet sich dagegen vermehrt den familieninternen expressiven Angelegenheiten zu: Sie integriert die Familienmitglieder der Pflegekinder, sorgt für affektive Rahmung der Beziehungen innerhalb der Pflegefamilie und zwischen der

Pflegefamilie und der Außenwelt, die Herkunftsfamilien eingeschlossen. Dabei sieht Christoph Herrn Strauch zuweilen als
starre, unnachgiebige Bezugsperson, während er die Pflegemutter als weniger standhaft und als verletzlich erlebt.

- Ein vierter zentraler Wirkfaktor betrifft Christophs Integration
  in die naturwüchsige Alltagspraxis des Bauernhofes mit all ihren
  Anforderungen.

- Nicht zuletzt waren die Pflegeeltern immer bemüht, Christophs
  Bezug zu seiner Herkunftsfamilie zu erhalten. Nachdem Christophs Eltern den Kontakt zu ihrem Sohn abgebrochen hatten,
  worunter dieser sehr leidet, fördert die Pflegefamilie den Kontakt zu seinen Großeltern väterlicherseits. Für Christoph führt
  dies zu einer erheblichen Entlastung. Dass die Pflegeltern aus
  der Sicht der leiblichen Eltern mit ihrer Entscheidung, die Großeltern in ihren Kontaktbemühungen zu unterstützen, in die
  über lange Jahre bestehende Familiendynamik eingreifen, steht
  auf einem anderen Blatt. Aus heutiger Sicht war es angemessen,
  die Großeltern ins Spiel zu bringen. Sie halfen Christoph über
  eine schwierige Phase hinweg, nach deren Abschluss der Kontakt zu den leiblichen Eltern wieder angebahnt werden konnte.

*Christophs weiterer Lebensverlauf, sein Ablöseprozess und seine Lebenssi-
tuation heute.* Christoph schildert seinen Auszug aus dem »Cleverle«
als Rausschmiss, der vom Pflegevater in Gang gesetzt worden sei. Mit
ihm zettelt Christoph daraufhin einen Streit an. Frau Strauch wiederum unterstützt Christoph in dieser kritischen Phase:

> »Ich hab ihm noch seinen Umzug gemacht, er hat sich 'ne Mietwohnung
> gesucht, und ich hab ihm noch mit unserem Bus seine Möbel transpor-
> tiert, hab ihm allen möglichen Hausrat mitgegeben, und es war für mein
> Gefühl 'ne ganz klare Sache, für ihn der Schritt in die Selbständigkeit, ich
> hab ihm geholfen.«

Als er mit Vollendung des 18. Lebensjahres die Pflegefamilie verlassen muss, leistet Christoph seinen Grundwehrdienst in Süddeutsch-
land ab, lässt sich danach dort nieder und findet in seinem Beruf
Arbeit. Seine Eltern, die seit einigen Jahren wieder in Ostdeutschland leben, besucht er regelmäßig und hilft ihnen beim Hausbau. Dabei nimmt er in Kauf, dass er nicht im Haus der Eltern übernachten
darf, sondern mit den Großeltern vorliebnehmen muss. Seit 2007 ist

Christoph mit einer geschiedenen Frau verheiratet, die zwei Kinder in die Ehe einbringt. 2005 und 2007 kommen zwei weitere, gemeinsame Kinder zur Welt. Die ihm von den Eltern (die aus der Ferne und sogar, nachdem sie sich von Christoph losgesagt hatten, in seine Lebensplanung eingreifen) angetragene potenzielle Partnerin aus ihrem Nachbardorf hat er ausgeschlagen.

So lebt Christoph weiterhin in einer ambivalenten Situation. Einerseits bricht er trotz nachhaltiger und dauerhafter Kränkungen den Kontakt zu den Eltern nicht ab, sondern pflegt ihn bis zur Selbstverleugnung. Andererseits baut er sich am anderen Ende des Landes ein eigenes Familienstandbein auf und aus, das den Vorzug hat, bereits fertig zu sein, als er dazustößt: Er findet eine bereits fertige Familie vor, in der er einen Platz erhält, allerdings (zunächst) in Gestalt des Stiefvaters einen speziell auszugestaltenden Platz. Seine sozialisatorische Triade bleibt mithin eine lebenslang wirksame Fehlstelle, die Christoph Wilhelm bis heute in seinen Handlungs- und Orientierungsmustern bestimmt und die nachhaltige Ablösung von den Eltern behindert.

Diese Geschichte begreifen wir allerdings nicht als eine Geschichte des Scheiterns. Im Gegenteil: Mit Unterstützung der Pflegefamilie und einer Resilienz, die Christoph in einer langen Medizin- und Jugendhilfekarriere entwickelt hat, richtet er sich so im Leben ein, wie es ihm und seiner Geschichte gemäß ist.

Die Pflegefamilie als Familie eigener Art

Wir schlagen vor, die Pflegefamilie als eine *Familie eigener Art* zu verstehen: als eine soziale Einheit, deren zentrale Leistung darin besteht, dem Pflegekind *Alternativen* zu den Erfahrungen in seiner Herkunftsfamilie zu bieten. Im Hintergrund stehen dabei die allgemein beschriebenen und eingangs erwähnten Resilienzfaktoren von Familien: sinngebende familiale Überzeugungssysteme, klare organisatorische Muster, klare und offene Kommunikationsprozesse. Diese Muster unterstützen die Pflegefamilien dabei, ihren Pflegekindern Alternativverfahren in folgenden Bereichen zu ermöglichen:

- Familiengrenzen
- angemessene Strukturen in der Verschränkung von Paar- und Eltern-Kind-Beziehung
- angemessene affektive Rahmung.

Im Zusammenleben mit Pflegekindern wird von den Pflegefamilien erwartet, dass sie jedem Pflegekind hinsichtlich dieser Bereiche eine spezifische, dem Kind gemäße Lösung finden. Dies gelingt ihnen in dem Maße, in dem sie die entsprechenden Vorerfahrungen der Pflegekinder erkennen, aufgreifen und auf dieser Basis eine, wo nötig, *angemessenere* als die im Herkunftsmilieu herrschende Sozialisationspraxis etablieren:

- *Grenzerfahrungen* beziehen sich auf die Schnittstelle zwischen dem pflegefamilialen Binnenraum und dem unmittelbaren sozialen Umfeld der Pflegefamilie, der Umgang mit der Herkunftsfamilie der Pflegekinder eingeschlossen. Unsere Ergebnisse zeigen, dass in allen untersuchten Pflegeverhältnissen diese Themen als Grundlage von Identitätsbildungsprozessen bedeutsam sind. Dies betrifft: die Organisation des Verhältnisses zwischen Herkunfts- und Pflegeeltern; den Übergang von der Herkunftsfamilie in die Pflegefamilie und von der Pflegefamilie zurück in die Herkunftsfamilie bzw. den Übergang in ein selbständiges Leben; schließlich die Thematik der Zugehörigkeits- und Loyalitätskonflikte beim Pflegekind, die dann entstehen, wenn es in einer gegenüber der Herkunftsfamilie abgegrenzten Pflegefamilie aufwächst.
- Von günstiger sozialisatorischer Bedeutung ist es, wenn das Pflegekind Ein- und Ausschlussprozesse im Dreieck *von Pflegemutter, Pflegevater und Pflegekind* und die Arbeitsteilung innerhalb der Paarbeziehung der Pflegeeltern erlebt. In den von uns untersuchten Fällen beobachteten wir die Kombination von strukturgebendem Vater und emotional abfedernder Mutter, in einem Fall allerdings auch die Umkehrung dieser Beziehung, ohne dass sich dies nachteilig auf das Pflegekind (in diesem Fall ein Mädchen) auswirkte.
- Die *langfristig sichere affektive Rahmung* des Pflegeverhältnisses. Diese bezieht sich sowohl auf das Pflegekind selbst als auch auf seine Herkunftseltern. Sie wird vorwiegend von den Pflegeeltern verantwortet, da bei ihnen davon ausgegangen werden kann, dass sie das affektiv stabilere Milieu sind.

Beratung bei Pflegekindern und ihren Familien

Rahmenbedingungen. Dass die Konstruktion einer Pflegefamilie eine besondere Zumutung darstellt, haben wir eingangs mit Verweis auf Jürgen Blandow erwähnt. Entsprechend benötigen Pflegefamilien fachliche Begleitung.

Wer wird beraten? Das klassische Szenario sieht folgendermaßen aus: Die Herkunftsfamilie und ihr Kind, das in einer Pflegefamilie untergebracht werden soll, werden vom Jugendamt beraten, das die Unterbringung in einer Pflegefamilie vorschlägt und für die entsprechende Pflegefamilie sorgt. Diese Beratung ist gesetzlich in § 36 Kinder- und Jugendhilfegesetz geregelt und schließt eine Mitwirkung der Klienten (des Kindes und seiner Eltern) in die Entscheidung für die Unterbringung in einer Pflegefamilie ein. Je nach Struktur können unterschiedliche Fachleute dafür zuständig sein: Entweder kümmert sich die Fachkraft aus dem Allgemeinen Sozialen Dienst, die diese Hilfe mit den Eltern und dem Kind vereinbart hat, um die weitere Begleitung. Oder eine Mitarbeiterin aus dem Fachdienst Pflegekinderwesen ist mit dem weiteren Verlauf und dem dort entstehenden Beratungsbedarf befasst. Hier zeigt die aktuelle Studie des Deutschen Jugendinstituts: Zu 85 Prozent liegt die Betreuung beim Pflegekinderdienst, zu 15 Prozent beim Allgemeinen Sozialen Dienst des Jugendamts. Das Betreuungsverhältnis in den untersuchten Jugendämtern liegt im Schnitt bei 1:150, d. h, dass auf eine Fachkraft 150 Pflegekinder kommen. (Die Studie des Deutschen Jugendinstituts bezieht sich in diesem Punkt auf eine kleinere Anzahl von Jugendämtern. Andere Jugendämter weisen günstigere Relationen auf.) Von Betreuung wird man daher nur in Ausnahmefällen sprechen können, mehrheitlich wird es um Verwaltung gehen. Lediglich 9 Prozent der Pflegekinderverhältnisse werden von einem freien Träger begleitet. Wenn man davon ausgeht, dass freie Träger größere Handlungsspielräume bei der Gestaltung dieser Betreuungsverhältnisse haben, liegt hier vermutlich eine der wichtigsten Ressourcen zur Steigerung der Qualität im Pflegekinderwesen (Blandow 2004, S. 211 f.).

Auch die Pflegefamilie wird beraten: zum einen vom Jugendamt, das die Hilfe ausgehandelt hat, aber auch von einem freien Träger, der damit vom Jugendamt beauftragt wurde. Zunächst ist diese Beratung als laufende Beratung vor allem in Krisen- und Übergangssituationen angelegt. Aber die Jugendämter gehen immer mehr dazu über, Pflegefamilien gezielt auf die Übernahme ihrer Aufgabe vorzubereiten oder aber, wie erwähnt, diese Vorbereitung wie auch die laufende Begleitung an freie Träger zu delegieren.

Halten wir also fest: Fallweise Beratung vor allem bei der Anbahnung, bei der Beendigung und bei Krisen eines Pflegeverhältnisses kann ein Setting aufweisen, bei dem die Fachleute die Beteiligten (Herkunftsfamilie, Pflegefamilie, Pflegekind) einzeln oder gemeinsam beraten. Gezielte Beratung als Vorbereitung auf Pflegeverhältnisse besteht ausschließlich in Bezug auf Pflegefamilien. Ihnen wird zugestanden, dass auf sie etwas Neues zukommt, wenn sie in ihre Familie ein Kind aufnehmen, das nicht ihr eigenes ist. Allerdings kommt auch auf eine Herkunftsfamilie etwas Neues zu, wenn ihr Kind, oftmals in einer dramatischen Aktion, aus der Familie herausgenommen und einer Pflegefamilie zugeführt wird. An entsprechenden »Schulungsprogrammen« für Herkunftsfamilien ist uns nur eine amerikanische Pilotstudie bekannt, in der mit Müttern Besuchskontakte geübt wurden.

Wann wird beraten? Fragt man Fachleute, wann sie Beratungsbedarf bei Pflegefamilien als gegeben ansehen, und schaut man sich entsprechende Beratungspraktiken an, dann stößt man zunächst auf zwei grundsätzlich unterschiedliche Strategien. Die einen fordern, dass Pflegefamilien ein Schulungsprogramm mit einem festgelegten Curriculum durchlaufen. Die anderen halten ein solches Curriculum nicht für erforderlich. Sie möchten die Vorinformationen für künftige Pflegefamilien auf rechtliche und verwaltungstechnische Inhalte beschränkt sehen. Zu den rechtlichen Inhalten gehört vor allem, dass den Pflegeeltern das Prinzip der geteilten Elternschaft deutlich gemacht wird. Ihnen muss von Anfang an klar sein, dass ein Pflegekind auch dann das Kind seiner leiblichen Eltern bleibt, wenn es für längere Zeit in einer Pflegefamilie lebt, und dass es entsprechend Anspruch darauf hat, in geeigneter Form und zu geeigneten Zeitpunkten seine Eltern zu sehen und in sein Leben einzubeziehen. Mit »geeignet« ist gemeint, dass es in Extremsituationen vorkommen kann, dass das Pflegekind seine Herkunftseltern nie sieht. Es ist nicht gemeint, dass die unabweisbare Bedeutung der Herkunftseltern für das Pflegekind in jedem Fall nach sich zieht, dass es einen Zwang zu Kontakten zwischen Herkunftseltern und Pflegekind auch dann gibt, wenn dieser Kontakt dem Kind schadet. Bei dieser Vorgehensweise ist die Beratung von Pflegefamilien als laufende Begleitung vor allem in kritischen Situationen gemeint. Neben diesen beiden eher

analytisch zu trennenden kontrastierenden Vorgehensweisen bestehen Mischformen.

Welches sind die Inhalte der Beratung? Stellvertretend für die Fülle
an Konzepten, die derzeit diskutiert und praktiziert werden, stellen
wir ein Schulungskonzept vor, das die systemischen Therapeuten
Patricia Minuchin, Jorge Colapinto und Salvador Minuchin entwickelt haben und das in den USA landesweit verbreitet ist (vgl. 2000,
S. 151–174).

Die Zielgruppe dieses Schulungsprogramms sind Fachleute der
Sozialarbeit und der Verwaltung wie auch die Pflegefamilien selbst,
allerdings nicht die Herkunftsfamilien. Phasenweise werden diese
Gruppen gemeinsam geschult. In Phase I und Phase II erschließen
sich die im Jugendamt Verantwortlichen das Thema. In Phase III beginnt die Pflegeelternschulung mit drei bis vier Sitzungen, in denen
auf der Basis systemischer Familientheorien und an konkreten Fällen bestimmte Familienstrukturen und -prozesse vorgestellt werden.
Dabei geht es nicht nur um das Erkennen problematischer Aspekte,
sondern ebenso um Ressourcen und Fragen der Stärkung von Familien. In Phase IV arbeiten die Fachkräfte des Jugendamts sowie
die Pflegeeltern *gemeinsam* an den Themen: »Aufnahme«, »Besuchs-
reglung«, »Entlassung«, »Teamkooperation«, »Rollenkoordination«,
»Treffen *als* Team mit den jeweiligen Familien«. Die Phase V ist eine
Transferphase. Die Fachleute aus dem Jugendamt führen neues Per-
sonal und neue Pflegeeltern in die Thematik ein, und ebenso nehmen die erfahrenen Pflegeeltern an der Schulung neuer Pflegeeltern
und neuen Personals teil.

Während zwischen den in diesem Konzept und den in Deutschland üblichen Schulungsthemen weitgehend Deckungsgleichheit besteht, ist das Setting in den USA ein grundlegend anderes. Dort begegnen sich phasenweise Jugendamtsmitarbeiterinnen und -mitar-
beiter einerseits und Pflegefamilien andererseits auf gleicher Ebene,
das Expertentum ist dann nicht einseitig verteilt.

Das Konzept einer »Pflegefamilienschulung« legt nahe, dass Pflegefamilien erst zu Fachleuten gemacht werden müssen, bevor man
ihnen ein Pflegekind anvertraut. Neben dem Begriff der Schulung
tragen weitere Begriffe wie »Qualifizierung«, »Curriculum«, »Supervision«, »Seminare« zu diesem Verständnis bei. In Berlin spricht
man z. B. von einer »Professionalisierung des Pflegekinderwesens«
und erwähnt in diesem Zusammenhang, »dass *alle* Pflegeeltern eine

spezifische Schulung, z. B. durch die Pflegeelternschule, erhalten« (Kröger 2008, S. 56; Hervorh. im Orig.). Das Curriculum sieht Unterweisungen in den Themengebieten »Kommunikationstheorie«, »Entwicklungspsychologie«, »Bindungsforschung« etc. vor, die jeweils durch Darstellung und in Übungen vermittelt werden (ebd., S. 58–61).

Nimmt man diese Begriffe wörtlich, dann würden solche Schulungen dazu führen, dass Laien zwar formell Laien bleiben (und deshalb nicht dasselbe Honorar wie die Fachleute für ihr Tun verlangen können), sich zugleich aber fachliche Kompetenzen aneignen sollen. Abgesehen davon, dass »Professionalisierung« hier in einer professionssoziologisch nicht haltbaren Weise verwendet ist, muss man fragen, was die Kompetenz von Laien noch wert ist, wenn sie erst ein sozialpädagogisches und psychologisches Minigrundstudium durchlaufen müssen, bevor ihnen Pflegekinder anvertraut werden. Zu fragen ist auch, was es für die Praxis von Pflegeeltern bedeutet, wenn sie nicht mehr Laien und noch nicht Fachleute sind, sich also im Niemandsland von Wissen und Können befinden. Was das für ein Pflegekind bedeuten kann, haben wir am Fallbeispiel von Dieter Werner gezeigt, der von seinem Pflegevater mitsamt seiner Familie diagnostiziert wurde, ohne dass dieser über das nötige fachliche Rüstzeug verfügt hätte.

Nun ist die Situation auf dem Markt der Pflegeelternschulung aber deutlich weniger dramatisch, als sie sich anhand der Begrifflichkeit darstellt. Tatsächlich beobachten wir in einer laufenden Studie über die Schulung von Pflegefamilien zwischen den beiden Extrempositionen »Schulung« vs. »Krisenbegleitung« eine dritte. Hier ist zwar auch von »Schulung« etc. die Rede. Tatsächlich aber werden vorwiegend lebenspraktische Themen anhand von Beispielen erörtert, die die Pflegefamilien aus ihrem Alltag einbringen. Das kann auch in einer Vorbereitungsphase geschehen, wenn Pflegefamilien in spe mit erfahrenen Pflegefamilien zusammenkommen. Fachliche Bezüge werden in solchen an der Lebenspraxis orientierten Schulungen ebenfalls hergestellt, allerdings auf den Einzelfall bezogen und entsprechend angepasst. Schriftlich vorliegende Äquivalente einer fallbezogenen Sensibilisierung für den Alltag von Pflegefamilien bestehen in Falldarstellungen, in denen Konflikte und ihre Lösungen am Fall vorgeführt werden (z. B. Wiemann 2003).

Insgesamt beobachten wir derzeit, dass Fachleute aus der Sozialarbeit bzw. Sozialpädagogik zu Schulungskonzepten mit fixen Curricula neigen, während therapeutisch geschulte Kräfte meist mit psychologischer Ausbildung die Einzelfallorientierung bevorzugen und Curricula entweder meiden, auf das Minimum reduzieren oder in offizielle Curricula eine einzelfallorientierte Arbeit einschmuggeln. Man könnte daraus den Schluss ziehen, dass mit wachsendem Professionalisierungsgrad das Risiko einer Pseudoverfachlichung von Pflegefamilien abnimmt.

Wir haben auch beobachtet, dass der Bedarf an wissenschaftlichen Erklärungen bei Pflegefamilien in dem Maße steigt, wie der Abstand zwischen der Alltagserfahrung in der Erziehung der eigenen Kinder und den Erfahrungen mit einem Pflegekind wächst. In einem konkreten Fall handelt es sich etwa um ein erheblich bindungsgestörtes ca. zehnjähriges Mädchen, das seine Pflegeeltern über eine längere Zeit kontinuierlichen Vertrauenstests unterzog und dabei auch nicht vor massiven Gewaltandrohungen zurückschreckte. Die Pflegeeltern fanden Trost und Entlastung in einer Information, die sie von einer Psychologin erhielten. Bei den Pflegeeltern kam diese Information wie folgt an: Wird ein Kind in den ersten drei Lebensjahren durch die Mutter vernachlässigt, dann führt dies zu einer Hirnstörung, die aber in der Pubertät reversibel sei. Helfen würde in solchen Fällen, wenn die Pflegemutter das Kind auf dem Arm wiegt. (Zur Bewertung dieser Information und zu ihrer Rezeption siehe unten.)

Unabhängig davon, dass erwähntes Pflegeverhältnis dann doch abgebrochen werden musste, zeigt dieses Beispiel für die Verwendung wissenschaftlicher Erklärungen bei der Unterstützung von Pflegefamilien Folgendes:

- Das wissenschaftliche Wissen wurde in einer konkreten Krisensituation nachgefragt und nicht »auf Vorrat« in einer Vorab-Schulung gespeichert.
- Den Pflegeeltern kommt es auf klare »Wenn-dann«-Aussagen an – die die Wissenschaft allerdings, will sie seriös sein, äußerst selten zu bieten hat, vor allem nicht die Sozial- und Verhaltenswissenschaften.
- Diese »Wenn-dann«-Aussagen sollten klare und praktische Handlungsvorschläge nach sich ziehen (»das Kind wiegen«).
- Hilfreich sind Prognosen – die die Wissenschaft vor allem dann nicht zu bieten hat, wenn sich die Prognosen auf einen konkreten Fall beziehen sollen.

Wenn-dann-Aussagen, die sich auf die Wissenschaft berufen, und einzelfallorientierte Prognosen auf wissenschaftlicher Basis sind die kritischen Punkte bei diesem Fallbeispiel. Dennoch hat sich die Pflegefamilie, der wir dieses Beispiel verdanken, durch die gegebene wissenschaftliche Erklärung entlastet gefühlt. Der Grund dafür wird nicht darin liegen, dass es sich um eine rationale Erklärung handelt, die die Lücke zwischen eigener Alltagserfahrung in der Erziehung und dem Erleben mit dem Pflegekind gefüllt hätte. Dazu sind die vorliegenden neurophysiologischen Hypothesen (Bauer 2006) nur unzureichend und teilweise unzutreffend verstanden worden. Hier hat wohl eher geholfen, dass diese Erklärung in einer schwierigen Situation zur emotionalen Entlastung beigetragen und konkrete Handlungsoptionen eröffnet hat. Es handelt sich also um eine (von der fraglichen Psychologin vermutlich ungeplante) Als-ob-Intervention (Vaihinger 1924).

Was aber wäre gewesen, wenn eine entsprechende wissenschaftliche Erklärung in der Phase der Vorbereitung auf die Aufnahme eines Pflegekindes und ohne praktischen Handlungsbezug gegeben worden wäre? Sie wäre als eine Wenn-dann-Erklärung etwa folgenden Typs bei den an solchen Erklärungen interessierten Laien angekommen: Früh vernachlässigte Kinder haben eine Hirnstörung auf Grund der Vernachlässigung erlitten. Daraus resultiert ein spezifisches Verhalten. Dieses kann durch entsprechende körperliche und emotionale Zuwendung eingedämmt werden. In der Pubertät wächst es sich gegebenenfalls aus.

Das Problem solcher Aussagen besteht darin, dass sie zu Etikettierungen von Kindern beitragen. Je mehr diesen Etikettierungen Glauben geschenkt wird, desto weniger haben diese Kinder eine Chance, sich als Individuen zu entwickeln. Stattdessen werden sie in eine Schublade gesteckt. Wenn es schon Fachleuten schwerfällt, hinter einer Diagnose die Person und ihre sozialen Bezüge nicht aus den Augen zu verlieren, dann kann man von Laien umso weniger erwarten, dass sie eine Diagnose nicht für ein abschließendes Urteil halten. Eine Diagnose ist eine ...

»[...] zeitgebundene Singuläraussage, mit der einem bestimmten Patienten für einen bestimmten Zeitraum ein bestimmter Begriff zugesprochen wird [...]. Sie enthält keine theoretische Erkenntnis, sondern eine Beurteilung im Horizont praktischer Ziele. Insofern ist sie immer in einen Handlungszusammenhang eingefügt« (Wieland 2004, S. 210).

Diagnosen sind darüber hinaus Ergebnisse professionellen Handelns und keine wissenschaftlichen Aussagen, wenn sie auch auf Wissenschaft gestützt sind. Diese Unterscheidung ist einem Laien nicht geläufig, weshalb es leicht zu Verwechslungen kommt. Darin besteht das Risiko jeder Schulung, in der nicht zwischen wissenschaftlichem, professionellem und Alltagsdenken und -handeln unterschieden wird (Gadamer 1993). Wird aber wissenschaftliches Wissen bzw. werden Diagnosen fallbezogen und relativierend und vor allem ausschließlich durch Fachleute eingesetzt und für die Laien übersetzt, dann können das Kind und seine Herkunftsfamilie in ihren individuellen Stärken und Schwächen wahrgenommen und im pflegefamilialen Alltag unterstützt werden.

Ebenfalls hilfreich in der Vorbereitungsphase ist der Austausch mit erfahrenen Pflegeeltern. Bewerberfamilien bekommen dort einen Eindruck davon, welche kritischen Situationen auftreten können und welche Möglichkeiten es gibt, damit fertigzuwerden. Sozialarbeiterinnen, die einen solchen Austausch regelmäßig begleiten, haben uns berichtet, welche Konsequenzen dies ihrer Einschätzung nach hat: Wichtig sei, dass später, wenn die Bewerbereltern ihr Pflegekind haben und in eine kritische Situation kommen, »davon schon einmal gehört haben« bzw. etwas »wiedererkennen«. Man beachte die wenig präzisen Formulierungen. Danach scheint es diesen Sozialarbeiterinnen nicht wichtig zu sein, dass die Pflegefamilien in spe von erfahrenen Pflegefamilien Rezeptwissen vermittelt bekommen, sondern dass typische Möglichkeiten kritischer Situationen und typische Möglichkeiten des Umgangs damit beschrieben werden. Alltagsweltliche Handlungstypen haben den Vorzug, dass sie offen angelegt sind und im Zuge neuer Erfahrungen Veränderungen unterliegen können. Weil aber auch solche alltagsweltlichen Erfahrungstypen zu Etiketten werden können, ist es die Aufgabe der moderierenden Fachleute, die Erfahrungsbildung durch Typisierung offenzuhalten und darauf hinzuarbeiten, dass der Blick auf den Einzelfall frei bleibt. Deshalb haben Formulierungen wie »davon schon einmal gehört haben« ihren Sinn. Sie machen deutlich, dass eine angemessene Schulung von Pflegefamilien auf gemeinsame, an der Alltagspraxis orientierte Erfahrungsbildung fokussiert.

Literatur

Das Pflegekind zwischen Herkunftsfamilie und Pflegefamilie: Ein Fallbeispiel. Vgl. zu diesem Fallbeispiel die Einleitung zu Walter Gehres und Bruno Hildenbrand (2007): Identitätsbildung und Lebensverläufe bei Pflegekindern. Wiesbaden (VS Verlag für Sozialwissenschaften), S. 11 f.

Pflegefamilien als unkonventionelle Familienform. Zunächst zur zahlenmäßigen Bedeutung des Themas. Das Statistische Bundesamt der Bundesrepublik Deutschland weist am Ende des Jahres 2005 21 476 Jungen und 20 770 Mädchen in Vollzeitpflegefamilien (ohne Großeltern- und Verwandtenpflege) aus. Bei Großeltern und Verwandten lebten zum Stichtag 4140 Jungen und 3978 Mädchen, also zusammen 8118 Kinder und Jugendliche. Alle zusammen genommen leben bundesweit ca. 0,3 Prozent aller unter 18-Jährigen in einer Pflegefamilie, vgl. Heinz Kindler (2007): Foster care in Germany: Policy & structure. (Ausarbeitung zum Vortrag auf der 1. International Network Conference on Foster Care Research an der Universität Siegen, unveröffentl.) In der Schweiz leben ca. 7500 (Hochrechnungen auf der Grundlage von Erhebungen in den einzelnen Kantonen) und in Österreich (Angaben des Österreichischen Statistischen Zentralamts von 1996) ca. 4500 Kinder und Jugendliche in Pflegefamilien. Wichtige Literatur zur Pflegefamilie: Die bindungstheoretische Position wird insbesondere – um nicht zu sagen radikal – vertreten von Monika Nienstedt und Arnim Westermann (2007): Pflegekinder und ihre Entwicklungschancen nach frühen traumatischen Erfahrungen. Stuttgart (Klett-Cotta). Einen weiter reichenden und sehr umfassenden Überblick gibt Jürgen Blandow (2004): Pflegekinder und ihre Familien – Geschichte, Situation und Perspektiven des Pflegekinderwesens. Weinheim/München (Juventa). Ebenso Josef Faltermeier (2001): Verwirkte Elternschaft? Fremdunterbringung, Herkunftseltern, neue Handlungsansätze. Münster (Votum). Einen Blick in unterschiedliche kulturelle Hintergründe im Zusammenhang mit Pflegefamilienverhältnissen bietet Daniela Reimer (2008): Pflegekinder in verschiedenen Familienkulturen: Belastungen und Entwicklungschancen im Übergang. Siegen (ZPE). Die von uns in diesem Kapitel mehrfach herangezogene aktuelle Studie des Deutschen Jugendinstituts wird veröffentlicht unter: H. Kindler, E. Helming, G. Sandmeier, K. Thrum und T. Meysen (Hrsg.) (in Vorb.): Handbuch Pflegekinderhilfe. München (DJI [Deutsches Jugendinstitut]).

Zur Geschichte der Pflegefamilie. Die Angaben zur Geschichte des Pflegekinderwesens haben wir entnommen: Jürgen Blandow (2004): Pflegekinder und ihre Familien. Geschichte, Situation und Perspektiven des Pflegekinderwesens. Weinheim/München (Juventa), S. 19–70.

Zur Herkunft von Pflegekindern. Die zitierten Zahlen haben wir der amtlichen Statistik bzw. der oben erwähnten Studie des Deutschen Jugendinstituts (Kindler et al. in Vorb.) entnommen.

Beratung bei Pflegekindern und ihren Familien. In diesem Buch haben wir uns u. a. orientiert an Patricia Minuchin, Jorge Colapinto und Salvador Minuchin

(2000): Verstrickt im sozialen Netz – Neue Lösungswege für Multiproblem-Familien. Heidelberg (Carl-Auer), S. 151–174. Den Hinweis auf das Coaching von Herkunftseltern verdanken wir Elisabeth Helming vom Deutschen Jugendinstitut: Wendy L. Haight, Sarah Mangelsdorf, James Black, Margaret Szewczyk, Sarah Schoppe, Grace Giorgio, Karen Madrigal and Tata Lakshmi (2005): Enhancing parent-child interaction during foster care visits: Experimental assessment of an intervention. *Child Welfare* 84 (4): 459–481. Des Weiteren beziehen wir uns auf Zwischenergebnisse des von Bruno Hildenbrand geleiteten, seit 2008 laufenden und von der Deutschen Forschungsgemeinschaft geförderten Forschungsprojekts: *Verfachlichung alltäglicher Lebenspraxis in sozialisatorischen Handlungsfeldern außerhalb von Familien: Zerstörung alltäglicher Lebenspraxis oder Eröffnung neuer Optionen? (Am Beispiel der Pflegefamilienschulung.)* Zur Verfachlichung von Pflegefamilien vgl. Mirja Kröger (2008): Qualifizierung von Pflegefamilien – Grundlagen und Konzepte von Sozialer Arbeit mit Pflegeeltern/-bewerbern. Saarbrücken (VDM Verlag Dr. Müller). Zum Einzelfallbezug vgl. Irmela Wiemann (2007): Pflege- und Adoptivkinder – Familienbeispiele, Informationen, Konfliktlösungen. Reinbek bei Hamburg (Rowohlt), 7. Aufl. Zu neurophysiologischen Hypothesen zur Veränderung im Hirn »als Folge frühen, häufigen und anhaltenden Disstresses« vgl. Joachim Bauer (2004): Das Gedächtnis des Körpers. München (Piper). Das Zitat im vorigen Satz stammt aus einem Aufsatz von Klaus E. Grossmann und Karin Grossmann (2008): Die psychische Sicherheit in Bindungsbeziehungen. *Familiendynamik* 33 (3): 231–259, das Zitat steht dort auf S. 255. Das Konzept des »Als-ob« wurde von dem Philosophen Hans Vaihinger anfangs des vorigen Jahrhunderts entwickelt: Hans Vaihinger (1924 [Volksausgabe]): Die Philosophie des Als Ob. Leipzig (Meiner). Es wird neuerdings von Paul Watzlawick (1999) in die systemische Therapie eingeführt: Die Therapie des »Als-ob«. Karlsruhe (Steinhardt). Das Zitat zur Diagnose stammt aus: Wolfgang Wieland (2004): Diagnose – Überlegungen zur Medizintheorie. Warendorf (Johannes G. Hoof), S. 210. Wer sich über die Abgrenzung von Wissenschaft, Profession und Alltag informieren will, findet wesentliche Hinweise bei Hans Georg Gadamer (1993): Theorie, Technik, Praxis. In: Hans Georg Gadamer: Über die Verborgenheit der Gesundheit. Frankfurt a. M. (Suhrkamp), S. 11–49. Zum Typenbegriff vgl. Alfred Schütz (1971): Wissenschaftliche Interpretation und Alltagsverständnis menschlichen Handelns. In: Alfred Schütz: Gesammelte Aufsätze I – Das Problem der sozialen Wirklichkeit. Den Haag (Martinus Nijhoff), S. 3–5.

3.2 Die Adoptivfamilie

> *»Es reichte ganz und gar nicht. Nichts, was sie ihm je hätte sagen können,*
> *wäre so viel, wie er wissen wollte, und er fing an, die riesigen Lücken selbst*
> *auszufüllen, Bücher über London und Irland zu lesen, Landkarten und*
> *Broschüren und Zeitschriften zu kaufen, nachts wachzuliegen, bis er eine*
> *Geschichte, irgendeine Geschichte fand, die passte.«*
> (Jon McGregor 2007, S. 113)

Zentrale Themen der Adoptivfamilie • Historische Aspekte • Die Adoptiv-
situation im Spiegel der Zahlen • Die strukturelle Ausgangslage der Adoptiv-
familie • Drei Fallskizzen • Die Orientierung an der Kernfamilie • Risiko- und
Schutzfaktoren für das Aufwachsen in einer Adoptivfamilie • Adoptivfamilien in
Beratung und Therapie • Literatur

Zentrale Themen der Adoptivfamilie

Die Adoptivfamilie ist durch eine Eltern-Kind-Beziehung gekennzeichnet, die biologisch nicht fundiert ist. Während in der Stieffamilie und in der Inseminationsfamilie ein Elternteil mit dem Kind
leiblich verwandt ist, sind in der Adoptivfamilie beide Eltern nicht
leiblich verwandt mit dem Adoptivkind. Die Freigabe zur Adoption bedeutet die meist weitgehende, wenn nicht vollständige Trennung von den beiden leiblichen Eltern. Durch die Adoption erhält
das Kind jedoch die Stellung eines ehelichen Kindes. Das fremde
Kind wird »an Kindes statt« angenommen und wird gegenüber den
Adoptiveltern voll erb- und unterhaltsberechtigt. Insofern erlöschen
die verwandtschaftlichen Beziehungen des Kindes zu seinen leiblichen Eltern. Die Adoptiveltern treten an die Stelle der leiblichen
Eltern.

Barbara Sichtermann und Claus Leggewie (2003) haben mit ihrem Buch *Das Wunschkind* die Diskussion über »das fremde Kind
und die Familie von heute« neu angestoßen und hierbei eine »Lanze
für die Adoption« gebrochen. Sie verlangen eine »Lobby für die Adoption« und sehen in der Adoption ein Modell der heutigen Familie im
Allgemeinen. Die Autoren verstehen die Familiengründung im Rahmen von Adoption als radikalen Ausdruck einer »postmodernen Familienstruktur«. Denn die Zuwendungen und Zumutungen, Rechte
und Pflichten seien nicht mehr auf Blutsverwandtschaft zurückzuführen. Da die soziale Beziehung zwischen den Eltern und dem Kind
keine simple biologische Tatsache sei, die man lediglich gestalten

oder akzeptieren könne, biete die Adoptivfamilie die Möglichkeit, in idealer Weise »neue Formen gesellschaftlichen Zusammenhalts und sozialer Solidarität einzuüben«, ohne auf eine ethnische Herkunft und familienartige Gemeinschaft zurückgreifen zu können. Das sei gut »für eine Welt, die ökonomisch, politisch und kulturell zu ›einer E-Welt‹ zusammenwächst« (Leggewie 2004, S. 110). (Eine E-Welt ist eine Arena, in der mit neuen elektronischen Systemen auf einer technologischen Plattform unterschiedliche Abläufe und Prozesse vernetzt werden können. Es können jede Menge Informationen erfasst werden, über deren Datenmuster komplexe Situationen filigran abgebildet werden können.)

Diese gesellschaftliche Perspektive überfrachtet diese Form des familialen Zusammenlebens mit idealistischen Erwartungen und übersieht die zu bewältigenden Aufgaben und Herausforderungen dieser besonderen Familienform. Die Austauschbarkeit von Familiensystemen und Familienzusammensetzungen nach dem Motto *Anything goes*, wie sie bei Sichtermann und Leggewie anklingt, propagiert eine Beliebigkeit von sozialen Bezugspersonen, die für keine der unkonventionellen Familienformen eine günstige Entwicklungsvoraussetzung darstellt. In der Adoptivfamilie müssen besondere Formen der Nähe und Distanz gefunden werden, die auch das Austesten und Hinterfragen von Beziehungen aushalten können. Die Adoptiveltern müssen klären, welche Deutungsmuster sie verwenden, wenn das Kind Eigenschaften aufweist, die ihnen fremd erscheinen. Sie stehen vor der Frage, ob, wann und wie das Kind über seine biologische Herkunft aufgeklärt werden soll und wie sie mit den möglicherweise daraus resultierenden Identitätsproblemen des Kindes umgehen sollen. Auch muss geklärt werden, ob und inwieweit man sich öffentlich dazu bekennt, dass das eigene Kind von fremden bzw. anderen Eltern abstammt. Mitunter stehen die Adoptiveltern auch vor der Zumutung, nicht nur ein Kind, sondern – wie Donald W. Winnicott (1955, S. 171 f.) es ausdrückt – auch einen Fall zu übernehmen. Wenn die frühen Erfahrungen des Kindes schwierig gewesen sind, dann werden die Adoptiveltern zugleich zu Therapeuten eines vernachlässigten Kindes, dem es an Urvertrauen mangelt (ebd., S. 177).

Diese spezifischen Ausgangslagen haben die Autoren Sichtermann und Leggewie nicht im Blick. Sie vernachlässigen die Bewältigungsleistungen, die Adoptiveltern und Adoptivkinder erbringen müssen, um ihr familiales Anderssein angemessen zu gestalten. Das ist das Thema dieses Teilkapitels. Wir beginnen mit einem historischen Überblick.

Historische Aspekte

Altbabylonische Zeit	Aus dieser Zeit stammt die älteste schriftliche Quelle, welche die Adoption von Kindern dokumentiert. Die Adoption diente damals der Sicherung der Erbnachfolge und der Befriedigung wirtschaftlicher Bedürfnisse. Im Zentrum standen die Interessen der Adoptiveltern.
Byzantinisches Reich	Es kommt zu grundsätzlichen Änderungen im Wesen der Adoption, die die modernen Rechtsordnungen prägen. Ausdifferenziert werden eine *adoptio plena* (Volladoption) und eine *adoptio minus plena* (schwache Adoption). Die Volladoption ist auf die Annahme Verwandter beschränkt. Dagegen bleibt bei schwacher Adoption das angenommene Kind Mitglied seiner Herkunftsfamilie und hat ein Erbrecht in der Adoptiv- und in der Herkunftsfamilie.
Spätmittelalter	Hier spielen erstmals das Wohlergehen des Kindes sowie uneigennützige Absichten der Annehmenden als Voraussetzung der Adoption eine Rolle.
Nach dem Zweiten Weltkrieg	Mit dem Paradigmenwechsel vom Interessen- zum Schutzprinzip und zu dem Ziel, dem Kind eine Familie zu geben, hält in den Jahren und Jahrzehnten nach dem Zweiten Weltkrieg die Volladoption in die Rechtsordnungen Einzug.
Ab 1960	Die internationale Adoption entwickelt sich zu einem Trend. War sie am Anfang eine humanitäre Maßnahme, um Kindern aus Kriegsgebieten ein neues Zuhause zu schaffen, wird sie nun zu einem Weg für kinderlose Paare, sich einen Kinderwunsch zu erfüllen.
1961	In der Bundesrepublik Deutschland erfährt das Adoptionsrecht durch das Familienänderungsgesetz vom 1. August 1961 eine Änderung im größeren Umfang. Unter anderem wird die Altersgrenze der Adoptiveltern von 50 Jahren auf 35 Jahre herabgesetzt. In der Praxis wird so die Annahme minderjähriger Kinder zusehends die Regel, die Annahme Volljähriger die Ausnahme.
Vor 1970	Die Adoption eines Kindes wird meistens tabuisiert. Die Existenz der leiblichen Eltern wird negiert.
Nach 1970	Es wird in Ländern wie Deutschland, den Niederlanden, Belgien, Schweden, Norwegen und Dänemark offener mit dem Thema »Adoption« umgegangen. Die Adoption wird zunehmend als Möglichkeit der Familiengründung angesehen.

1977	Die große Adoptionsreform – es wird die rechtliche Konstruktion geändert, und die Adoption wird durch den Beschluss des Vormundschaftsgerichts ausgesprochen. Jetzt dürfen nur noch zugelassene Fachstellen und die Jugendämter Adoptionen vermitteln. Weiterhin wird normiert, dass eine Adoption nur zulässig ist, wenn sie dem Wohl des Kindes dient und zu erwarten ist, dass zwischen dem Annehmenden und dem Kind ein Eltern-Kind-Verhältnis entsteht.
Ab 1985	Die Zahl der Auslandsadoptionen sinkt. Gründe: verstärkter Kinder- und Familienschutz, politische, soziale und ökonomische Stabilisierungen, restriktive Adoptionspolitik der Herkunftsländer.
1986	Neue Vorschriften für Auslandsadoptionen – es muss dem Heimatrecht des adoptierten Kindes entnommen werden, welche Personen ihre Einwilligungserklärung zur Adoption abgeben müssen.
1989	Die Vollversammlung der Vereinten Nationen verabschiedet die Konvention über die Rechte des Kindes. Darin ist u. a. festgelegt, dass das Kind ein Recht auf die Kenntnis seiner Herkunft hat.
1990	Im neuen Kinder- und Jugendhilfegesetz wird normiert: Für den Fall, dass eine langfristig zu leistende Hilfe außerhalb der eigenen Familie notwendig wird, ist zu prüfen, ob die Annahme des Kindes in Betracht kommt. Dadurch soll erreicht werden, dass in den Fällen, in denen die Herkunftsfamilie ausfällt, möglichst bald eine dauerhafte Ersatzfamilie für das Kind gefunden und keine unnötige Zeit für eine familiäre Integration verloren wird.
1998	Durch die Kindschaftsreform werden nichteheliche und eheliche Kinder weiter gleichgestellt.
2000	Einrichtung der ersten Babyklappe. Damit ist die Möglichkeit der anonymen Abgabe eines Kindes geschaffen. Wenn sich die Mutter des Kindes nicht innerhalb einer Acht-Wochen-Frist meldet, kann das Baby in eine Adoptivfamilie vermittelt werden. Nach einem Jahr entscheidet ein Familiengericht endgültig über die Adoption.
2004	Die Bundesregierung kündigt eine Initiative an, die das Höchstalter der Eltern auf 45 Jahre festlegt. Anlass der Änderung ist die Adoption eines drei Jahre alten russischen Mädchens durch den damals 60 Jahre alten Bundeskanzler Gerhard Schröder (und seiner damals 41-jährigen Frau Doris Schröder-Köpf).

Dieser Überblick zeigt, dass die Adoption zunächst ein Instrument zur Nachfolgeregulierung war, später der Gewinnung von Familienarbeitskräften diente, dann erst der Gedanke des Kinderschutzes bedeutsam wurde und Adoption heute auch als Akt der Familiengründung verstanden wird.

Die Adoptivsituation im Spiegel der Zahlen

In Deutschland werden immer weniger Säuglinge und Kleinkinder zur Adoption freigegeben. Deshalb wächst bei den Adoptionsbewerbern seit den 1980er Jahren die Bereitschaft zur Adoption älterer Kinder: zunächst bis zu drei Jahren, dann sukzessive bis zum Alter von sechs Jahren. Das Einschulungsalter bildet immer noch eine Grenze, da die Eltern die schulische Entwicklung ihrer Kinder möglichst von Anfang an erleben und beeinflussen möchten.

Hauptursächlich für den starken Rückgang adoptierbarer Säuglinge und Kleinkinder ist der dramatische Geburtenrückgang. Mit der Verfügbarkeit wirksamer Kontrazeptiva setzte rasch ein Geburtenrückgang ein, der den Babyboom der 1960er Jahre beendete und die Zahl der Geburten kontinuierlich sinken ließ. Im Jahr 2005 lag die Quote je gebärfähiger Frau zwischen 15 und 45 Jahren in Westdeutschland durchschnittlich bei 1,4 und in Ostdeutschland bei 1,2 Kindern. Ein weiterer maßgeblicher Grund für den Mangel an vermittelbaren Säuglingen und Kleinkindern liegt darin, dass zunehmend auch unverheiratete Frauen ihre Kinder behalten und alleine großziehen. Ein Blick auf die in Deutschland seit Jahren rückläufigen Inlandsadoptionen zeigt: 1978 erreichte die Zahl der Adoptionen mit 11 224 Fällen den Höchststand. Im Jahr 2007 wurden noch 4509 Kinder und Jugendliche adoptiert, davon rund 61 Prozent von einem Stiefelternteil oder von Verwandten. Nur 39 Prozent der Adoptierten fanden durch eine Fremdadoption (eine Adoption, die durch die Vermittlung der Adoptionsbehörde erfolgt) eine neue Familie. 40 Prozent aller im Jahr 2007 adoptierten Kinder und Jugendlichen waren unter sechs Jahre alt, 30 Prozent zwischen sechs und elf Jahre und 30 Prozent zwölf Jahre und älter. 1453 bzw. 31 Prozent der adoptierten Kinder und Jugendlichen besaßen zum Zeitpunkt der Adoption keine deutsche Staatsangehörigkeit. Am Ende des Jahres 2007 waren in Deutschland 771 Kinder und Jugendliche für eine Adoption vorgemerkt, 12 Prozent weniger als im Jahr 2005. Demgegenüber lagen den Adoptionsvermittlungsstellen insgesamt 9324 Adoptionsbewerbungen vor. Rein rechnerisch standen damit einem zur Adoption vorgemerkten Minderjährigen zwölf mögliche Adoptivelternteile gegenüber. Der Rückgang der Zahlen ist also in erster Linie auf die rückläufige Zahl der vermittelbaren Kinder zurückzuführen, nicht aber auf ein nachlassendes Interesse an einem Adoptivkind. Die »Nachfrage« übersteigt das »Angebot« immer noch erheblich.

Die strukturelle Ausgangslage der Adoptivfamilie

Wie unterscheidet sich nun die auf der Basis eines bürokratischen Vorgangs konstruierte Familie von einer biologisch fundierten Familie? Zunächst dadurch, dass die Adoptivbewerber ihre Qualifikation zur Elternschaft unter Beweis stellen müssen. Sie werden vom Jugendamt bzw. der Adoptionsstelle auf ihre Eignung geprüft. In Deutschland ist genau vorgeschrieben, wer unter welchen Bedingungen ein Kind adoptieren darf. Ein Ehepaar kann ein Kind nur gemeinschaftlich annehmen. Auch alleinstehende Personen können adoptieren, wenn sie in wirtschaftlich stabilen Verhältnissen leben, ein makelloses polizeiliches Führungszeugnis vorweisen können und hinreichend gesund sind, um ein Kind großzuziehen. Um ein Kind annehmen zu können, braucht man die Einwilligung der leiblichen Eltern, die erst acht Wochen nach der Geburt des Kindes gültig ist. Am Anfang einer Adoption steht das Kontaktgespräch mit dem Jugendamt. Die zukünftigen Eltern müssen in einem Lebensbericht über sich Auskunft geben und einen ausführlichen Fragebogen beantworten, in dem auch nach den Motiven für eine Adoption gefragt wird. Die Aufnahmemotive sind vielfältig. Neben der Unmöglichkeit, aus organischen oder psychosozialen Gründen eigene Kinder zu bekommen, kann auch der Wunsch nach Vergrößerung der eigenen Familie durch die Adoption eines weiteren Kindes eine Rolle spielen. Andere Motive für die Bewerbung um ein Adoptivkind können sein: die Suche nach einem Ersatz für ein gestorbenes Kind; das Gefühl der Verantwortung für das verwaiste Kind eines Verwandten; der Versuch, eine konflikthafte Ehe zu stabilisieren oder zu retten; der Wunsch, die eigenen elterlichen Qualitäten zu beweisen; die Suche nach Liebe oder einem Liebesobjekt oder auch der Druck von Verwandten.

Im Rahmen der Prüfung durch das Jugendamt werden die Adoptionsbewerber auch zu ihren Vorstellungen hinsichtlich Partnerschaft und Erziehung befragt. Über einen Zeitraum von etwa einem Jahr führen Fachkräfte der Adoptionsvermittlungsstelle mehrere intensive Gespräche mit den zukünftigen Eltern. Ferner werden vor der Entscheidung, welches Kind für eine Familie in Frage kommen könnte, Hausbesuche durchgeführt. Bevor die Annahme eines Kindes rechtskräftig wird, haben die Eltern während des sogenannten Adoptionspflegejahres eine Probezeit. Häufig lässt sich der Adoptionsablauf, der nach der Registrierung als potenzielle Adoptiveltern beim Jugendamt zwischen wenigen Monaten und mehreren Jahren dauern kann, zeitlich nicht genau planen und überblicken.

Die bürokratische Konstruktion einer Familie unterscheidet sich von der biologischen Familiengründung des Weiteren darin, dass die Adoptionsbewerber nicht allmählich in ihre Elternrolle hineinwachsen können. Während biologische Eltern durch die Schwangerschaft auf ihr Kind vorbereitet werden und sich langsam auf die Übernahme elterlicher Verantwortung einstellen können, müssen Adoptiveltern nicht nur mit der Ungewissheit leben, überhaupt ein Kind bekommen zu können, sondern auch mit einem ganz plötzlichen Angebot rechnen: »Wir haben ein Kind für Sie.« Ist die oftmals unter großer Anspannung (vgl. Hoffmann-Riem 1984, S. 143 ff.) getroffene Entscheidung zur Adoption eines Kindes gefallen, treten die Adoptiveltern rechtlich an die Stelle der leiblichen Eltern. Im Unterschied zur Kernfamilie, in der das leibliche Kind nur ein Elternpaar hat und das Mitgliedsein in der Familie selbstverständlich ist, sind alle Mitglieder der Adoptivfamilie eingebunden in ein »Leben mit doppelter Elternschaft« (ebd.). Die Koexistenz eines anderen Elternpaares außerhalb der Adoptivfamilie stellt die Adoptiveltern vor die Aufgabe, ein familiales Anderssein zu bewältigen. Wie unterschiedlich die Strategien sein können, mit denen das Auseinanderfallen von leiblicher und sozialer Elternschaft bearbeitet wird, zeigt sich im Folgenden. Die zentrale Frage ist: Wie gelingt es den Adoptiveltern, den leiblichen Eltern einen Platz im Erziehungsprozess zu geben? Wir werden an drei Fällen illustrieren, wie unterschiedlich Adoptivfamilien mit der Herausforderung umgehen, die biologische Elternschaft in ihre Familie zu integrieren. Im ersten Fallbeispiel wird aus dem Biologischen ein Geheimnis gemacht. Im zweiten Fallbeispiel gehen die Eltern zwar offener mit dem Thema der »doppelten Elternschaft« um, aber es gelingt ihnen nicht, der Zeugungs- und Herkunftsgeschichte ihres adoptierten Kindes einen sicheren Platz in der neuen Familie zuzuweisen. Das dritte Fallbeispiel repräsentiert einen offenen Umgang mit dem Status einer Adoptivfamilie.

Drei Fallskizzen

Für die Adoptiveltern stellt sich die Frage, ob sie am Schein von »natürlicher« Familie partizipieren oder ihn aufklären sollen. Die Soziologin Christa Hoffmann-Riem hat in ihrer Adoptionsstudie herausgefunden, dass zwischen dem Umgang mit dem Wissen, dass ein Tod bevorsteht, und dem Umgang mit dem Wissen, dass ein Adoptionsverhältnis vorliegt, eine Ähnlichkeit besteht. Die Rede ist von »Bewusstheitskontexten«.

Dieser Begriff wurde von den amerikanischen Soziologen Barney Glaser und Anselm Strauss entwickelt, als sie der Frage nachgingen, wie weit man unheilbar kranke Patienten mit der Nachricht von ihrem absehbaren Tod vertraut machen soll. Sie fanden die beiden folgenden Konzepte: Der »offene Bewusstheitskontext« bezieht sich auf eine Situation, in der alle Betroffenen offen und ehrlich über den nahenden Tod informiert werden. Der »geschlossene Bewusstheitskontext« bezieht sich auf eine Situation, in der sich alle Betroffenen darauf konzentrieren, Informationen über den nahenden Tod zu verheimlichen. Diese Begriffe hat Christa Hoffmann-Riem benutzt, um die verschiedenen Arten zu bestimmen, wie eine Adoptivfamilie mit der Information über ihren Status umgeht. Der mit Blick auf das Adoptivkind »geschlossene Bewusstheitskontext« ist danach als Strategie der »Normalisierung, als ob« (Hoffmann-Riem 1984, S. 220) zu verstehen. Die Adoptiveltern verhalten sich gegenüber ihrem Adoptivkind, als ob es ihr leibliches Kind wäre. Der »offene Bewusstheitskontext« kann mit der »Normalisierung eigener Art« (ebd.) gleichgesetzt werden und besagt, dass das Familienleben mit »doppelter Elternschaft« aktiv gelebt wird. Die leiblichen Eltern werden in das Adoptivfamilienleben einbezogen; die Adoptiveltern gehen auf die Fragen des Kindes ein, und sie geben dem Kind Auskunft darüber, was sie über die leiblichen Eltern und deren Gründe wissen, ihr Kind zur Adoption freigegeben zu haben.

Adoptiveltern, die demgegenüber den besonderen Status ihrer Familie nicht anerkennen und in einer Fiktion biologischer Elternschaft leben, bieten ihrem Adoptivkind dagegen andere Entwicklungsbedingungen (im geschlossenen Bewusstheitskontext). Die biologischen Unterschiede werden minimiert, und das Adoptivkind wird wie ein leibliches Kind behandelt. Die Adoptionsforschung hat jedoch gezeigt, welche Risiken der Ausschluss der leiblichen Eltern für die Adoptiveltern-Kind-Beziehung in sich birgt. Das Adoptivkind verortet sich als leibliches Kind seiner Adoptiveltern und wächst in einer Täuschung auf, die durch Ahnungen zum Argwohn führen kann, was vielfach belegt ist (Sorosky et al. 1982; Lifton 1982). Diese Konsequenz, die das Agieren im geschlossenen Bewusstseinkontext haben kann, führt zu dem dritten Typus, den Glaser und Strauss herausgearbeitet und als »Verdachtsbewusstheit« bezeichnet haben. Die späte Entdeckung der eigenen Herkunft, wenn sie sich auf Adoptivfamilien bezieht, bewirkt nicht nur einen schwer zu überwindenden Vertrauensbruch zwischen dem Adoptierten und seinen Adoptiveltern. Sie löst vor allem eine gravierende Erschütterung der eigenen Identität aus. Inzwischen lassen sich Adoptiveltern aber eher darauf ein, die leiblichen Eltern ihres Kindes im eigenen Familienleben präsent werden zu lassen und mit ihnen die Elternschaft zu teilen.

Die ersten beiden nun folgenden Fälle zeigen, wie die Adoptiveltern der Rivalität durch die »doppelte Elternschaft« aus dem Weg gehen. Mit ihrer Zurückhaltung und mit ihrer Abwehr einer Verlebendigung der leiblichen Eltern ihres Adoptivkindes nehmen sie in Kauf, dass das Kind einer Täuschung erliegt. Der Bewältigungsstil in der dritten Fallskizze ist gekennzeichnet durch einen offenen Umgang mit der Adoption und mit dem Vorhandensein der leiblichen Eltern des Adoptivkindes.

Die Geschichte eines Ausreißers. Der Junge, wir nennen ihn Jack, lief immer von zu Hause weg. Er selbst wusste nicht, warum er dies tat und wohin er gehen sollte. Aber irgendein Verlangen, dessen Ursache niemand kannte, zog ihn immer wieder aufs Neue weg. Seine Familie, die ihn sehr liebte, lebte in Kalifornien. Merkwürdigerweise zog es Jack aber immer in die gleiche Richtung, immer nach Norden. Einmal kam er sogar bis hinter die Staatsgrenze von Oregon. Was hatte er da zu suchen? Das war die Frage, die seine Eltern sich stellten und die schließlich ein Therapeut wörtlich nahm. Heraus kam ein Familiengeheimnis. Der Vater von Jack war nicht der leibliche Vater. Jack war in früher Kindheit adoptiert worden. Im Laufe des sich als unproblematisch entwickelnden Familienlebens waren die Eltern dann der Versuchung erlegen, den leiblichen Vater ihres Adoptivkindes zu leugnen. Dadurch, dass man Jack seinen leiblichen Vater verheimlichte, konnte sich der Junge keine Vorstellung von ihm machen. Mit der »Normalisierung, als ob« wollten die Eltern Jack vor den als hoch veranschlagten Risiken einer gesellschaftlichen Stigmatisierung und einer persönlichen Verunsicherung schützen.

Vor allem der Adoptivvater wollte sich nicht der Gefahr aussetzen, Jacks Zuneigung zu verlieren. Außerdem waren die Adoptiveltern davon ausgegangen, dass der Junge nichts über seine Herkunft wissen müsse, wenn sie sich ihm nur liebevoll und verantwortungsbereit zuwenden würden. Da der Adoptivvater ihn fraglos angenommen hatte und die Beziehung zu seinem nichtleiblichen Sohn im Wesentlichen auch geglückt war, zogen beide Adoptivelternteile es vor, den Schein einer biologisch begründeten Familie zu wahren. So hatten sie lange Zeit ein »normales« Familienleben geführt und sich nicht die Frage gestellt, die der Therapeut dann stellte: Was sucht Jack denn im Norden? Die Frage, warum Jack *weg*wollte, war zu sehr in den Vordergrund gerückt und hatte den Blick auf die andere Frage, wo er *hin*wollte, versperrt. Nach Jacks zahlreichen Eskapaden entschlossen sich die Adoptiveltern zu einer Therapie, in deren Verlauf klar wurde, dass es ein Familiengeheimnis gab. Dieses wurde schließlich benannt, was den Adoptiveltern einen neuen Horizont eröffnete und es ihnen ermöglichte, dem Verhalten ihres Jungen eine bis dahin ungedachte Bedeutung zuzuschreiben. Nachdem sich die Adoptivmutter wieder daran erinnert hatte, dass Jacks leiblicher Vater in Portland, der Hauptstadt Oregons, wohnte, begann sich das Verhalten des Jungen zu ändern. Er lief nicht mehr weg. Später besuchte er seinen leiblichen Vater in Portland und kehrte, wie vereinbart, immer wieder zu seinen Adoptiveltern zurück. Ein heimliches Weg- oder, besser: ein heimliches Hinlaufen war nicht mehr notwendig, als die Familiengrenzen offen waren und ein Teil der Wirklichkeit nicht mehr verneint wurde. Aus der Adoptionsforschung ist bekannt, dass Adoptivkinder in der Verarbeitung der »doppelten Elternschaft« manchmal erst zur Ruhe kommen, wenn dem Biologischen, in diesem Fall dem leiblichen Vater, ein Platz im Familienleben zugewiesen werden kann. Dieses Fallbeispiel macht außerdem deutlich, dass betroffenen Kindern das Wissen über ihre Herkunft, das von den sozialen Eltern als bedeutungslos abgetan wird, durchaus wichtig ist und dass sie den Anschein einer biologisch begründeten Kindschaft als Fiktion enthüllen. Jack gibt seinen Eltern zu verstehen, dass für ihn die genealogische Verbundenheit zählt.

Eine halboffene Kommunikation über die Adoption. Der folgende Fall handelt von einem Adoptivelternpaar, das den richtigen Zeitpunkt für die Aufklärung verpasst hat und dem es nicht gelungen ist, seinem Adoptivkind die leiblichen Eltern hinreichend präsent zu machen. Zwar wird nicht wie im zuvor geschilderten Fall versucht, das adoptierte Kind durch völliges Verschweigen seiner Herkunft zum biologisch eigenen Kind zu machen. Aber die sehr zögerliche und unvollständige Klarstellung der leiblichen Herkunft sowie das vorgebliche Nichtwissen über den leiblichen Vater haben langfristige Auswirkungen auf den Identitätsbildungsprozess des Adoptivkindes. Es stellt schließlich bestehende Bindungsstrukturen so radikal in Frage, dass eine räumliche Trennung von den Adoptiveltern im Rahmen einer Jugendhilfemaßnahme (betreutes Wohnen) als letzte Lösung erscheint, damit der Blick auf Bindungsmöglichkeiten wieder frei wird.

Juliane wird als Säugling adoptiert. Sie kommt in eine Familie, die bereits einen Jungen aufgenommen hat, den seine psychisch kranke Mutter nicht ausreichend versorgen konnte. Über die leiblichen Eltern von Juliane ist den Adoptiveltern bekannt, dass die Mutter geistig behindert ist und in einem Heim lebt. Über den leiblichen Vater wissen sie nichts Genaues. Vom Jugendamt haben die Adoptiveltern die Information, dass der Vater vielleicht eine Art fahrender Gesell ist, aber auch ein Bruder der Mutter sein kann. In diesem Fall würde es sich um Inzest handeln. Die Adoptiveltern verzichten auf eine Vaterschaftsfeststellung mit der Begründung, die Adoption ohne zeitliche Verzögerung abschließen zu wollen. Damit wird auch das mögliche Tabu um den Inzest nicht weiter aufgeklärt.

Als ersten Schritt, das neue, fremde Kind in die Familie zu integrieren, entscheiden sich die Adoptiveltern, den Namen, den die Mutter dem Mädchen (Vanessa) gegeben hat, nicht in die Geburtsurkunde eintragen zu lassen, sondern ihm einen neuen Namen zu geben: Juliane. Damit setzen die Adoptiveltern einen eigenen Ausgangspunkt der Eltern-Kind-Beziehung und zerschneiden so das Band, das das Adoptivkind noch mit seinen leiblichen Eltern verbinden könnte. Julianes Vorgeschichte wird damit ausgelöscht.

Mit sechs Jahren will Juliane zum ersten Mal wissen, wer und wo ihre leibliche Mutter ist. Die Adoptiveltern verschweigen ihr, dass ihre Mutter geistig behindert ist und in einem Heim lebt. Sie wollen Juliane diese Kränkung ersparen und sagen ihr, dass ihre leibliche Mutter krank sei und deswegen ihr Kind nicht behalten könne. Nach dem Vater hat Juliane kein einziges Mal gefragt. Das vage Wissen über die Mutter ruft in Juliane die Fantasie hervor, dass ihre Mutter vielleicht eine Prinzessin ist, die wegen ihrer Krankheit ihre Tochter nicht im Schloss aufwachsen lassen kann, sondern einfache Leute mit ihrer Betreuung beauftragt hat. Diese Illusion wollen ihr die Eltern nicht zerstören. Sie sehen in der Wahrheit eine Gefahr für die Identitätsentwicklung und entscheiden sich, keine detaillierten und genauen Informationen weiterzugeben. Als Juliane in die Pubertät kommt, will sie immer mehr über ihre Herkunft wissen. Die Adoptiveltern gehen zwar darauf ein, aber die Adresse der Mutter geben sie dem Mädchen nicht. Als Juliane 16 Jahre alt ist, eskaliert die Situation. Sie erzählt ihren Freunden, dass ihr Adoptivvater ein »Affenarsch« sei, und bezeichnet ihre Adoptivmutter als »alte Nutte«. Sie entwickelt ein besonderes Interesse an alten Dingen, sammelt allen möglichen Schrott in ihrem Zimmer, steigt in alte, leerstehende Häuser ein, kocht sich dort eine Suppe und kehrt – wenn überhaupt – erst spätabends nach Hause zurück. Sie kauft sich eine Ratte und lässt sie über ihre Schulter laufen. Ihr Zimmer ist ständig abgeschlossen, sie malträtiert Voodoo-Puppen, schlägt Nägel in die Wandschränke und ritzt ihre Unterarme. Sie beginnt, leichte Drogen zu nehmen, kommt immer seltener nach Hause und plant, sich die Eckzähne mit Dracula-Hauern überkronen zu lassen. Dem ungeheuren Druck, der von Juliane ausgeht, können die Eltern nicht mehr standhalten. Als sie von den Suizidgedanken ihrer Tochter erfahren, entscheiden sie sich für eine stationäre Unterbringung in einer kinder- und jugendpsychiatrischen Klinik, in die Juliane einwilligt.

Während dieser Behandlung kommt es zu einem Kontakt zwischen Juliane und dem Vormund der leiblichen Mutter. Als sie nach der Mutter fragt, erfährt Juliane auch etwas über ihren leiblichen Vater; dieser ist nämlich zugleich ihr Großvater. Und sie erfährt, dass ihre Mutter von ihren Brüdern und ihrem Vater zum Beischlaf mit ihnen animiert worden sei.

Nachdem Juliane auf ihr Drängen hin vorzeitig aus der Klinik entlassen und an eine ambulante Einrichtung überwiesen worden ist, kommt es nach einer anfänglichen Stabilisierung zu weiteren Konflikten. Sie versucht, sich radikal von den Adoptiveltern zu lösen, was schließlich zur Trennung von ihnen führt. Den Adoptiveltern geht es dabei nicht um eine Aufkündigung des Eltern-Kind-Verhältnisses; sie wollen die Bindung zu Juliane retten und aus der Distanz heraus wieder neue Nähe zu ihr aufbauen.

Dieser Fall einer halboffenen Kommunikation über die Tatsache der Adoption zeigt, wie dadurch, dass dem Adoptivkind seine Herkunft nur zögerlich und unvollständig offengelegt wird, ihm die

Chance auf eine Verortung seines leiblichen Ursprungs genommen und der Identitätsbildungsprozess erschwert wird. Die weitgehende Reduktion der leiblichen Eltern auf die Rolle von Erzeuger und Gebärerin bedeutet, dass sie lediglich als Ausgangspunkt der Adoptivgeschichte, d. h. als Menschen mit einer auf einen vorangegangenen Zeitpunkt bezogenen und nicht mehr vorhandenen Elternqualität, anerkannt werden. Im Laufe der Adoptionsgeschichte verlieren sie jedoch ihre Bedeutung, und das hat, wie wir gezeigt haben, Folgen für die Entwicklung des Adoptivkindes.

Eine Adoption von drei Geschwistern. Im folgenden Fallbeispiel wird die biologische Unverbundenheit zwischen Adoptiveltern und Adoptivkindern sozial und kulturell gestaltet. Die biologische Verbundenheit zwischen den drei adoptierten Geschwistern behält ihre Kraft und ihren Platz. Gleichzeitig kann eine weitgehend problemfreie Adoptivfamilie aufgebaut werden.

Die Adoptiveltern stammen aus der Basse Normandie, einer Region im Norden Frankreichs. Dort gilt die Blutsverwandtschaft als die einzige richtige Verwandtschaft. Die Adoption war lange Zeit kein Mittel der Wahl. Waisen nahm man auf, aber man adoptierte sie nicht. Paare, die keine Kinder bekommen konnten, erhielten einen Neffen oder ein Waisenkind, den oder das man in den Status des Erbberechtigten heben konnte. Seit einigen Jahrzehnten sind Heirat und Abstammung nicht mehr so strikt verknüpft. Bemühungen um Selbstverwirklichung und die sinkende Bereitschaft, Familienbande im Interesse von Erbschaftsregelungen zu knüpfen, haben Kinderlosigkeit zu einer gesellschaftlich anerkannten Lebensperspektive werden lassen. Ist ein Paar steril, wird medizinische Hilfe in Anspruch genommen oder eine Familie mittels einer Form der Adoption gegründet. Von einem solchen Fall wollen wir berichten.

Georges und Maryvonne D. können aus medizinischen Gründen kein Kind bekommen. Nach mehreren erfolglosen Versuchen, mit medizintechnischer Hilfe zu einem eigenen Kind zu kommen, entscheiden sie sich für die Adoption eines Kindes aus der Dritten Welt. Nach einem fünfjährigen Vorlauf scheitert im letzten Moment der Versuch, einen koreanischen Jungen zu adoptieren. Als die beiden schon denken, sie seien zu alt für eine Adoption, erhalten sie einen Telefonanruf: Man habe für sie drei Schwestern aus Korea. Über die leiblichen Eltern sei nicht viel bekannt. Der Vater sei schwer krank, und weil das Geld für eine Behandlung nicht reiche, seien die Eltern gezwungen, drei ihrer Kinder, drei Schwestern, in einem Waisenhaus unterzubringen.

Bevor die Adoptiveltern eine Entscheidung treffen, wollen sie die Akte der Kinder sehen und, nachdem sie Fotos von den Kindern, ihre Gesundheitszeugnisse und Schulnoten gesehen haben, abwägen, ob sie sich auf die Adoption der drei Mädchen einlassen. Maryvonne D. erklärt: »Also, wenn man das [die Akte; die Verf.] mal gehabt hat – dann gehören Ihnen die Kinder.« Auf der Grundlage der Akte entstehen affektive Bindungen, und der Prozess der Verwandtschaft kommt in Gang. Nach der Ankunft werden die Kinder rasch in das Verwandtschaftssystem integriert, auch wenn bei der Mutter von Herrn D. anfangs Vorbehalte bestehen. Die Schwestern erhalten französische Kleider und auch französische Vornamen, die mit ihren koreanischen Vornamen kombiniert werden. Auf Familienfeiern und mit Hilfe von Fotos werden die Adoptivkinder in das Verwandtschaftssystem eingeführt. Frau D. berichtet: »Auf jedem Foto musste ich ihnen alle Verwandten aufzählen, die zu sehen waren, und die Verwandtschaftsbeziehung angeben, die ich mit ihnen hatte.« Auf diese Weise verschaffen sich die Adoptivkinder das genealogische Wissen, das in den normannischen Familien traditionellerweise weitergegeben wird.

Im neuen Verwandtschaftssystem werden die drei Schwestern gut aufgenommen. Herr D. hat drei Brüder und Schwestern, die jeweils drei Kinder haben. Zu diesem Ensemble passen die drei Schwestern wunderbar. So verschafft ihnen ihre Schwesternschaft einen biologischen Status, der sie gleichsetzt mit allen Personen in diesem Verwandtschaftssystem, die durch Blutsverwandtschaft oder Heirat zusammengekommen sind.

Einen besonderen Stellenwert haben in dieser Familie die Fotografien, die aufgenommen wurden, als die Schwestern in die Familie kamen und jetzt überall im Haus hängen. Für die Adoptivkinder ist dies eine stete Erinnerung an den Platz, den sie in dieser Familie haben und der es ihnen ermöglicht, sich als Teil der Verwandtschaft ihrer Adoptiveltern zu fühlen. Die Fotos bilden somit den Kern eines Integrationsrituals (Testart 1999, S. 191–193).

In dieser Fotosammlung gibt es allerdings keine Bilder von der Zeit vor der Adoption, obwohl die Schwestern von zu Hause viele Bilder mitgebracht haben. Die drei Schwestern, die zum Zeitpunkt ihrer Ankunft zehneinhalb, sieben und fünf Jahre alt sind, wissen

jedoch von ihrer Vorgeschichte. Aber sie wollen mit den Adoptiveltern nicht über ihr vorheriges Leben sprechen. Die Adoptivmutter
berichtet: »Wir haben Bücher über Korea für sie besorgt, sie wollten
sie nicht. Wir wollten uns die koreanische Küche aneignen, sie wollten nicht. Ihre Fotos von Korea gehören ihnen, wir betrachten sie
nie gemeinsam, sie behalten sie für sich. Das ist ihre Welt, wir sprechen darüber nicht.« Auch erlauben es die Schwestern den Adoptiveltern nicht, sie nach koreanischer Art anzusprechen, was sie aber
untereinander praktizieren. Die drei haben sich in der adoptivfamilialen Welt so eingerichtet, als ob ihr vorheriges Leben nur ihnen
gehörte. Sie sind die Wächterinnen und die Geschäftsführerinnen
der narrativen, emotionalen und erinnerungsmäßigen Realisierung
ihres Geburtserbes. Zwischen diesen zwei Welten – der Geburts-
welt und der Adoptivwelt – gibt es eine friedliche Koexistenz. Unter
Anleitung der Ältesten befassen sich die Schwestern mit ihrer leiblichen Herkunft. Darüber, dass die Älteste das Wissen über die leibliche Herkunft der Schwestern bewahrt, finden sie eine gemeinsame
Grundlage, auf der sie sich angesichts der Adoptivverwandtschaft
unterstützen können. Diese Schwestern erfahren eine Zusammengehörigkeit, die durch eine gemeinsame Familiengeschichte erzeugt
wird, ihnen allein gehört und die sie mit niemandem teilen müssen.
Dass sie als Gruppe Blutsverwandter handeln können, gibt ihnen
die Kraft, sich ohne großes Leiden einer anderen Verwandtschaft
gegenüber zu öffnen und sich mit ihrer neuen kulturellen, familialen und affektiven Welt zu identifizieren. Es gibt kein Aufeinan-
derprallen zweier unterschiedlicher Verwandtschaftswirklichkeiten,
sondern Überlagerung und Akzeptanz auf beiden Seiten ihrer Erinnerungen: Die einen sind vergangen und »da unten«, die anderen
im Hier und Jetzt zu konstruieren. Heute lebt die Älteste mit ihrem
französischen Lebensgefährten im eigenen Haus in der Nachbarschaft der Adoptiveltern. Die Jüngste ist ebenfalls mit einem Franzosen zusammen. Die Mittlere ist mit einem Franzosen verheiratet
und hat zwei Kinder.

Was bedeutet nun Adoption in einem gesellschaftlichen Kontext,
in dem die Blutsverwandtschaft hoch bewertet wird, wie das in der
Normandie der Fall ist? Blutsverwandtschaft wird im vorliegenden
Fall durch die Harmonie der Adoptiveltern und ihrer Verwandtschaft
einerseits und den geschwisterlichen Zusammenhang der Adoptierten andererseits repräsentiert: Die Geschwister konnten als Ge-

schwister »dieselben« bleiben, als sie in der neuen Familiengemeinschaft »andere« wurden.

Die hier geschilderten Fälle unterscheiden sich darin, wie mit dem Thema »Adoption« umgegangen wird. Während der erste Fall einen Bewältigungsstil darstellt, der den Status des familialen Andersseins nicht offenlegt, und im zweiten Fall die Wahrheit nur stückweise ans Tageslicht gefördert wird, bildet der Fall der koreanischen Schwestern ein Adoptionsmodell ab, in dem der Konstruktionscharakter nicht verschwiegen wird.

Die Orientierung an der Kernfamilie

Je unerreichbarer das deutsche Adoptivkind wird, desto mehr suchen zukünftige Adoptiveltern in der Ferne. Wenn das Kind eine andere Hautfarbe hat, scheiden Konstruktionen von Adoptionsfamilien aus, in denen die Tatsache der Adoption verschwiegen wird. Weil in der Regel auch große Distanzen zwischen Deutschland und dem Herkunftsland der adoptierten Kinder liegen, kann mit einer Auslandsadoption auch die Hoffnung verbunden werden, dass die leiblichen Eltern vielleicht keine Rolle für die Adoptionsfamilie spielen, weil sie ja unerreichbar sind.

Die Familie Frank, die wir nun vorstellen werden, hat mit der Auslandsadoption andere Vorstellungen verbunden: eine Ausdehnung verwandtschaftlicher Beziehungen. Sie gestaltet ihr Zusammenleben nach der Maxime: »Man muss wissen, woher man kommt, um zu wissen, wer man ist.« Durch die verwandtschaftliche Erweiterung sollen ihre Adoptivkinder die Möglichkeit haben, Beziehungen zu mehreren Eltern und Verwandtschaftsnetzen einzugehen und als Potenzial für sich zu nutzen.

Holger und Rosaline Frank leben mit ihren Adoptivkindern Tabea (zweieinhalb Jahre alt) und Fin (ein Jahr alt) in Berlin-Marienfelde. Tabea wurde im Alter von wenigen Monaten in einem Kinderheim in Nepal abgeholt. Fin haben die Franks aus Taiwan adoptiert. Bevor sie sich für eine Adoption entschieden, hatten sie zunächst auf medizinische Möglichkeiten gesetzt, nachdem die Familiengründung auf »normalem« Weg nicht geklappt hatte. Nach einer über 18 Monate langen erfolglosen reproduktionstechnischen Behandlung entscheiden sie sich sehr rasch für eine Auslandsadoption, da sie in ihrem Alter – beide sind über 40 Jahre alt – kaum noch Chancen für eine Inlandsadoption sehen. Die Entscheidung für Kinder aus Nepal und Taiwan begründen Herr und Frau Frank mit ihren Auslandserfahrungen und den landesspezifischen Gesetzen bezüglich der Altersgrenzen potenzieller Adoptiveltern. Wichtig war beiden auch, die äußerlichen Unterschiede zwischen sich und ihren Adoptivkindern einigermaßen in Grenzen zu halten. Wenn sie schon »keine normale Familie sein konnten«, so Rosaline Frank, wollten sie »wenigstens als normale Familie leben«. Deshalb hätten sie sich gegen eine Adoption noch dunkelhäutigerer Kinder entschieden. Es gehe ihnen aber nicht darum, nach außen *und* nach innen die biologische Kernfamilie nachzubilden. Im Haus der Familie Frank werden nicht nur Hinweise auf die Herkunftsfamilien der adoptierten Kinder aufbewahrt, gezeigt und immer wieder besprochen; auch der Adoptionsprozess ist umfassend dokumentiert: Phasen der Prüfung, das Warten auf Dokumente, Sozialberichte und Übersetzungen, die Mitteilung eines Vorschlags seitens der Behörde, die Entscheidung für das Kind und schließlich die Kontaktaufnahme. Einen besonderen Stellenwert haben dabei solche Fotos und Dokumente, die an die Herauslösung der Kinder aus ihrem »alten« Kontext und die Situation der »Übernahme« durch die Adoptionseltern erinnern. Diese Art, wodurch im Sinne der Integration den Bilddokumenten eine bestimmte Bedeutung zugeschrieben wird, kennen wir schon von der Adoptivfamilie mit den drei koreanischen Schwestern. Bei der Familie Frank gehören zu solchen Dokumenten die Tickets für den »Abholflug«, Fotos vor dem und im Waisenhaus und davon, wie ein Kind zum ersten Mal auf den Arm genommen wird, sowie Glückwunschkarten von Freunden und Verwandten im neuen Zuhause in Berlin. Diese Materialsammlung und Bemühungen um das Aufbewahren verdeutlichen die emotionale und narrative Arbeit, die hinter der Aneignung des Prozesses steht, der aus ihnen eine Familie machen soll, und erinnern zugleich an die »anderen« Eltern der Adoptivkinder. Herr und Frau Frank haben bei ihren Aufenthalten in Nepal und Taiwan auch die Waisenhäuser ihrer Adoptivkinder beauftragt, nach den noch lebenden Eltern und Verwandten zu suchen. Sie trafen sich mit Schwestern, Tanten und Großeltern Tabeas im Herkunftsdorf. Ihr Wunsch ist es, die Kontakte zu den leiblichen Verwandten ihrer Adoptivkinder von Deutschland aus aufrechtzuerhalten.

Auch wenn die Familie Frank ihren Status des familialen Andersseins nicht verschweigt, wird doch deutlich, wie sie sich am Normalitätsmuster einer Familie orientiert. Das zeigt sich etwa am Thema des Andersaussehens oder daran, wie der Adoptionsprozess auf sprachlicher Ebene dem Modell einer »biologischen« Schwangerschaft nachgebildet wird. So bezeichnen sich die Adoptiveltern z. B. selbst als »Schwangergehende«, als sie an einem Vorbereitungskurs für Adoptiveltern teilnehmen. Und den Erstkontakt mit Fin am Flughafen nennen sie »Flughafengeburt«. Aus anderen Gesprächen mit Adoptiveltern ist uns ebenfalls bekannt, dass Paare den langen Instanzenweg zum Adoptivkind mit einer Schwangerschaft vergleichen. Eine Adoptivmutter sagt z. B., sie wisse zwar nicht, wie Wehen seien, aber ihre Not und ihre Sorge um das Zustandekommen der erwünschten, in ihrem Falle sehr konfliktreichen Adoption seien zuletzt so schmerzhaft gewesen, dass sie auf ihr ganz persönliches Wehenerlebnis verweisen könne. Sie wollte dem Kreis von Müttern zugehören, die im Sinne eines Initiationsritus von körperlichen Beschwernissen bei der Kindannahme berichten konnten. Christa Hoffmann-Riem (1984) beschreibt den Fall eines Paares, dem die Adoption eines noch ungeborenen Kindes in Aussicht gestellt wurde, was bei der Frau zu einer Scheinschwangerschaft geführt habe. Diese Frau spricht von einer »Adoptivschwangerschaft«. Kurz vor der Geburt des Adoptivkindes musste sie sich einem gynäkologischen Eingriff unterziehen, der weitere Fantasien von Schwangerschaft und Entbindung in ihr auslöste. Über ihren Krankenhausaufenthalt erzählt sie:

>»Und dann hatte ich ja erst mal sämtliche Ärzte verrückt gemacht, weil wir ja nun 'nen Kind kriegen, und dann sollte ich nun normalerweise auf die gynäkologische Abteilung gelegt werden, da war ein Bett frei. Und nun hatte aber eine Mutter eine Totgeburt, und dann fragten sie mich: ›Sagen Sie, würde es Ihnen was ausmachen, wenn wir Sie auf die Wochenstation legen würden, und die Frau dann, die das Kind verloren hat, auf die andere Abteilung? Denn der fällt das sicherlich schwer zwischen den Babys.‹ Und na ja, das war irgendwie so witzig, und ich lag also im Krankenhaus auf der Wochenstation, hatte einen Schnitt wie einen Kaiserschnitt, das ist irgendwie alles, als wenn ich das Kind wirklich gekriegt hab, nicht? Da lag ich da zwischen den ganzen Müttern und Wehen und Wehenapparaten« (Hoffmann-Riem 1984, S. 170 f.).

Auch das Ehepaar Frank hat, wie erwähnt, den Adoptionsprozess wie eine Schwangerschaft und die Ankunft der Kinder wie eine Geburt erlebt:

»Da haben wir sie dann ganz als die Unsrigen gespürt, als wir sie bekommen haben. Auch haben wir in der Folge miteinander gesprochen, als ob sie Babys wären.«

Fin, das jüngere der beiden Adoptivkinder, habe sogar verlangt, dass Rosaline Frank ihn stillt. Sie hat ihn dann an ihrer Brust saugen lassen, was schließlich auch die mütterlichen Bindungen zu Tabea verstärkt habe. Wenn wir nun die Beobachtungen, die Hoffmann-Riem (1984) bei ihrer Arbeit mit Adoptiveltern gemacht hat, damit vergleichen, wie das Ehepaar Frank den Beginn des Lebens mit den fremden Kindern beschreibt, stellen wir fest, dass diese Beschreibung auf die Beziehungsaussage zusteuert: »Und dann entwickelte sich sehr schnell eine intensive Beziehung zum Kind.« Dieser Aussage folgt ein weiterer Kernsatz, der den Normalfall einer Kernfamilie ultimativ zum Ausdruck bringt: »Sie sind wie eigene Kinder.« Damit signalisieren Herr und Frau Frank für sich selbst und auch für andere erkennbar, dass durch eine Adoption Normalität erreichbar ist.

Fassen wir zusammen: Die Familie Frank repräsentiert das Beispiel für eine offene Adoption, bei der die sozialen Beziehungen zur Geburtsfamilie nicht ausradiert und verschwiegen werden, sondern in einen Prozess des Herstellens von Verwandtschaft einmünden. Motiviert ist ihre Form der offen gelebten Adoption durch die Vorstellung, dass ein möglichst vollständiges Wissen über die eigene Herkunft notwendig ist, damit jeder seine eigene Identität entwickeln kann. Die Anfänge des Familienlebens sowie die permanente Strukturierung der familialen Wirklichkeit basieren in diesem Fall, dem die biologisch begründete Zusammengehörigkeit fehlt, auf der Auseinandersetzung mit dem Normalitätsmuster der Kernfamilie.

Dass die Adoptivfamilie aber dennoch eine andere Art von Familie ist, darauf verweist nicht nur der Prozess des Herstellens von Verwandtschaft im Rahmen der Strukturen einer Adoption. Weitere Merkmale unterscheiden die Adoptivfamilie von der leiblichen Familie: (a) Es gibt keine gemeinsame Geschichte von Anfang an; (b) das Adoptivkind bringt bereits einen »Rucksack« an Erfahrungen in die neue Familie mit; (c) das Kind muss sich damit auseinandersetzen, dass es abgegeben und von einer neuen Familie aufgenommen wurde; und, (d) es steht vor der Herausforderung, zwei unterschiedliche Welten, die seiner Herkunft und die der neuen Familie, in seine Biografie zu integrieren. Schließlich müssen alle Familienmitglieder gleichermaßen ein Leben in »doppelter Elternschaft« gestalten. Was sind nun die Voraussetzungen, die einen günstigen Verlauf einer Adoption bahnen?

Risiko- und Schutzfaktoren für das Aufwachsen in einer Adoptivfamilie

Seit etwa 50 Jahren wird verstärkt Adoptionsforschung betrieben. Sie zeigt u. a., dass nur gut 5 Prozent der adoptierten Kinder von Entwicklungsbelastungen und -risiken betroffen sind, während sich die große Mehrheit unauffällig und gut entwickelt. Barbara Tizard kam in einer Studie aus dem Jahre 1977 zu dem Ergebnis, dass die meisten der von ihr untersuchten Adoptivkinder in der Lage waren, sich in ihre neue Familie gut einzugewöhnen. Bei der Mehrzahl zeichnete sich ein positiverer Entwicklungsverlauf ab als bei Kindern, die im Heim oder in einer Pflegefamilie lebten oder von dort in ihre eigenen Familien zurückgekehrt waren. Vielfach wird in der Adoptionsforschung auch die Frage diskutiert, ob adoptierte Kinder häufiger in psychiatrischen Einrichtungen vorgestellt werden als nicht adoptierte Kinder. Josef Jungmann (1980) fand unter den über 2000 an einer psychiatrischen Klinik untersuchten Kindern und Jugendlichen nur 1,3 Prozent adoptierte. Søren Ventegodt (2008) weist nach, dass Traumatisierungen aus der frühen Kindheit nicht zwangsläufig unwiderrufliche Störungen bewirken. James A. Rosenthal (1988) macht in seiner Studie darauf aufmerksam, dass Adoptivverhältnisse eher einen positiven Verlauf nehmen, wenn das Kind schon im Säuglingsalter angenommen wurde, keine Gewalt- oder Missbrauchserfahrungen in seiner Herkunftsfamilie gemacht hatte, keine Verhaltensstörungen aufweist und alle Hintergrundinformationen über die abgebende Familie vorliegen. Ein günstiges Licht auf Adoptionsverläufe wirft auch die Tatsache, dass die Quote des Abbruchs eines Adoptivverhältnisses seitens der Adoptiveltern bei unter 10 Prozent liegt.

Kindbezogene Risiko- und Schutzfaktoren. Eine bedeutsame Rolle spielt das Alter des Kindes bei der Adoption, und zwar nicht nur deshalb, weil das Adoptivkind in seiner ersten Lebenszeit möglicherweise viele belastende Erfahrungen, z. B. durch Vernachlässigung oder andere traumatische Situationen, erlebt hat, sondern auch deshalb, weil in der ersten Entwicklungsphase die zentralen Beziehungserfahrungen hinsichtlich Vertrauen und Sicherheit gemacht werden. Die Ergebnisse der meisten Studien belegen, dass Kinder, die relativ früh, d. h. innerhalb der ersten sechs Monate ihres Lebens, adoptiert wurden, eine gute emotionale Beziehung zu ihrer neuen Familie herstellen konnten. Die Situation wird schwieriger, wenn die Adoption erst nach dem ersten Lebensjahr erfolgt. Die Mitglieder einer Familie müssen ganz erhebliche Bewältigungsleistungen erbringen, wenn ein Kind spät (ab drei Jahren) adoptiert wird. Denn das Adoptivkind hat dann bereits eine bewusst erlebte Beziehungsgeschichte mit Brüchen, Trennungen, Enttäuschungen hinter sich (Rodriguez 2006), deren Zahl und Qualität eine Rolle für den Adoptionsverlauf spielen. Ein weiterer Punkt ist die Geschwisterkonstellation. Wenn in der Familie bereits ein leibliches oder/und angenommenes Kind lebt, kann es zu Eifersucht und zu Entthronungseffekten kommen. Daher ist es günstig, wenn das Adoptivkind das jüngste Kind in der Familie ist. Wenn das leibliche Kind oder ein bereits aufgenommenes Adoptivkind jünger als sechs Monate ist, kann auch ein älteres Adoptivkind, z. B. durch Übernahme von Betreuungsaufgaben für das neue Geschwisterkind, gut in die neue Familie integriert werden. Ein angemessener Altersabstand (von zwei und mehr Jahren) zwischen den Kindern hat sich generell als Schutzfaktor erwiesen. Dass auch die Aufnahme von Geschwistern eine günstige Bedingung für die Bewältigung der Adoption sein kann, hat das Beispiel der adoptierten koreanischen Schwestern gezeigt.

Christel Rech-Simon und Fritz B. Simon geben in ihrem Ratgeberbuch für Adoptiveltern (2008, S. 96–141) ein eindrückliches Beispiel für die Dynamik, die sich bei der Aufnahme eines Adoptivkindes in eine Familie entwickeln kann. Das Ehepaar Sommer hat zwei Töchter. Beide Eltern haben einen akademischen Hintergrund. Hanna, die ältere Tochter, ist mit einem Jahr in die Familie gekommen, nachdem sie zuvor drei Monate in einem Heim gewesen war. Über die Zeit davor ist nichts bekannt. In der Zeit zwischen dem Heimaufenthalt und der Adoption war sie mehrfach in Krankenhausbehandlung, wo sie Infusionen und Spritzen bekam. Greta kam mit zehn Monaten in die Familie und war davor neun Monate in einem Heim. Frau Sommer berichtet über die Zeit der Familienerweiterung:

>»Als klar war, dass wir ein zweites Kind bekommen, und wir Hanna erzählten, dass sie bald ein Geschwisterchen bekommen wird, in dem Moment begann sie zu stottern. ›Ach, du liebe Güte‹, habe ich gedacht. ›Das war jetzt zu viel für sie. Jetzt ist sie hin und her gerissen zwischen Freude und Angst oder Wut und Eifersucht und weiß nicht, was das für sie bedeu-

tet, wenn noch jemand in unsere Familie kommt und ihr vielleicht was wegnimmt.‹ Ich habe Trommeln gekauft, damit sie es ein wenig ausleben kann, und alles Mögliche versucht. Okay, aber das Stottern ging nicht weg. Sie stotterte etwa ein halbes Jahr lang. Und tatsächlich: Genau an dem Tag, als wir Greta dann zu uns holen konnten, an dem Tag stotterte sie zum letzten Mal. Das wird mir immer in Erinnerung bleiben. Sie rief mich laut über den ganzen Hof: ›Mammmmmmmmmmma!‹. Das Wort nahm kein Ende. Und dann war es vorbei. Plötzlich. Schluss. Kein einziges Stottern mehr.«

In der Folge nimmt Hanna die Position der älteren Schwester ein, auf die das Ehepaar Sommer sie vorbereitet hatte, und von da an, d. h. nach Gretas Ankunft in der Familie, »war alles ähnlich wie bei leiblichen Kindern«.

Familienbezogene Risiko- und Schutzfaktoren. Auch zwischen den elterlichen Erwartungen und der psychosozialen Entwicklung des Adoptivkindes besteht ein Zusammenhang. Als ungünstig erweisen sich unflexible elterliche Einstellungen, gleichgültig, auf welchen Bereich sie sich beziehen. Das können Erwartungen an Schulleistungen oder daran sein, welchen Beruf das Adoptivkind einmal ergreifen wird.

Hierzu ein Beispiel, das uns wieder zur Familie Sommer führt. Es geht um die ältere Tochter Hanna und ihre Schulkarriere, die sehr konfliktreich verlief und schließlich doch ein gutes Ende nahm. Hanna wechselte oft die Schule, auch ein Internat war darunter, und besuchte zuletzt eine Waldorfschule. Diesen Platz hatte sich Hanna zur großen Überraschung ihrer Adoptiveltern selbst besorgt. Als auch dieser Versuch scheiterte, »haben wir uns irgendwie für bankrott erklärt«, so Frau Sommer. Hanna wendet sich an eine Bildungsberatungsstelle, wo man sie darauf aufmerksam macht, dass ihre Schulpflicht in drei Monaten zu Ende gehe und sie dann ganz alleine über ihren weiteren Bildungsweg entscheiden könne. Die Adoptiveltern überdenken ihre Einstellung zu Schule und Bildung und kommen zu dem Schluss, dass ihnen die Beziehung zu Hanna wichtiger ist als bestimmte Bildungsideale oder Karrieremöglichkeiten:

»Wir beschlossen, ihr das auch zu sagen und uns in Zukunft aus ihren beruflichen Lebensentscheidungen radikal herauszuhalten. Wir haben ihr also gesagt, dass wir das nicht schlimm finden, dass sie keinen Schulabschluss hat: ›Es gibt Wichtigeres im Leben. Du bist unsere Tochter, und wir lieben dich, ganz unabhängig davon, was du beruflich oder schulisch machst! Klar, wenn wir dich unterstützen können, dann werden wir das tun. Aber nur, wenn du das willst. Du musst wissen, dass du für uns da gar nichts Besonderes tun musst!‹«

Von da an kommt Bewegung in den Bildungsverlauf, und die Richtung ändert sich. Ohne Hilfe der Eltern holt Hanna den Hauptschulabschluss nach, dem sie noch den Realschulabschluss anhängt. Darauf folgen weitere Schritte der Ablösung von der Familie. Hanna zieht aus der elterlichen Wohnung aus: erst in eine Wohngemeinschaft, dann in eine eigene Wohnung.

Dieser Entwicklungsverlauf zeigt, wie Hanna Verantwortung für ihr eigenes Leben zu übernehmen beginnt, nachdem sich die Eltern von ihren Bildungsansprüchen befreit haben und sie nicht mehr weiter drängen.

Auch die *Motive für eine Adoption* zählen zu den Risiko- und Schutzfaktoren. Ungünstige Voraussetzungen sind dann gegeben, wenn das angenommene Kind ein verstorbenes leibliches Kind der Adoptiveltern ersetzen soll, wenn die Adoptiveltern sich nicht angemessen mit dem Thema der Unfruchtbarkeit auseinandergesetzt haben oder wenn das Adoptivkind als »Stammhalter« vorgesehen ist.

Zu der Situation, in der ein leibliches Kind ersetzt werden soll, ein Beispiel: Die Eheleute G. haben zwei leibliche Töchter, die fünf und acht Jahre alt sind, als sie sich entscheiden, ein Kind zu adoptieren. Herr G. will eigentlich kein weiteres Kind. Er stellt sich dem Wunsch seiner Frau jedoch nicht entgegen und handelt für sich den »Kompromiss« aus, wie er sagt, dass es dann ein Junge sein solle. Sie adoptieren ein mehrfach behindertes Heimkind, das mit zweieinhalb Jahren in ein Kinderheim kam, nachdem es von seinen Eltern stark vernachlässigt und misshandelt worden war. Als die Eheleute G. Mario adoptieren, kann er weder sprechen noch laufen. Er macht aber schnell Entwicklungsfortschritte. In der Pubertät gibt es Erziehungsschwierigkeiten, die dazu führen, dass die Eheleute eine Therapie beginnen. Dabei kommt etwas heraus, das hier nur verkürzt wiedergegeben werden soll: Kurz vor Marios Adoption war das dritte Kind der Eheleute, ein Sohn, gestorben. Er war nur zwei Jahre alt geworden und an den Folgen einer starken Behinderung gestorben. Als erstem Sohn hatten sie ihm den Vornamen des Vaters gegeben, doch in die Rolle des »Stammhalters«, so Frau G., sei er nie gekommen. Kurz nach der Beisetzung ihres Sohnes haben sie Mario adoptiert und sich

so der Trauer um den verlorenen Sohn entzogen. Als sie in der Therapie dann die Möglichkeit hatten, ihren Verlust zu betrauern, und
erkannten, welche Ersatzfunktion sie dem Adoptivsohn zugedacht
hatten, begann sich die Situation zu bessern. Frau G. hörte auf, immer neue Lernprogramme für Mario zu organisieren und sich neue
Förderkonzepte auszudenken. Marios Schlafstörungen ließen nach,
und sein aggressives Verhalten gegenüber sich selbst und anderen
mäßigte sich.

Veränderungen innerhalb der Familienstruktur, z. B. durch Scheidung oder Trennung der Adoptiveltern, Tod oder längere Erkrankung
eines Elternteils, die Geburt eines leiblichen Kindes oder Aufnahme
eines weiteren Adoptivkindes, können den Verlauf des Adoptivverhältnisses ungünstig beeinflussen. Wir wollen an dieser Stelle noch
einmal auf die Familie Sommer zu sprechen kommen. Herr Sommer hatte einen Autounfall, bei dem er schwer verletzt wurde und
in Lebensgefahr war. Hanna, die zu dieser Zeit 13 Jahre alt war, reagiert darauf mit dem Abbruch der Schule. Selbst die Dinge, die ihr
bisher Spaß gemacht haben, wie etwa der Musikunterricht bei ihrer
Lieblingslehrerin, verfolgt sie nicht weiter. Als der Vater dann aus
dem Krankenhaus kommt, ist sie nicht zu Hause. Die Deutung, die
Christel Rech-Simon und Fritz B. Simon (2008, S. 122) für dieses
Verhalten geben, beleuchtet exemplarisch die Situation von Adoptivkindern: Durch den Unfall und dadurch, dass der Adoptivvater nur
knapp dem Tod entronnen ist, hat sich gezeigt, dass die Beziehung
zu ihm nicht zuverlässig ist. Hanna erlebt, wie gefährlich es sein
kann, sich auf ihn zu verlassen. Das Urmisstrauen, das adoptierte
Kinder durch die Trennungserfahrung in der frühen Kindheit haben,
wird bestätigt. Am besten ist es, sich vor einem Verlust durch Flucht
zu schützen und als Akteurin selbst das Schicksal in die Hand zu
nehmen, bevor man von anderen zum Opfer gemacht wird. Diese
scheinbare Unabhängigkeit von Adoptivkindern entzieht den Adoptiveltern oft jegliche Grundlage bzw. verlangt von ihnen die Leistung,
trotz aller Radikalität des Verhaltens ihrer Kinder eine Beziehungsba-
sis herzustellen und zu erhalten.

Die Herkunftsfamilie als Risiko- und Schutzfaktor: Die Diskonti-
nuität im Lebenslauf des Adoptivkindes stellt Adoptiveltern vor die
Frage, welchen Stellenwert sie der Vorgeschichte ihres Adoptivkindes
einräumen sollen, wenn sie eine gemeinsame Gegenwart aufbauen
wollen. Es ist bekannt, dass die meisten Adoptierten während ihres

Heranwachsens sehr an ihrer Herkunftsfamilie interessiert sind. Die Suche nach ihrem Ursprung ist unabhängig davon, welche Qualität der Beziehung zu den Adoptiveltern sie bis dahin erreicht haben. Auch leidet diese Beziehung im Allgemeinen nicht unter der Suche nach dem Ursprung. Für die Identitätsentwicklung des Adoptivkindes ist es wichtig, dass es frühzeitig (ungefähr zwischen dem dritten und fünften Lebensjahr) über den Adoptionsstatus aufgeklärt wird. Als günstig für den Entwicklungsverlauf hat sich eine offene Kommunikation über die Adoption erwiesen, womit den leiblichen Eltern ein Platz in der Adoptivfamilie zugewiesen werden kann. Wir möchten an dieser Stelle eine junge Frau zitieren, die mit Unterstützung ihrer Adoptiveltern in ihr Herkunftsland reisen, dort nach den leiblichen Eltern recherchieren und dann zur Ruhe kommen konnte. Sie sagt:

»›Wer bin ich? Woher komme ich?‹ Diese Fragen haben mich ganz krank gemacht. Ich wusste nichts über meine Mutter, meinen Vater. Das war schlimm für mich. Ich wurde krank davon. Bulimie. Irgendwann hat meine Familie mir gesagt, so geht das nicht weiter. Wir waren bei einer Therapie. Das hat auch nicht geholfen. Ich war noch immer krank. Ich habe aber etwas verstanden: Ich kann nicht gesund werden, ehe ich nicht weiß, wo ich herkomme. Ich habe mit meiner Arbeitsstelle gesprochen. Sie haben mich wirklich beurlaubt. Ich bin nach Afrika geflogen und durch mein Heimatland gereist. Sechs Monate lang, von Heim zu Heim, durch ganz Ghana. Am Ende wusste ich, dass meine Eltern sehr jung waren, als sie mich fortgaben – mehr nicht. Aber es war trotzdem gut. Als ich nach Hause fuhr, war ich gesund.«

Risiko- und Schutzfaktoren auf der Seite der Vermittlungsstellen. Als eine günstige Voraussetzung für das Gelingen des Adoptivverhältnisses hat sich eine gute Vorbereitung und Nachbetreuung der Adoptiveltern durch die Vermittlungsstelle erwiesen. Vorzeitige Abbrüche von Adoptivverhältnissen geschehen besonders häufig, wenn die Adoptiveltern unzureichend auf die neue Lebenssituation vorbereitet werden und nach der Vermittlung des Kindes keine Hilfe bei der Bewältigung der an sie gestellten Anforderungen bekommen, die auf Grund des adoptivfamilialen Status ganz anders gelagert sind als die einer »normalen« Familie. Deshalb wird empfohlen, die adoptionswilligen Eltern über das aufzunehmende Kind, seine Vorgeschichte und Herkunft gründlich zu informieren, Vorbereitungstreffen und informelle Besuche für sie zu arrangieren und ihnen genügend Bedenkzeit einzuräumen.

Adoptivfamilien in Beratung und Therapie
Häufig verlaufen Adoptionen komplikationslos, wie die eingangs dieses Kapitels zitierten Zahlen belegen. Uns geht es hier wie in den anderen Kapiteln dieses Buches nicht um jene unkonventionellen Familien, die mit ihren Herausforderungen zurechtkommen, sondern um jene, die in Krisen der Hilfe durch Beratung und Therapie bedürfen. Wir beginnen mit Fragen der Prävention und erinnern an die allgemein bekannten Grundsätze bei der Beratung künftiger Adoptivfamilien.

Zukünftige Adoptiveltern, die gedanklich eine Zeitlang an einer biologisch begründeten Familie festgehalten haben, müssen darüber aufgeklärt werden, dass sich ihr Adoptivkind eines Tages für seine leiblichen Eltern interessieren wird. Das Adoptivkind kann also ein leibliches Kind nicht ersetzen. Und seine Suche nach den leiblichen Eltern ist kein Hinweis darauf, dass die Adoptivfamilie gescheitert ist. Um diesen Punkt zu besprechen, kann man bei den eigenen Erfahrungen der zukünftigen Eltern ansetzen. Angesprochen werden können z. B. ihre Trauer und Gefühle, die sie empfanden, als sie einsehen mussten, dass sie keine Familie mit biologischer Zusammengehörigkeit gründen können. Man kann auch erwähnen, dass es ihnen vermutlich nicht leichtgefallen ist, von ihrem Plan der verwandtschaftlich verbundenen Familie Abstand zu nehmen und sich auf eine andere Familienform einzulassen.

Wenn über ein Familienleben mit »doppelter Elternschaft« und abwesenden leiblichen Eltern gesprochen wird, kann man noch eine andere Form der »doppelten Elternschaft« thematisieren: die Namengebung. Wie unsere Beispiele zeigen, kann es für das Adoptivkind zu einer Belastung werden, wenn der Name, den die leiblichen Eltern für es ausgesucht haben, geleugnet wird. Eine Namenkombination, wie sie im Fall der drei koreanischen Schwestern gewählt worden ist, bietet eine Alternative, und das Kind kann sich später entscheiden, welchen Namen es tragen möchte. Ein »doppelter« Name würde außerdem signalisieren, dass die Adoptiveltern es aushalten, wenn die leiblichen Eltern ihres Kindes in seinem Namen präsent sind.

Ein weiteres Thema, das im Vorfeld einer Adoption behandelt werden muss, bezieht sich auf die Weitergabe von Informationen über das Kind an das Kind. Künftigen Adoptiveltern muss klar sein, dass alles, was sie über das Kind und seine Herkunft wissen, eines Tages wichtig wird – spätestens dann, wenn das Kind an diesem Wissen interessiert ist. Solche Informationen dürfen in ihrer Bedeutsamkeit für die Entwicklung der kindlichen Identität nicht unterschätzt werden. Oft kommt das Kind erst zur Ruhe, wenn sich die Adoptiveltern selbst mit der Herkunft des Kindes auseinandergesetzt haben.

Generell ist es sinnvoll, die Adoptiveltern darauf vorzubereiten, dass ihre Familie auf Grund von Verhaltensweisen des Adoptivkindes, die nicht immer den Erwartungen und Normen der sozialen Umgebung entsprechen, in eine Außenseiterrolle geraten kann. Hier gilt es dann, die Loyalität zum eigenen (Adoptiv-)Kind über die soziale Angepasstheit zu stellen.

In der Therapie von Adoptivfamilien ist es wichtig, dass das gesamte Familiensystem in den Blick genommen wird: das Herkunftssystem, die Adoptivfamilie und das Kind selbst. Hier sind folgende Punkte zentral:

- Die »doppelte Elternschaft« verlangt nach einer Klärung von Beziehungsstrukturen. Diese Klärung setzt eine entsprechende Selbstsicherheit des adoptierenden Paares voraus.
- Offenheit und Authentizität sind entscheidende Orientierungsgrößen.
- Das Wissen über die spezielle Form von Vertrauen und Misstrauen bei adoptierten Kindern kann den Adoptiveltern generell helfen, das Verhalten ihres Kindes richtig einzuschätzen.

Wie bei Stieffamilien scheint es auch bei Adoptivfamilien nützlich zu sein, vor der Familienberatung eine Paarberatung zu versuchen. In der Familienberatung sind dann folgende Punkte wichtig:

- Die Adoptionsgeschichte wird thematisiert: Wie haben die Adoptiveltern ihre eigene Kinderlosigkeit verarbeitet? Welche Motive waren für die Aufnahme eines Adoptivkindes entscheidend? Welchen Weg haben sie gewählt, um das Leben mit »doppelter Elternschaft« zu verarbeiten? Liegt ein offener oder ein geschlossener Bewusstheitskontext vor? Eine Familie, die den Sonderstatus ihrer Familienform verneint und in der Illusion lebt, eine »alltägliche« Familie zu sein, wird andere Hilfestellungen nötig haben als eine Familie, die offen mit dem Thema der Adoption umgeht. Adoptiveltern, die unsicher sind, wie sie mit den Informationen über die Vorgeschichte des Kindes und seiner Herkunftsfamilie verfahren sollen, sollten ermuntert werden, auf die Fragen ihres Kindes nicht zu warten, sondern selbst die Initiative zu ergreifen.

- Mit Hilfe des Genogramms der Adoptiveltern lässt sich herausfinden, welche Ressourcen in den Familiengeschichten der Eltern vorhanden sind, die helfen können, sich in unkonventionellen Familienformen einzurichten.

- Wenn die Adoptiveltern sich gegenüber den leiblichen Eltern loyal verhalten, können sie vermeiden, dass das Adoptivkind seine leiblichen Eltern gegen seine Adoptiveltern ausspielt. In der Beratung kann auch das Thema aufkommen, dass die Adoptiveltern sich nicht als authentische Eltern fühlen. Hier hilft vielleicht der Hinweis, dass die gemeinsam mit dem Adoptivkind durchlebte Geschichte für Erfahrungen sorgt, die langfristig stärkere Bindungen schafft als die rein physische Vater- und Mutterschaft. Die Adoptiveltern können auf diese Weise ein Selbstbewusstsein als Adoptiveltern entwickeln, so dass sie sich gegenüber den Herkunftseltern nicht abwertend verhalten müssen (Rech-Simon u. Simon 2008, S. 158).

- Die Adoptiveltern sollten verstehen lernen, was es bedeutet, ein Adoptivkind zu sein. Jedes Adoptivkind bringt die Erfahrung des Abgegebenwerdens und Angenommenseins mit in die Familie. Während die Verlustängste von Kindern, die bei ihren leiblichen Eltern leben, in der Regel auf Fantasien beruhen und auf dieser Ebene auch abgehandelt werden können, fußen sie bei Adoptivkindern auf ganz realen Erfahrungen. Manche Adoptivkinder zeigen Schuldgefühle, weil sie sich selbst als Ursache dafür ansehen, dass die Mutter sie zur Adoption freigegeben hat oder die leiblichen Eltern sie misshandelt haben. Wichtig ist, den Kindern eine Deutungsperspektive zu eröffnen, die es ihnen ermöglicht, sowohl den Mutter- und Vaterverlust zu betrauern als auch frei von Schuldgefühlen ihre Vorgeschichte in die eigene Biografie zu integrieren. Die Kinder in ihrem Trauer- und Verarbeitungsprozess zu begleiten und zu unterstützen heißt auch, sie dazu zu ermutigen, bestimmten Fragen nachzugehen und Antworten darauf zu finden.

- Auch das bereits erwähnte Problem des mangelnden Urvertrauens und das daraus resultierende Bestreben nach Unabhängigkeit sollten behandelt werden. Rech-Simon und Simon wollen Probleme, die Adoptiveltern mit Adoptivkindern haben und die mit den frühen Trennungserfahrungen des Kindes zusammenhängen, nicht mit dem Konzept der »frühen Traumatisierung« erklären. Es sei angemessener, das Streben nach Unabhängigkeit bei Adoptivkindern als Ergebnis von »Lernprozessen« zu betrachten. Dieser Erklärungsansatz habe dann auch praktische Konsequenzen für den Umgang mit dem Adoptivkind:

>»Für Adoptiveltern heißt dies, dass sie sich darüber Gedanken machen sollten, was ihre Kinder möglicherweise vor der Adoption alles erlernt haben, das anders ist als bei anderen Kindern und jetzt zu Schwierigkeiten führen kann« (Rech-Simon u. Simon 2008, S. 54).

Wenn den Adoptiveltern bewusst ist, auf Grund welcher früh erlernten Bindungsschemata ihr Adoptivkind dazu neigt, Bindungsstrukturen radikal in Frage zu stellen, dann können sie auch die damit verbundenen Zumutungen besser aushalten.

- Pathologisierendes Beobachten sollte vermieden werden. Rech-Simon und Simon empfehlen den Adoptiveltern, sehr sorgsam mit Beobachtungen, mit der Konstruktion von Kausalitäten und mit Bewertungen umzugehen. Die Erklärung bzw. Deutung einer Beobachtung ist immer eine Hypothese, in der durch den Beobachter, also die Adoptiveltern, ein Mechanismus konstruiert wird, der im Sinne einer *self-fulfilling prophecy* zu dem beobachteten und gedeuteten Phänomen führen kann. Wenn die leibliche Mutter z. B. Drogenprobleme hatte, früh schwanger wurde oder im Arbeitsleben nicht zurechtkam, so erwarten die Adoptiveltern manchmal mehr oder weniger bewusst, dass ihre Kinder ein ähnliches Verhalten zeigen. Die Adoptivkinder, die von diesen Befürchtungen wissen, können sich verpflichtet fühlen, ebenfalls früh schwanger zu werden oder Drogen zu nehmen, um ihre leibliche Mutter gegen die Abwertung durch die Adoptiveltern zu verteidigen. So erhöht sich durch das Akzentuieren von Abweichungen die Wahrscheinlichkeit, dass die Kinder abweichendes Verhalten zeigen, auch wenn es die Absicht der Adoptiveltern war, gerade dieses zu verhindern. Wie dieser Kreislauf vermieden werden kann, sagen Rech-Simon und Simon (2008, S. 159): Es ist

»[...] immer nützlicher, Erklärungen (Ursache-Wirkungs-Hypothesen) für die Verhaltensweisen ihrer Kinder zu konstruieren, die ihnen neue Handlungsmöglichkeiten eröffnen, statt solche, die ihnen suggerieren, sie könnten keinen Einfluss nehmen.«

• Wichtig ist nicht zuletzt, dass Adoptiveltern schwierige Situationen akzeptieren und sich von hohen Erwartungen lösen können. Der Zusammenhang von Abhängigkeit und Autonomie, der in der Adoleszenz aller Jugendlichen besonders bedeutsam wird, kann bei Adoptivkindern auf Grund ihres mangelnden Urvertrauens in spezifischer Weise virulent werden. Frau Sommer, die erfahrene Adoptivmutter (siehe Rech-Simon u. Simon 2008, S. 130), berichtet, dass Hanna immer voller Spannung von der Schule gekommen sei und sie, Frau Sommer, zu Hause immer mit dem Essen auf das Mädchen gewartet habe. Manchmal habe schon die bloße Anwesenheit der Mutter gereicht, um Hanna wütend zu machen.

»Dass ich nur da war, war offenbar schon zu viel.« Um die Situation nicht eskalieren zu lassen, verlässt Frau Sommer die Wohnung so, »dass sie [Hanna; die Verf.] nicht gehört hat, wie ich gehe, weil sie das schon wieder zum Anlass genommen hätte, wütend zu werden, etwas herumzuschmeißen.« Frau Sommer macht einen Spaziergang und kann so vermeiden, dass sie die von ihrer Tochter ausgehende Spannung annimmt und darauf mit ähnlicher Wut reagiert, »wie es leider oft passierte. Aber wenn ich wiederkam, nach einer kleinen Weile, da war sie oben in ihrem Zimmer. Das Nachtischschälchen war leer. Gut so, habe ich gedacht, das ist doch schon mal was! Und wenn sie dann von oben wieder herunterkam, war es eine andere Situation«. Manchmal habe sie es auch geschafft, die Spannung anzunehmen und auszuhalten. »Ich kann mich an eine ganz seltene Situation erinnern«, erzählt Frau Sommer, »trotz dieser Wut und Spannung, die sie da so über mich geschüttet und bei mir abgeladen hat, da bin ich auf sie zugegangen, habe sie in den Arm genommen und gesagt: ›Das ist aber auch alles ein schwieriges Durcheinander, komm, lass dich doch mal lieb drücken!‹ Da ist sie sofort in Tränen ausgebrochen.«

Lebensphasenspezifische Aufgaben in der Entwicklung von Adoptivkindern. Im *Vorschulalter* werden sich die Kinder der besonderen Realität ihres Adoptionsstatus stärker bewusst. Sie entwickeln Fantasien und Vorstellungen, in denen sie sich mit ihren biologischen Eltern auseinandersetzen, und wollen verstehen, warum sie in eine neue Familie kamen. Adoptiert worden zu sein ruft Fragen hervor wie z. B., was an ihnen überhaupt liebenswert ist und ob etwas von den Anteilen der leiblichen Eltern in ihnen fortbesteht. Sie befürchten, dass sie auch von ihren Adoptiveltern im Stich gelassen werden könnten. Aus diesem Grund überprüfen sie deren Verlässlichkeit und Zuwendung immer wieder. Ihr Verhalten kann eine Art Austesten sein, das die Adoptiveltern vor große Herausforderungen stellt.

Im Alter von etwa drei Jahren beginnt das Kind, Fragen zu stellen, die Anlass sein können, eine offene, altersgemäße Kommunikation über die »doppelte Elternschaft« einzuleiten. Christa Hoffmann-Riem (1984) berichtet, dass die zentrale Frage, die das Adoptivkind z. B. beim Anblick einer schwangeren Frau stellt, laute: »War ich auch in deinem Bauch?« Die Trauer, die dann vom Adoptivkind bearbeitet werden muss, nachdem es die Antwort gehört hat, kann eine doppelte sein. Auf der einen Seite bedauert es, nicht aus dem Bauch der sozialen Mutter, der Adoptivmutter, gekommen zu sein. Zum anderen bedauert es, dass die Mutter, aus deren Bauch es gekommen ist, es abgegeben hat. In diesem Verarbeitungsprozess ist es nicht hilfreich, wenn die Adoptiveltern die leibliche Mutter stets als »andere Frau« bezeichnen und somit bewusst oder unbewusst die leibliche Elternschaft entwerten.

Dazu das Beispiel (ebd., S. 86), wie eine Adoptivmutter ihre distanzierende Haltung gegenüber der leiblichen Mutter aufgeben konnte, nachdem ihr Adoptivkind seine leibliche Mutter ausdrücklich als solche bezeichnet hat. Diese Adoptivmutter berichtet:

> »Die hat mich ja korrigiert als Fünfjährige, und zwar hab ich immer, so idiotisch wie man ist, ich hab immer gesagt ›die andere Frau‹. Eines Tages, ich seh sie [das Adoptivkind; die Verf.] noch in der Küche stehen, da sagt sie zu mir: ›Ich habe eine richtige Mutter.‹ Das hat mir dann auch erst mal wie 'n Hammer auf den Kopf geklopft. Und da hab ich gesagt: ›Wieso, bin ich denn 'ne falsche?‹ Und da guckt sie mich an und grinst und sagt: ›Nee, so eine wie aus Hänsel und Gretel, nee, das bist du nicht.‹« Darauf sagt der Adoptivvater: »Dann haben wir immer vermieden, von zwei Müttern zu reden.« Und die Adoptivmutter: »Das hat aber alles gar nichts genutzt. Sie spricht trotzdem von der einen Mutter und der anderen Mutter, und also sie hat von vornherein sich da ihr eigenes Bild von dieser Mutter gemacht, nicht. Sie hat gesagt: ›Ihr könnt ruhig sagen, das sind, das ist die Frau, mich im Bauch gehabt hat, oder der Mann, aber für mich sind das Eltern.‹«

Rech-Simon und Simon (2008) raten den Adoptiveltern außerdem, sich in jedem Fall auf die Seite der leiblichen Eltern zu stellen, um so dem Kind die Möglichkeit zu nehmen, die Elternpaare gegeneinander auszuspielen.

Mit der *Schulzeit* beginnt »die schreckliche Phase des Familienlebens« (ebd., S. 166). Die Schulzeit erweist sich für Adoptivkinder deshalb so problematisch, weil sie sich jetzt auf eine Beziehung einlassen müssen, die sie auf Grund der Trennung von den leiblichen Eltern seit ihrer frühen Kindheit als bedrohlich verinnerlicht haben: die Unterwerfung unter eine fremde Macht. Im Mittelpunkt steht dabei die Sorge um ihre Unabhängigkeit. Sie entwickeln wenig Interesse am Unterricht, denn ihre Aufmerksamkeit gilt dem Demonstrieren von Autonomie, damit sie sich nicht auf vermeidbare Abhängigkeitsverhältnisse einlassen müssen; so schützen sie sich vor erneuten Trennungen. Die Lehrer »versuchen, steuernd einzugreifen, was zur Folge hat, dass das Kind sich in seiner Autonomie bedroht fühlt, was von ihm mit einer Steigerung des ›autonomen Verhaltens‹ beantwortet wird, was wiederum zu einer Steigerung der Disziplinierungsversuche führt usw.« (S. 75). Die Leistungen der Kinder werden manchmal so schlecht, dass die Schule eine Chance sieht, das »störende Kind in irgendwelche Sondereinrichtungen zu ›entsorgen‹« (S. 171). Rech-Simon und Simon raten den Adoptiveltern, sich in dem Problemkreis Eltern-Schule-Kind vor das Adoptivkind zu stellen. Wenn sich die Eltern nämlich zum Anwalt der Schule machen und Partei ergreifen für das Anliegen der Lehrer, dann wird die Grenze zwischen Familie und Schule aufgelöst. Die Familie verliert ihren Charakter als Ort, der als Kompensation für die Zumutungen der Schule und als Unterstützungssystem seine Bedeutung erhält (S. 177).

Adoleszenz. Wo immer Adoptivkinder ihre Unabhängigkeit in Frage gestellt sehen, werden sie widerständig und fangen an, sich zu wehren. Diese Dynamik haben Rech-Simon und Simon (2008) in ihrem Buch eindrücklich beschrieben. Die Adoleszenzzeit ist aber für solche Kinder, für die Abhängigkeit generell ein Problem darstellt, besonders brisant. Denn jetzt sind sie in ihrer Entwicklung so weit, dass sie (scheinbar) allein, ohne Rücksicht auf Eltern, Lehrer oder andere Autoritäten, durchs Leben kommen können. Doch bei der Suche nach dem eigenen Weg, nach der eigenen Identität werden die leiblichen Eltern erneut wichtig. Denn sie liefern Identifikationsmöglichkeiten, die sich dafür nutzen lassen, auch den Adoptiveltern gegenüber die eigene Autonomie zu demonstrieren. Disziplinierungsversuche können mit Argumenten wie »Ihr seid gar nicht meine richtigen Eltern« vom Tisch gefegt werden. Dieses Risiko wird dann besonders groß, wenn die Adoptiveltern immer schon die leiblichen Eltern abgewertet haben. Adoptivkinder kommen aber erst dann mit sich ins Reine, wenn sie ihre Geschichte kennen und ihre Erfahrungen ohne Verleugnung einordnen können. Dazu bedarf es der Anerkennung, dass die leiblichen Eltern die soziale Elternschaft nicht übernehmen konnten und dass sich Adoptiveltern als Eltern zur Verfügung gestellt haben, die sich Sorgen um das weitere Fortkommen des Adoptivkindes machen, als ob es ihr eigenes Kind wäre. Eine gute Entwicklungsgrundlage ist dann gegeben, wenn die Adoptiveltern zu einer Einstellung finden, die zwischen einem zu engen und verstrickten Beziehungsmuster einerseits und einem sich abgrenzenden Verhalten andererseits liegt und die dem Adoptivkind Respekt zollt und den Kontakt zu ihm erhält – und nicht gefährdet.

Literatur

Themen in der Adoptivfamilie. Um sich einen Überblick über die Adoptionsforschung zu verschaffen, empfehlen wir: Celina Rodriguez-Drescher (2006): Familiendynamik bei spätadoptierten Kindern. Gießen (Psychosozial Verlag), S. 23–78; Barbara Sichtermann und Claus Leggewie (2003): Das Wunschkind. Adoption und die Familie von heute. München (Ullstein); Claus Leggewie (2004): Das fremde Kind. Eine Lanze für die Adoption. *Kursbuch* 156 (Kinder, Kinder): 103–110; Donald W. Winnicott (1955): Adoptivkinder in der Adoleszenz. In: Edda Harms und Barbara Strehlow (Hrsg.): Das Traumkind in der Realität. Göttingen (Schulz-Kirchner), S. 168–174.

Historische Aspekte. Den Überblick über die historische Entwicklung haben wir mit Hilfe folgender Literatur zusammengestellt: Harald Paulitz (Hrsg.) (2006b): Adoption. Positionen, Impulse, Perspektiven. München (C. H. Beck), insbes. S. 7–19; Momo Evers und Ellen-Verena Friedemann (2007): Handbuch Adoption. München (Südwest), insbes. S. 43–48; Monika Pfaffinger (2007): Geheime und offene Formen der Adoption. Zürich (Schulthess), insbes. S. 8–24; Claudia Henning (1994): Adoption – Problem oder pädagogische Chance? Frankfurt a. M. (Peter Lang), insbes. S. 26 f., 47–55.

Die Adoptivfamilie im Spiegel der Zahlen. Zur Statistik: Deutscher Bundestag (2007): Antwort der Bundesregierung ...: Adoptionen in Deutschland (= Drucksache 16/4094). Verfügbar unter: http://dip21.bundestag.de/dip21/btd/16/040/1604094.pdf [30.6.2009]; Momo Evers und Ellen-Verena Friedemann (2007): Handbuch Adoption. München (Südwest), S. 53; Harald Paulitz (Hrsg.) (2006b): Adoption. Positionen, Impulse, Perspektiven. München (C. H. Beck), S. 2; *Frankfurter Allgemeine Zeitung*,10.7.2007.

Die strukturelle Ausgangslage der Adoptivfamilie. Christa Hoffmann-Riem (1984): Familienleben mit doppelter Elternschaft. München (Fink); Harald Paulitz (Hrsg.) (2006b): Adoption. Positionen, Impulse, Perspektiven. München (C. H. Beck), S. 74–77, 133–135.

Drei Fallskizzen. Zum Begriff des »offenen« und »geschlossenen« Bewusstheitskontextes: Barney Glaser and Anselm L. Strauss (1965): Awareness of dying. Chicago (Aldine) [Dt. (1974): Interaktion mit Sterbenden, Göttingen (Vandenhoeck & Ruprecht).]; Christa Hoffmann-Riem (1984): Familienleben mit doppelter Elternschaft. München (Fink), insbes. S. 214–262; Betty J. Lifton (1982): Adoption. Stuttgart (Klett-Cotta); Arthur D. Sorosky, Annette Baran und Reuben Pannor (1982): Zueinander kommen – miteinander leben. Eltern und Kinder erzählen. Reinbek bei Hamburg (Rowohlt). Die Fälle stammen aus: *Kontext. Zeitschrift für Systemische Therapie und Familientherapie* (2008) 3: 230–270; Françoise Zonabend (2007): Adopter des sœurs. Construction de la parenté et mémoire des origines. *L'Homme* 183: 9–28. Zur Fotografie als Integrationsritual: Alain Testart (1999): Argument. *L'Homme* (numéro spécial: Esclaves et sauvage) 152: 191–193.

Die Orientierung an der Kernfamilie. Die Beispiele stammen aus: Stefan Beck, Sabine Hess und Michi Knecht (2007): Verwandtschaft neu ordnen: Herausforderungen durch Reproduktionstechnologie und Transnationalisierung. In: Stefan Beck, Nevim Çil, Sabine Hess, Maren Klotz und Michi Knecht (Hrsg.): Verwandtschaft machen. Reproduktionsmedizin und Adoption in Deutschland und der Türkei. Münster (LIT), S. 12–31; Christa Hoffmann-Riem (1984): Familienleben mit doppelter Elternschaft. München (Fink), S. 170 f.

Risiko- und Schutzfaktoren für das Aufwachsen in einer Adoptivfamilie. Nancy J. Cohen (2002): Adoption. In: Michael Rutter and Eric S. Taylor (eds.): Child and adolescent psychiatry. Malden, MA (Blackwell), pp. 373–381; David M. Brodzinsky and Cynthia Steiger (1991): Prevalence of adoptees among special education populations. *Journal of Learning Disabilities* 24 (8): 484–489; Barbara Tizard (1977): Adoption. A second chance. London (Open); Josef Jungmann (1980): Adoption unter Vorbehalt? Zur psychischen Problematik von Adoptivkindern. *Praxis der Kinderpsychologie* 29: 225–230; Søren Ventegodt (2008): A prospective study on quality of life and traumatic events in early life – A 30-year follow-up. *Child: Care, Health, and Development* 34: 213–222; James A. Rosenthal, Dolores M. Schmidt and Jane Conner (1988): Predictors of special needs adoption disruption: An exploratory study. *Children and Youth Services Review* 10 (2): 101–117; Paul Brinich (1995): Psychoanalytical perspectives on adoption and ambivalence. *Psychoanalytic Psychology* 12: 181–199; Celina Rodriguez Drescher (2006): Familiendynamik bei spätadoptierten Kindern. Gießen (Psychosozial Verlag), S. 28 ff.; Harald Paulitz (Hrsg.) (2006b): Adoption. Positionen, Impulse, Perspektiven. München (C. H. Beck), S. 242–254. Die Beispiele stammen aus: Christel Rech-Simon und Fritz B. Simon (2008): Survival-Tipps für Adoptiveltern. Heidelberg (Carl-Auer), S. 96–140 (der Fall Sommer); Momo Evers und Ellen-Verena Friedemann (2007): Handbuch Adoption. München

(Südwest), S. 304; Wolfgang Oelsner und Gerd Lehmkuhl (2005): Adoption. Düsseldorf/Zürich (Walter), S. 129–140 (Ehepaar D. und Mario).

Adoptivfamilien in Beratung und Therapie. Christel Rech-Simon und Fritz B. Simon (2008): Survival-Tipps für Adoptiveltern. Heidelberg (Carl-Auer); Christa Hoffmann-Riem (1984): Familienleben mit doppelter Elternschaft. München (Fink); Martin R. Textor (2006): Adoptivfamilien. In: Wassilios E. Fthenakis und Martin R. Textor (Hrsg.) (o. J.): Online-Familienhandbuch. Verfügbar unter: http://www.familienhandbuch.de/cmain/f_Aktuelles/a_Elternschaft/s_689. html [30.6.2009]; Wolfgang Oelsner und Gerd Lehmkuhl (2005): Adoption. Düsseldorf/Zürich (Walter), S. 155–166; Momo Evers und Ellen-Verena Friedemann (2007): Handbuch Adoption. München (Südwest), S. 301–310.

4. Abwesende Kinder: Kinderlose Paare

> »»Ich habe gesagt, dass wir vielleicht noch einmal darüber nachdenken sollten,
> ein Kind zu adoptieren.‹ ›In Ordnung.‹ ›In Ordnung! Das sind also deine
> Gefühle?‹, Du hast kein Recht, mich das zu fragen. Meine Gefühle sind in
> Bezug auf dieses Thema schon lange erschöpft. Als ich es wollte, hast du dich
> aufgeführt, als hätte ich dich gebeten, mir einen Mähdrescher zu besorgen‹.«
> (Paula Fox 2000, S. 181)

*Kinderlosigkeit geht an die Wurzel einer Paarbeziehung und drängt auf Aus-
einandersetzung • Anstieg der Zahl kinderloser Paare und Anstieg des Kinderwunsches – ein Widerspruch? • Eine Typologie von Kinderlosigkeit bei Paaren
• Bewusste Kinderlosigkeit • Ungewollte Kinderlosigkeit • Die konsequente Verlagerung eines unerfüllten Kinderwunsches auf ein Drittes • Kinderlose Paare in
Beratung und Therapie • Literatur*

Kinderlosigkeit geht an die Wurzel einer Paarbeziehung und drängt auf Auseinandersetzung

Eine Frau, die sich über einige Jahre mit ihrem Kinderwunsch und
ihrem Leiden an der ungewollten Kinderlosigkeit auseinandergesetzt
hat, schildert, wie schwer es ihr fällt, die Situation zu akzeptieren und
Alternativen zu dem stark in ihre Biografie integrierten Wunsch der
Elternschaft zu finden:

> »Trotz Selbsthilfegruppe, trotz Therapie bleibt dieses schmerzliche Ge-
> fühl, dass eine Sehnsucht in mir nicht erfüllt wurde. Und es bleibt auch
> die Frage, ob ich eigentlich alles falsch gemacht habe, ob ich mich im
> Grunde genommen ganz falsch entschieden habe. Es gibt kein Programm
> für ein kinderloses Leben. Das ist die Schwierigkeit. Man kann sagen:
> Wie die oder die wollen wir es machen. Aber etwas anderes zu finden,
> was nicht nur Freizeitfüllung ist, ist schwer. Meine Mutter sagt immer:
> ›Macht euch das Leben schön.‹ Dazu kann man dann nur sagen: Ja sicher.
> Wenn der Geldtopf voll genug ist, gehen wir los. In die Sauna, schwim-
> men, verreisen. Oder wir spielen Tennis, kaufen uns jedes Auto, jeden
> Mantel, der uns gefällt. Man konsumiert nur noch, aber innerlich ist
> man nicht wirklich erfüllt. Ich denke, dieses Kind, dieser Kinderwunsch,
> an dem hängt auch die Sinnfrage an das Leben. Und meinen Sinn kann
> ich weder darin sehen, ob ich töpfere oder sonst irgendwas mache. Das
> soll mein Leben sein? Das ist doch nicht meine Aufgabe! Irgendwann ha-

ben wir gesagt: ›Okay, dann ist anscheinend unser Beruf unsere Aufgabe oder unsere Berufung. Da macht man ja auch etwas Wichtiges. Man geht z. B. mit Kindern um.‹ Aber dann bestehen wir auf einmal nur noch aus Beruf. Kommen nach Hause, ich rede von meinem, er von seinem Beruf, und dann ist Schluss. Und das ist auch wieder nicht richtig. Es ist verrückt!«

Dieses Beispiel zeigt, wie durch die Abwesenheit des Dritten, hier des Kindes, geradezu eine Suche provoziert wird. Die Erfahrung der eigenen und der medizintechnischen Handlungsgrenzen fordert dazu heraus, den nicht realisierbaren Wunsch nach Nachkommen auf eine Leistung bzw. Tätigkeit zu verlagern. Die Wege der Sublimierung sind vielfältig: Die einen nehmen intensive Beziehungen zu Nachbarkindern, Nichten und Neffen, zu Patenkindern und Kindern von Freunden auf; andere übernehmen die Pflege der erkrankten Eltern; wieder andere suchen sich eine befriedigende Berufstätigkeit, die den mit der Elternschaft gegebenen Gewinn kompensieren kann; manche tauchen in einen künstlerischen Schaffensprozess ein, kaufen sich ein Haus, pflegen eine gesteigerte Reiseaktivität oder »nur« die Liebe zu ihrem Hund. Mit anderen Worten: Bleibt das Dritte als das »leiblich gewordene Unendlichkeitsversprechen« (Allert 1998, S. 251) gewollt oder ungewollt aus, dann wird die Leerstelle durch einen Platzhalter gefüllt.

Anstieg der Zahl kinderloser Paare und Anstieg des Kinderwunsches – ein Widerspruch?

Seit Beginn des 21. Jahrhunderts hat die Anzahl kinderloser Paare in fast allen Industriestaaten kontinuierlich zugenommen, vor allem in der Bundesrepublik Deutschland. Zwischen 1996 und 2004 ist die Zahl der Paare ohne Kinder auf 11,5 Millionen angestiegen. Im Jahr 2001 hat der Anteil der Ehepaare ohne Kinder den Anteil der Ehepaare mit Kindern erstmalig überstiegen. Die Zunahme der Kinderlosigkeit lässt sich am eindrücklichsten an Erhebungen pro Jahrgang ablesen: Während z. B. von den Frauen des Geburtsjahrgangs 1935 in Deutschland lediglich 9 Prozent kinderlos geblieben sind, beträgt der Anteil in der Kohorte des Jahrgangs 1958 ca. 23 Prozent, und die Zahlen steigen weiter (Nave-Herz, Onnen-Isemann u. Oßwald 1996).

Im Widerspruch zum Anstieg der Kinderlosigkeit bei Paaren stehen Umfrageergebnisse, denen zufolge die überwiegende Mehrheit der Befragten in der Bundesrepublik Deutschland angibt, dass man eine Familie zum Glück braucht. In einer 1999 unter 1580 Bundesbürgern im Alter von 14 bis 50 Jahren durchgeführten Repräsentativbefragung wird Elternschaft als wichtiges Lebensziel genannt. 60 Prozent der Ostdeutschen und 40 Prozent der Westdeutschen geben an, dass eine eigene Familie für ihre Lebenszufriedenheit sehr wichtig ist (Stöbel-Richter, Brähler u. Schumacher 2001). Für 52 Prozent der Deutschen rangiert die Familie nach einer Emnid-Umfrage im April 2004 ganz oben auf der Werteskala, weit vor der persönlichen Freiheit (*Spiegel* 4/2007). Eine Trendbefragung in den alten Bundesländern zeigt sogar, dass seit den 1980er Jahren gerade bei jungen Erwachsenen bis 30 Jahre der Stellenwert der Familie gestiegen ist. Während 1984 noch weniger als die Hälfte in dieser Altersgruppe glaubt, dass man eine Familie zum Glück braucht, vertreten im Jahr 2006 etwa drei Viertel diese Ansicht. Die meisten kinderlosen Männer und Frauen von 18 bis 30 Jahren äußern den Wunsch, Kinder zu haben: 92 Prozent in Westdeutschland und 96 Prozent in Ostdeutschland wünschen sich Kinder. Bei den Befragten von 31 bis 50 Jahren geht dieser Anteil auf ungefähr 45 Prozent zurück. Personen, die schon Kinder haben, äußern häufig den Wunsch nach weiteren Kindern.

Als Bedingungen für den Anstieg der Kinderlosigkeit werden vor allem gesellschaftliche Veränderungen wie steigende Erwerbsorientierung, Bildung und Qualifikation von Frauen und ein Wandel individueller Lebensentwürfe unter Einschluss bewusst geplanter Kinderlosigkeit aufgeführt. Neuerdings nehmen jedoch die Geburten bei Spätgebärenden zu – wir beobachten also Tendenzen, frühere Entscheidungen zur Kinderlosigkeit im späteren Erwachsenenalter zu korrigieren. Als Fazit bleibt, dass Kinderlosigkeit und Kinderwunsch sich nicht gegenseitig ausschließen, sondern eine lebenslagenspezifische Verbindung eingehen. Kinderlosigkeit alleine als Ergebnis einer sich zunehmend individualisierenden Gesellschaft zu deuten greift also viel zu kurz.

Eine Typologie von Kinderlosigkeit bei Paaren

Erst seit der Verfügbarkeit sicherer empfängnisverhütender Mittel und der Einführung der Straffreiheit bei Abtreibung besteht die Überzeugung, die Erfüllung des Kinderwunsches, d. h. die Absicht, ein Kind zu zeugen und zu gebären, sei konkret planbar. So entscheiden sich manche Paare frühzeitig für ein Leben mit Kindern und lassen der Natur ihren Lauf; manche wählen die Kinderlosigkeit. Wieder andere schieben erst einmal die Realisierung des Kinderwunsches zu Gunsten anderer Lebensoptionen auf und verwirklichen sich z. B. im Beruf. In einigen Fällen geht das Warten auf den richtigen Zeitpunkt für ein Kind bzw. das Aufschieben des Kinderwunsches in die endgültige Kinderlosigkeit über, ohne dass das Paar sich an einem bestimmten Punkt bewusst gegen Kinder entschieden hätte. Rosemarie Nave-Herz und Ursula Oßwald skizzieren eine Typologie der Kinderlosigkeit (siehe Abbildung 1).

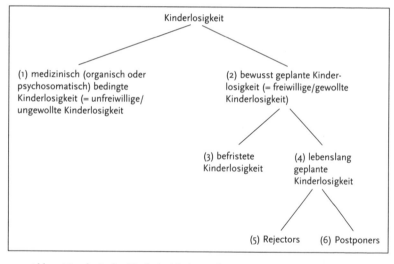

Abb. 1: Typologie der Kinderlosigkeit (nach Nave-Herz u. Oßwald 1989, S. 378)

Kinderlosigkeit kann unfreiwillig sein (1) oder auf einer freien Entscheidung beruhen (2). Bewusst geplante Kinderlosigkeit kann zeitlich befristet (3) oder lebenslang (4) angelegt sein. Dann gibt es Paare, die schon früh eine Elternschaft grundsätzlich ablehnen (»Rejectors«) (5), und Paare, die sich erst im Verlauf ihrer Biografie für ein Leben ohne Kinder entscheiden (»Postponers«) (6). Angesichts dieser Komplexität ist eine Bestimmung der Kinderlosigkeit über die einfache Präzisierung nach »gewollter« und »ungewollter« Kinderlosigkeit nicht zuletzt deshalb problematisch, weil unklar ist, ob der Anstieg der Zahl kinderloser Paare auf gewollte oder ungewollte Kinderlosigkeit zurückgeht. Zeigen doch einige Studien (Carl 2002; Schneider 1994), dass der dauerhaft aufgeschobene Kinderwunsch häufig zur Kinderlosigkeit führt, wenn nämlich gegen Ende des gebärfähigen Alters die Wahrscheinlichkeit steigt, dass medizinische Gründe eine späte Mutterschaft verhindern. So vermischen sich freiwillige und unfreiwillige Ursachen der Kinderlosigkeit. Nave-Herz spricht in diesem Zusammenhang von »verhinderten Familien« (Nave-Herz 1988). Für sie wird der unfreiwillige Verzicht auf Nachkommen besonders dann zu einer Belastung, wenn der Hauptgrund für die Eheschließung die Kindorientierung gewesen ist. Oft leiden die Frauen in solchen Paarbeziehungen unter einem gestörten Selbstwertgefühl, depressiven Stimmungen und Stress, und nicht selten sehen die betroffenen Paare eine Therapie als ihre letzte Chance, obwohl sie über deren geringe Erfolgsaussichten Bescheid wissen.

Aus der erwähnten Typologie der Kinderlosigkeit greifen wir nun folgende Fälle heraus: ein Paar, das sich bewusst gegen Kinder entschieden hat; ein Paar mit einer langen Geschichte reproduktionsmedizinischer Versuche bei biologisch bedingter Kinderlosigkeit; und ein Paar, das aus biologischen Gründen unfreiwillig kinderlos ist und sich dafür entschieden hat, einen Paarentwurf jenseits der Familie zu realisieren.

Bewusste Kinderlosigkeit

Zunächst einige Stichworte zur Geschichte bewusster Kinderlosigkeit. Die freiwillige, bewusste Entscheidung, keine Kinder zu bekommen, ist historisch gesehen eine Ausnahmeerscheinung. Die Grundstruktur der bisherigen Gesellschaftsordnungen sah einen *pater familias* vor und eine Ehefrau als Mutter für seine Nachkommen. Kinderlosigkeit ging auf jeden Fall mit dem Verzicht auf Heirat und häufig mit der Ausübung einer religiösen Tätigkeit einher. Kinderlos waren zum Beispiel die Tempeljungfrauen bei den alten Römern oder Germanen, die Nonnen und Mönche der christlichen Klöster. Ferner galten zu bestimmten Zeiten für Männer in einigen Berufsständen Heiratsverbote, etwa für Knechte, Gesellen und Offiziere. Da in solchen Fällen die Kinderlosigkeit von außen bestimmt war, kann man hier nicht von gewollter Kinderlosigkeit sprechen. Es geht um eine zu Gunsten anderer Interessen in Kauf genommene Kinderlosigkeit. Die Möglichkeit der bewusst gewählten kinderlosen Ehe ist ein neuartiges gesellschaftliches Phänomen. Umgekehrt wird Elternschaft in der Moderne auf Grund von Individualisierungsprozessen, von modernen Frauenkarrieren und auf Grund einer neuen »Liebe zur Arbeit« (vgl. Hochschild 2002) zum Planungsprojekt und ist von zunehmend ausgefeilten technischen, insbesondere reproduktionsmedizinischen Möglichkeiten abhängig – wir werden das später an einem weiteren Beispiel illustrieren. Jetzt also das Beispiel zur gewollten Kinderlosigkeit.

Das Ehepaar Hagen wohnt in einer kleinen Wohnanlage in einem Außenbezirk von Köln. Schon seit Jahren träumen die beiden von einer geräumigen Eigentumswohnung, »schön mit Parkettboden«, in der jeder von ihnen ein eigenes Arbeitszimmer hat. Am Geld liege es nicht, dass sie immer noch hier wohnten, so Herr Hagen. Aber sich an einem Samstag auf irgendwelchen windigen Baustellen mit irgendwelchen windigen Maklern herumzuschlagen, dafür fehlten ihnen auf Grund ihrer anspruchsvollen und zeitintensiven Berufsausübung kräftemäßig die Ressourcen. So ist es bisher nach kleinschrittigen Orientierungsbemühungen nicht zum Kauf gekommen.

Herr Hagen hat eine akademische Karriere absolviert, die Eigeninitiative und Motivation, ein beträchtliches Maß an Selbstdisziplin und die Fähigkeit voraussetzte, unsichere Beschäftigungsverhältnisse und finanzielle Engpässe auszuhalten. Eine Dauerstelle hat er erst spät bekommen, aber er sagt, einen schöneren Beruf als seinen könne er sich nicht vorstellen. Auch Frau Hagen hat einen leistungsintensiven Lebensentwurf vorzuweisen. Sie komme aus einfachen Verhältnissen, wie sie uns erzählt, und habe sich über eine anspruchsvolle Bildungs- und Berufskarriere den Eintritt in die Kultur der freien Berufe geebnet. Ihre Mutter hätte diesen Beruf gerne selbst ausgeübt, aber die Kinder, die sie nach einer anfänglich kinderlosen Ehe dann doch noch bekommen habe, hätten eine Berufsausbildung verunmöglicht. Die Mutter wurde also Hausfrau und versorgte drei Kinder, der Vater ging arbeiten:

»Den haben wir gar nicht gesehen. Der ist morgens um sieben aus dem Haus gegangen oder um sechs und am Abend um 21 Uhr wiedergekommen. Meine Mutter, die zu Hause war, hat das Geld zugeteilt bekommen von meinem Vater, was ich ganz furchtbar fand. Also das ist für mich etwas, wo von klein auf bei mir der Wunsch war, du wirst nie in deinem Leben von einem Mann finanziell abhängig sein. Und das hat unsere Mutter uns Kindern auch auf den Weg gegeben.«

Deutlich wird an dieser Erzählung, wie durch den mütterlichen Lebensweg nicht realisierter Berufswünsche die eigene Bildungsgeschichte vorgeprägt ist. Frau Hagen entscheidet sich für einen Lebensentwurf, der den der Mutter korrigiert. Das gelingt ihr, indem sie auf eine eigene Familie mit Kindern verzichtet und stellvertretend für die Mutter den beruflichen Aufstieg realisiert.

Ferner hat Frau Hagen auch einen uneingelösten väterlichen Lebensplan verwirklicht. Nach dem Krieg wollten die Eltern in den westlichen Teil Deutschlands gehen.

»Und dann war ich unterwegs, 1960, und meine Mutter hat gesagt, nein, jetzt bringt sie das Kind erst auf die Welt. Dann hat sie gesagt, das Kind ist noch zu klein, jetzt warten wir noch ein Jahr – dann war die Grenze zu. Und mein Vater hat das lange nicht verkraftet, dass er im Osten bleiben musste. Und wer ist dran schuld: die Kinder.«

An Frau Hagens Biografie wird deutlich, dass das berufsbezogene Paarleben ohne Kinder eine Konsequenz aus der Entscheidung ist, den eigenen Lebensentwurf in der Auseinandersetzung mit den nichtrealisierten Möglichkeiten der Eltern zu gestalten. Wie passt das zum Lebensentwurf von Herrn Hagen, dem Partner?

Herr Hagen ist in Westdeutschland aufgewachsen und Einzelkind. Er erzählt, dass seine Eltern »überhaupt nicht zusammengepasst haben und seit ewigen Zeiten getrennt leben«. Er scheint einen Lebensentwurf zu haben, den er als Gegenentwurf zu dem seiner Eltern gestaltet. Er habe einige Dinge völlig anders aufgezogen, als er das von zu Hause gelernt habe, »ohne Garantie, dass so was klappt«. Im Einzelnen führt er aus:

»Die Entscheidung, keine Kinder zu haben, ist bei mir schon ganz früh gefallen. Ich kann mit Kleinkindern nicht, die ein bestimmtes Alter unterschreiten. Dieses Gekotze, Gescheiße und Gepisse, das ist es, was ich nicht abkann. Ich habe einen unendlichen Ekel und Abscheu vor diesen kleinen Lebewesen, die andere süß finden. Ich kann nicht beim besten Willen. Ich bin Ästhet, und das seit meiner frühen Kindheit. Da ist bei mir nichts zu machen, und ich vermisse es auch nicht, und ich will es auch nicht haben. Keine Chance.« Er habe auch nicht den Eindruck, etwas in seinem Leben verpasst zu haben. Und zu seiner Frau gewendet: »Du gefällst mir heute ganz besonders, und da fehlt irgendwie nix. Also, das ist komplett.«

Bei Frau Hagen ist die Entscheidung gegen Kinder erst gefallen, als sie verheiratet und in den Westen gegangen war. Ihre Paarbeziehung beschreibt sie als Partnerschaft, in der auch sie nichts vermisse. In ihrem Beruf sei sie tagsüber sehr ausgelastet, und »die wenige Freizeit, die wir haben, gestalten wir zusammen, und da fehlt mir momentan nichts«.

Auch habe sie das bis zum »heutigen Tage eigentlich nicht bereut, keine Kinder zu haben, wenn man mich als Frau fragt, ob ich Kinder habe. Und wenn Robert unbedingt hätte Kinder haben wollen, hätte ich das auf mich genommen und hätte vielleicht auch Kinder. Aber so war klar, ihm liegt nicht viel dran, und ich wollte auf jeden Fall meinen Job behalten.«

Es wird deutlich, dass die Entscheidung gegen Kinder bzw. gegen Elternschaft von Frau Hagen nicht von Anfang an so endgültig getroffen werden konnte, sondern auf der Grundlage einer Abwägung von beruflichen und familialen Werten gefällt wurde. Bevor sie ihren Mann kennengelernt habe, seien Kinder für sie selbstverständlich gewesen, sie selbst wie auch ihre Schwestern seien so erzogen worden, und auch alle ihre Kommilitoninnen hätten Kinder bekommen.

»Und dann habe ich Robert kennengelernt, der wollte nie heiraten, und ich wusste auch schon, dass er keine Kinder mag.« In Ungarn, so erzählt Herr Hagen die Geschichte weiter, »auf einem Zeltplatz, nach einem misslungenen Fluchtversuch nach Österreich, wollte sie mit mir Schluss machen, weil das Ganze eh keinen Sinn hat, und ich dachte, das Ganze ist irgendwie schon toll, und ich hatte schon Wochen vorher überlegt, dich eventuell rauszuheiraten, und habe das irgendwie so formuliert: Wenn du nix dagegen hättest, würde ich mir vorstellen können, dass wir heiraten. Aber eines müsse ich dir schon sagen, eine Einschränkung hätte ich, Kinder würde ich wohl nicht wollen.« An diesem Tag in Ungarn habe er die Form ihres Zusammenlebens festgelegt: ein Zusammenleben ohne Kinder. Er habe mit dem Vorschlag zu heiraten ein Angebot gemacht, »und du hast es ratifiziert«. Frau Hagen: »Ich habe immer gedacht, wir kriegen das in Griff.«

Letztendlich geht es hier aber um einen Wertekonflikt zwischen Familie und Berufstätigkeit, der auf Kosten der Elternschaft entschie-

den wird. Frau Hagen berichtet, dass sie schon in der DDR sehr viel
in ihrem Beruf gearbeitet habe:

> »Ich hab mein eigenes Geld verdient und stand auf eigenen Füßen. Plötz-
> lich komme ich in den westlichen Teil Deutschlands, verdiene kein Geld
> mehr, und mein Mann gibt mir das Geld.«

Nach zweieinhalb Monaten hat Frau Hagen wieder eine Stelle in ihrem Beruf. Eine Konsequenz der Erfahrung von Abhängigkeit und
Unselbständigkeit, die nicht zuletzt die Erinnerung an die Geschlech-
terbeziehungsmuster ihrer Eltern wachgerufen hat, ist: nie wieder

> »in meinem Leben arbeitslos sein zu wollen durch irgendwelche Um-
> stände. Ich musste mich in meinem Beruf, in dem hauptsächlich Männer
> arbeiten, sehr hart durchbeißen. Wenn ich als Frau dort ausgestiegen wäre,
> hätte ich nie wieder Fuß gefasst. Für mich war klar, Kinder kommen für
> mich nicht in Frage.«

Mit zähem Ehrgeiz und über verschiedene berufliche Spezialisie-
rungen verfolgt Frau Hagen eine Laufbahn, die den Berufsumstän-
den ihres Mannes vergleichbar ist und zu chronischer Zeitknappheit
führt. Kinderlosigkeit wird infolge der beruflichen Entwicklung als
eine unvermeidliche Konsequenz akzeptiert. Nur der vollständige
Verzicht auf eigene Kinder garantiert, dass sie den Leistungsanforde-
rungen ihrer – wie Herr Hagen es ausdrückt – »totalitären Berufe«
gerecht werden können. Die beiden sind der Auffassung, dass es
auf Grund ihrer beruflichen Karrieren nicht einfach bzw. nicht möglich sein würde, auf die affektiven Bedürfnisse eines Kindes einzugehen.

> »Ich bin durch meinen Beruf so ausgefüllt«, berichtet Frau Hagen, »dass
> Kinder bei mir keinen Platz haben. Ich hätte auch keine Kraft mehr, denn
> ich muss auch nachts sehr viel arbeiten, und wenn ich dann morgens nach
> Hause komme oder vormittags und es kommt dann, mal angenommen,
> ein kleines Kind, man macht die Tür auf: ›Mama‹, und man will einfach
> nur ins Bett, die Kraft hätte ich nicht.«

Da einem Kind viel Aufmerksamkeit, Geduld, Fürsorge und Liebe,
Verständnis und Wohlwollen entgegengebracht werden müsse, seien
sie mit ihrem Lebensstil »eine Zumutung für das Kind«, so Herr
Hagen. So entscheiden sich die beiden, da keiner von ihnen auf die
beruflichen Entfaltungsmöglichkeiten verzichten will, für das Modell

einer individualisierten Partnerschaft, die sich auf die beiden Lebens-
bereiche Arbeit und Freizeit konzentriert.

Nach Durchsicht des gesamten Gesprächs mit Herrn und Frau
Hagen erkennt man, dass es den beiden gelingt, eine stimmige Syn-
these herzustellen, die verschiedene Lebenszeiten umfasst. Deutlich
werden auch entscheidende Strukturmerkmale der Zweierbeziehung, nämlich die Konstruktion einer gemeinsamen Geschichte und
ihre Abstimmung auf den anderen. Des Weiteren zeigt das Paar eine
hohe Sensibilität im Umgang mit dem Problem der Aufrichtigkeit
und des Vertrauens:

> »Also, es gibt Familien, da wird geschwiegen, das machen wir überhaupt
> nicht. Als wir da auf dem Standesamt gestanden sind, da drüben in der
> DDR, am 18. November 1989, die Mauer stand schon offen, da haben wir
> uns vorgenommen, wenn es schwierig ist oder wir Klärungsbedarf haben,
> dass wir reden.«

Und es lässt die für jede Zweierbeziehung spezifische Besonderheit
erkennen, dass die starke Inanspruchnahme von Identität und Ge-
staltungsoffenheit in der Autonomie des Paares liegt bzw. der Paarbeziehung einen Gestaltungszwang zumutet.

> »Zum Beispiel«, so Herr Hagen, »die Art und Weise, wie wir Freizeit ge-
> stalten. Ich fahre z. B. tierisch gern Fahrrad. Geht mit dir aber nicht, weil
> ich dreimal schneller bin. Also haben wir rausgefunden: Wandern ist es. In
> den Bergen herumkraxeln, das ist es. Und das wird dann eben ganz locker
> ausprobiert. Das eine klappt nicht so, aber das andere ist ganz toll, und
> das, würd ich meinen, ist eine der großen Stärken unserer Partnerschaft.«

So tritt an die Stelle des Kindes, dem in der familialen Interaktion
die soziale Funktion der Beschwörung von Kontinuität zufällt, eine
ausgeprägte Kommunikation der Gemeinsamkeit als Spiegelbild für
affektives Gelingen.

Als Paar schließt sich das Ehepaar Hagen zwar eng zusammen
und grenzt sich nach außen ab, doch fehlt nicht der Bezug auf ein
Drittes. Darin liegt ja die Spezifik der erotischen Paarbeziehung: dass
sie auf ein Drittes drängt, das in der Regel ein Kind ist. Wie aber wird
dieses Dritte in einer Paarbeziehung realisiert, die explizit darauf gegründet ist, dass das Paar kinderlos bleibt? Es werden Kinder quasi
ausgeliehen. So sind Herr und Frau Hagen z. B. Paten für Kinder
von Eltern, mit denen die beiden verwandt sind. Frau Hagen hat die
Kinder ihrer Schwester ein Jahr lang nach der Geburt mit betreut:

»Die waren wie meine eigenen Kinder. Ich habe sie mit gefüttert, mit gebadet, bin nachts aufgestanden und hatte eine sehr enge oder habe heute noch eine sehr enge Beziehung, und natürlich, selbstverständlich sind es meine Patenkinder.«

Herr Hagen hat für seinen Neffen eine entscheidende Sozialfunktion übernommen:

»Als mein Neffe in das Alter kam, wo man studiert, da hat er in mir seinen Mentor gefunden. Mit seinem Vater war er sehr distanziert, und er hatte irgendwie die Probleme, die ich von jungen Leuten aus meinem Beruf kenne. Wie passt man sich so in die Welt ein? Seine Mutter sagt: ›Robert, es ist ganz unglaublich, er hat irgendwie seinen Vater völlig verloren, er verachtet ihn auch, aber in dir findet er jemanden, der ihm eine ganz große Stütze und ihm ganz großen Rat und ganz großen Halt gibt.‹«

Besonders bedeutsam wird Herr Hagen für seinen Neffen während dessen Adoleszenzzeit, in der es um die Loslösung vom Elternhaus und um die Entwicklung eines eigenen Lebensentwurfs geht. Förderung und Unterstützung erfährt der Neffe in Form eines Mentorenmodells, in dem vorgesehen ist, Krisenschritte zu begleiten und biografische Prozesse über kritische Lebensphasen hinwegzusteuern.

So kann man festhalten, dass Frau und Herr Hagen Austauschbeziehungen pflegen, die nicht ganz ohne die semantischen Bezüge von Vaterschaft und Mutterschaft und damit nicht ohne den Bezug auf ein Drittes auskommen. Dieses Dritte muss jedoch bei der Verwandtschaft ausgeliehen (und entsprechend rechtzeitig wieder zurückgegeben) werden.

Ungewollte Kinderlosigkeit

Es liegen keine verlässlichen Daten vor, die zahlenmäßig zwischen gewollter und ungewollter Kinderlosigkeit unterscheiden. In der Literatur häufig zitierte Schätzungen legen nahe, dass in Deutschland etwa 10 bis 15 Prozent aller Paare im fruchtbaren Alter ungewollt kinderlos sind.

Verbreitet sind die Bemühungen, ungewollte Kinderlosigkeit mit Hilfe medizintechnischer Möglichkeiten zu korrigieren. Nach Angaben der Bundeszentrale für gesundheitliche Aufklärung stellt sich bei jeder siebten Partnerschaft trotz allen »Probierens« kein Nachwuchs ein. 37 000 Paare lassen sich derzeit auf (hochtechnisierte) Formen von Reproduktionstherapien ein (*Spiegel* 4/2007). Dazu gehören hormonelle Stimulationen, die Insemination und die In-vitro-Fertilisation. Das Ehepaar Lang dient hier als Fallbeispiel.

Beim Ehepaar Lang führte der Weg in die Reproduktionsmedizin über eine erste Diagnose, die auf ein wenig günstiges Spermiogramm bei Herrn Lang hindeutete. Es folgten Hormonbehandlungen, ein kleiner chirurgischer Eingriff zu dem Zweck, die Spermienzahl zu steigern, und schließlich der Versuch einer künstlichen Befruchtung. Neben den Konsultationen verschiedener Spezialisten arbeiteten sich die Eheleute – und das gilt für viele kinderlose Paare – systematisch in die Selbsthilfeliteratur und die populärmedizinische Literatur ein. Sie nahmen, vor allem Frau Lang, an Chat-Foren der Selbsthilfeorganisation www.wunschkinder.de [29.6.2009] teil und suchten im Internet nach weiteren, insbesondere englischsprachigen Informationsquellen. Dort wurde wiederholt auf die wissenschaftlich elaborierten und rechtlich wie bioethisch weniger skrupulösen Behandlungsmethoden etwa in Belgien und vor allem in den USA hingewiesen. Ihre – wie Frau Lang es ausdrückt – »richtige« reproduktionsmedizinische, also invasive und technologisch massiv in Körperprozesse eingreifende Behandlung begann, als die eher konventionellen Methoden erschöpft waren. Da die Ärzte, die sie konsultierte, nach wie vor davon ausgingen, dass die Infertilität durch eine »schlechte Spermienqualität« ihres Mannes ausgelöst sei, ließ sie bei wieder anderen Spezialisten eine »intrazytoplasmatische Spermieninjektion (ICSI)« durchführen. Dieses Verfahren erforderte eine mit zahlreichen Nebenwirkungen verknüpfte hormonelle Hyperstimulation der Eierstöcke, bei der bis zu zehn Eizellen entnommen und die männlichen Chromosomen direkt mit einer Mikropipette in die Eizelle eingespritzt werden. Eine oder mehrere dieser *in vitro* befruchteten Eizellen werden danach implantiert in der Hoffnung, dass sie sich »einnisten«. Dies ist ein derzeit medizinisch noch kaum beeinflussbarer Vorgang. Da bei Frau Lang auch dieses Verfahren erfolglos blieb, suchte das Ehepaar ein reproduktionsmedizinisches Zentrum in Zürich auf, das sich auf den Blastozystentransfer spezialisiert hatte; denn es entstand der Verdacht, dass das Problem möglicherweise nicht allein bei Herrn Lang lag. Bei diesem erst seit wenigen Jahren angewandten Verfahren injiziert man der entnommenen Eizelle ein Spermium und wartet dann ab, bis sich in einer Petrischale aus der befruchteten Eizelle durch Teilung achtzellige Blasto-zysten entwickeln. Die sich am »besten« entwickelnden Zellkugeln werden als Vor-Embryonen nach ca. drei bis fünf Tagen implantiert. Der Deutsche Ethikrat hat sich 2004 gegen ein solches Verfahren ausgesprochen, da hierbei eine ähnliche Technik wie beim Klonen zur Anwendung komme.

Auch für diesen Blastozystentransfer sind hormonelle Hyper-stimulationen und Eizellentnahmen notwendig, die gesundheitlich sehr belastend sind. Als bei Frau Lang jedoch auch diese Eingriffe kei-nen Erfolg zeitigten, wechselte das Paar zum Befruchtungsverfahren mittels Spendersamen. Auch diese Behandlung blieb erfolglos. Die nächsten folgerichtigen Schritte wären gewesen: eine gespendete Ei-zelle, die mit Spendersamen befruchtet wird; eine Leihmutterschaft; schließlich noch der Zytoplastentransfer, bei dem der Zellkern, der die Chromosomen enthält, von der Eizelle, die von einer Freiwilligen gespendet wird, entfernt und durch den Zellkern der zu behandeln-den Frau ersetzt wird.

Während Frau Lang noch überlegte, ob sie sich weiter aus diesem reproduktionsmedizinischen Arsenal bedienen sollte, hörte sie von einer neuartigen Behandlungsmethode eines Mediziners aus San Francisco, der – wie sie sagt – auf der »immunologischen Schiene« fuhr: »Er sprach mir aus dem Herzen!!! Bei wiederholtem Nicht-schwanger-Werden könne sehr gut ein immunologisches Problem vorliegen.« Die Frage sei gewesen, ob – so formuliert sie es – »mein Körper das Fremde abstoße«. In dieser medizinischen Perspektive erscheint die sich einnistende, befruchtete Eizelle und später der Em-bryo als etwas »Fremdes« und nicht mehr selbstverständlich als »eige-nes Kind«, als »Fleisch vom eigenen Fleische«. Frau Langs Schweizer Arzt stand einem solchen Verfahren sehr skeptisch gegenüber, nicht zuletzt deshalb, weil diese immunologische Perspektive in Europa noch nicht wissenschaftlich etabliert sei – so Frau Lang.

> »›Deswegen brauchen Sie nicht nach Kalifornien zu fliegen!‹, sagte er. Auch mein Mann fand es nicht witzig! ›Das nächste Mal tanzen wir im afrikanischen Busch ums Lagerfeuer, oder was kommt als Nächstes?‹«

Für sie sei jedoch damals völlig klar gewesen, dass dieses Verfahren ihre letzte Chance wäre, denn »je länger das Warten dauerte, und je mehr mir dämmerte, dass ausgerechnet ich ohne Kinder würde blei-ben müssen«, desto mehr sei ihre Psyche in Mitleidenschaft gezogen worden. Die Situation sei aus ihrer Sicht so gewesen: Diese Behandlung oder nichts!

> »Die Dinge nahmen ihren Lauf, sehr viel Geld, 20 000 Euro, wurde überwiesen, mit 80 Prozent Geld-zurück-Garantie im Nichterfolgsfall – und los ging's. Mir wurden Immunglobuline durch Infusion verabreicht, die die körpereigene Immunabwehr reduzieren. Bei meiner langen, erfolglosen Vorgeschichte und der Tatsache, dass dies mein letzter Versuch war, gingen wir ›aufs Ganze‹. ›Wir müssen aggressiver vorgehen‹, sei die Devise des Arztes gewesen, und haben von den zehn Embryonen die fünf besten, das sind Blastozysten, eingesetzt. Resultat: reizende Zwillinge, und das auf Anhieb!«

Dieses Fallbeispiel einer Reproduktionsbiografie zeigt das verzweifelte Ausschöpfen aller medizintechnischen Möglichkeiten, als sich die anfänglich idealisierte Erwartung an eine Familiengründung nicht erfüllt. Die Erfahrung der unfreiwilligen Kinderlosigkeit bringt einen medizinischen Prozess in Gang, in dem andere Alternativen keine Rolle spielen. Für das Ehepaar Lang kommen weder die Kinderlosigkeit noch eine Adoption in Betracht. Die beiden wollen den im »normalen« Biografieentwurf vorgesehenen Übergang vom kinderlosen Ehepaar zur Familie auch dann realisieren, wenn dazu andere als natürliche Mittel eingesetzt werden müssen. Wenn leibliche Elternschaft sich nicht auf natürlichem Wege einrichten lässt, dann wird versucht, mit Hilfe der Reproduktionsmedizin dem Normalmuster zu entsprechen. So wird an diesem Beispiel deutlich, wie das »Normalmodell« der leiblichen Familie seine Wirksamkeit auch dann entfaltet, wenn die biologischen Voraussetzungen dagegensprechen.

Die konsequente Verlagerung eines unerfüllten Kinderwunsches auf ein Drittes

Wie aber kommen Paare zurecht, die ihren Frieden mit ungewollter Kinderlosigkeit machen wollen? Hierzu stellen wir das Ehepaar L. vor, das über seine Situation ein Buch geschrieben hat.

Das Ehepaar L. wohnt in einer Kleinstadt in Thüringen. Frau L. ist von Beruf Sozialpädagogin, und Herr L. ist Arzt. Geheiratet haben sie Mitte der 1970er Jahre im Alter von ca. 24 Jahren. Eine »Ehe mit jemandem, der nichts von Gott und Glauben wissen will«, war ihnen nur schwer vorstellbar, zu wesentlich sei ihnen schon im Jugendalter eine religiöse Lebensführung gewesen. Das Gebet und die einsame Zwiesprache mit Gott spielen als symbolische Zuwendungsformen in ihrem Leben eine zentrale Rolle. Sie berichten von 23 Ehejahren, in denen sie fast jährlich, meist jeder für sich, zehntägige ignatianische (nach dem Vorbild des Ignatius von Loyola) Exerzitien machen. Diese spezifische Form der Glaubenspraxis führe sie konsequent zu dem, »was in unserem Leben nicht in Ordnung ist«, und ermögliche ihnen, auf die Grenzen ihrer Ehe zu blicken und Chancen auf Reife und Entwicklung wahrzunehmen. Diese methodisch kontrollierte Lebensführung, die von einer religiös motivierten Hingabe und Zuneigung zu einer außerpersonalen Instanz geprägt ist, wird in der Struktur des Paternalismus als Gottvater erfahren. »Je mehr wir Gott als barmherzigen Vater und Christus als wissenden Bruder ernst nehmen«, desto besser könne man herausfinden, welche Pläne Gott mit zwei Menschen in einer Ehe habe, und glauben, dass er »uns in ein weites und reiches Land führen will«.

Auch bei diesem Beispiel können wir beobachten, dass ein transzendentales Drittes in die Paarbeziehung eingeführt wird. Waren es bei dem Ehepaar Hagen die Nichten und Neffen, so muss hier Gott mit dem Partner geteilt werden. Wie in der Familie, in der ein Drittes das Sich-selbst-genug-Sein der beiden Partner stört, so besteht auch in der fantasierten Reziprozität mit einer göttlichen Instanz die latente Thematik des Ausschlusses. Gerade in der intensiven Zeit der Gottesbegegnung ist es für beide Partner wichtig, wie das Ehepaar L. betont, den anderen »nicht zu beeinflussen und einander wirklich loszulassen und zu überantworten«. Andererseits wird aber der geliebte Mensch, mit dem man die Partnerschaft mit der einzigartigen göttlichen Instanz teilen muss, zu einer Art Beweisträger für die Beziehung zu Gott. Der Partner liefert den Beweis für das Gelingen dieser ihr Leben prägenden Gottesverbindung: Er ist dadurch, dass er als Lebensgefährte die individuell geführte Auseinandersetzung mit Gott begleitet, ein Zeuge, ohne den diese Beziehung ihr Eigenrecht verwirkt.

Doch schauen wir uns die Paargeschichte genauer an. Die Feststellung des Paares, dass es seinen Kinderwunsch nicht realisieren konnte, bedeutete für die Zukunftsplanung eine Zäsur und war mit großer Trauer verbunden. Für beide sei von Anfang an klar gewesen, dass eine ganze Schar Kinder das Richtige sei, denn:

»Wir sind mit jeweils drei Geschwistern aufgewachsen. Aber nach einiger Zeit wurde immer offensichtlicher, dass es damit nichts werden würde. Dann kamen Untersuchungen und Befunde, dann Fragen nach medizinischen Möglichkeiten und nach Adoption. Seither wissen wir, wie schwer es einem Paar sein kann, etwas wirklich Wichtiges, etwas wirklich Belastendes miteinander zu teilen. Es hat lange gedauert, überhaupt einen gemeinsamen Takt des Bearbeitens zu finden. Wir haben Jahre gebraucht, bis wir darüber wirklich reden konnten.«

Für sie sei das die schwerste Zeit gewesen, da eine derartige Krise stets auch die Frage aufwerfe, als wie tragfähig sich in dieser Situation die Solidarität der Gattenbeziehung erweise. Denn es werde ja aufgedeckt, woran es liegt, dass keine Kinder kommen.

»Dann muss einer von beiden damit umgehen, dass er oder sie sich den Lebenstraum am ehesten durch ›Auswechseln‹ des Partners oder der Partnerin erfüllen könnte. Und der oder die andere hat gleich mehrfach schwere Not: Das Entsetzen über die eigene Unfruchtbarkeit und Behinderung ist schon schlimm genug. Dazu kommt aber noch die Not damit, der Partnerin oder dem Partner den Lebenstraum nicht erfüllen zu können, und oft – mehr oder weniger bewusst – die Angst davor, was denn der geliebte Mensch daraus macht.«

Deutlich wird hier nicht nur die spezifische Zumutung, die ungewollte Kinderlosigkeit für die Ehe mit sich bringt, sondern auch die Tatsache, dass diese Problematik, die nicht zu heilen ist, dem Paar eine Lösung abverlangt. Die Lösung, die das Ehepaar L. findet, ist ein Paarentwurf, der Respekt vor der menschlichen Unzulänglichkeit einschließt. In einer Art Gefährtenehe, in der man für überstandene und noch bevorstehende Krisen Verständnis und gegenseitige Bewunderung zeigt, stellen sich die Partner der Herausforderung, auf das Problem nur mit Innovationsbemühungen reagieren zu können. Nach langem Abwägen verschiedener Alternativen entscheiden sich die beiden aus unterschiedlichen Gründen, nichts zu unternehmen – weder Adoption noch künstliche Befruchtung. Ein Grund für diese Entscheidung sei auch eine Art Vertrauen darauf gewesen,

»dass der Sinn unseres Lebens nicht von dieser Frage abhängen wird. Wir waren nicht die Ersten und werden nicht die Letzten sein, die damit umgehen müssen, dass eben nicht alles geht und wir an eine Grenze gestoßen sind. Unsere Väter kamen gezeichnet aus dem Krieg zurück, einer sogar ohne seinen rechten Arm. Auch sie mussten ihre Lebensplanung völlig umwerfen. Ein wenig schwang schon damals die Hoffnung mit, der

Herrgott werde uns damit schon nicht hängenlassen und vielleicht andere Wege zeigen.« Auch auf die Frage: »Warum, Herr, hast du uns Kinder versagt?«, haben sie allmählich eine Antwort bekommen: »Gott hat uns nichts versagt. Niemand hat uns einen Rosengarten versprochen. Nichts von den großen Geschenken wie Gesundheit, Schaffenskraft, Partnerschaft, Nachwuchs ist garantiert.«

Sie entscheiden sich für eine Lebensführung, die sie als eine von Gott gesetzte Pflicht deuten, wohl wissend, dass diese Pflichterfüllung kaum Gratifikationen für das eigene Befinden bereithält. Diese Konstruktion eines außerhalb ihrer Individualität liegenden Eigenwerts, an dem zu orientieren sie sich entschließen, führt dazu, dass sie ihre Beziehung fortsetzen und akzeptieren, ein gemeinsames Leben ohne Kinder gestalten zu müssen.

Zweierbeziehungen, die nicht auf ein Drittes bezogen sind, zeigen eine erhöhte Beziehungsaktivität. Die Partner sind in erhöhtem Maße aufeinander als Personen verwiesen. So hat schon der Soziologe Georg Simmel (1908, S. 60) das Entscheidende an der Dyade herausgestellt. Die Lösung, die das Ehepaar L. für den mit ungewollter Kinderlosigkeit verbundenen und nicht abweisbaren Gestaltungsauftrag findet, ist das erwähnte Lebensmodell der Gefährtenschaft, das sich auf Gleichheit bei zugestandenen eigenen Interessen gründet. Die Arbeit und vor allem die Arbeit am anderen Menschen nimmt sie stark in Anspruch:

»Wir haben mit den Jahren anderes gefunden, das wir als Fruchtbarkeit wahrnehmen [...]. Wir verausgaben uns beruflich, geben Kurse, moderieren Treffen, begleiten Menschen und Gruppen und sind in allerlei Gremien aktiv. Wir sind beruflich und ehrenamtlich an sehr vielen Wochenenden unterwegs, was mit einer Familie nicht vereinbar wäre. Das meiste davon tun wir ohne den anderen, dennoch haben wir Freude daran. Wenn uns Menschen verschlüsselt oder offen mitteilen, dass ihnen unsere Beiträge Hilfe oder Ermutigung sind, dann ist das unsere Art Mutter- und Vaterglück.« Eine weitere Antwort auf ein Leben ohne Kinder »fand sich in einem wunderbaren Hobby, dem Tangotanzen, das die Beziehung zusammenführt«. Angenommen hat das Paar auch das Angebot von Freunden, ihren Schatz an Kindern auf die eine oder andere Weise mit ihnen zu teilen. »Das ist uns vielfach durch Einladungen zu den klassischen Familienfesten wie Weihnachten und Ostern geschehen oder durch die Einladung, Tauf- oder Firmpate zu werden.«

So haben sie insgesamt zehn Patenkinder, von denen die ältesten bereits erwachsen sind. Wie das Ehepaar Hagen greift auch das Ehepaar L. auf Möglichkeiten aus dem Verwandtschafts- und Bekanntschaftsumfeld zurück, um sich zumindest zeitweise in eine Quasielternposition zu begeben. Dieser Ersatz hebt aber die Problematik ungewollter Kinderlosigkeit nicht auf. Für das Ehepaar L. bleibt »ungewollte Kinderlosigkeit auf Dauer eine schmerzhafte Wunde, auch wenn sie vernarbt«.

Kinderlose Paare in Beratung und Therapie

Dass der unfreiwillige Verzicht auf Kinder eine chronische Belastung für ein Paar sein kann, zeigt nicht nur die Lebenserfahrung, sondern auch die Wissenschaft. Empfindungen von Stillstand, Leere und Trauer begleiten betroffene Paare, insbesondere aber die Frauen, je nach Lebenssituation mehr oder weniger intensiv – und zwar unabhängig davon, ob sie sich mit ihrer Kinderlosigkeit arrangiert, sonstige wichtige Entwicklungsschritte gemacht oder in anderen Lebensbereichen Selbstverwirklichung und Lebensfreude gefunden haben. Ungewollte Kinderlosigkeit gehört zu den schwersten Krisensituationen, denen Paare ausgesetzt sein können.

Beratung und Therapie bei ungewollt kinderlosen Paaren. Wir beginnen mit einem Fallbeispiel, das in der Zeit vor der Entscheidung des Paares zur reproduktionsmedizinischen Behandlung einsetzt. Herr und Frau Martens, die ihre Heirat mit der Gründung einer Familie verbunden hatten, beschlossen, nachdem sich der »Traum vom eigenen Kind« nach drei Jahren immer noch nicht erfüllt hatte, einen Arzt zu konsultieren. Frau Martens ließ sich zunächst gründlich gynäkologisch untersuchen. Als bei ihr keine körperlichen Ursachen für Unfruchtbarkeit festgestellt wurden, musste sie ihren Mann von der Notwendigkeit andrologischer Untersuchungen überzeugen, denen er sich nur zögernd unterzog. Die Diagnose lautete schließlich, dass er zu fast 100 Prozent zeugungsunfähig sei. Nach anfänglichem verzweifeltem Entsetzen konsultierte Herr Martens einen weiteren Andrologen in der – vergeblichen – Hoffnung, dieser werde eine andere Diagnose stellen. Jedes Mal, wenn er von einer neuen Untersuchung gekommen sei und sie sein Gesicht gesehen habe, so Frau Martens, habe sie Bescheid gewusst. Und das Erste, was er dann gesagt habe, sei gewesen: »Ich kann keine Kinder zeugen, willst du mich überhaupt noch haben? Willst du dir nicht 'nen anderen Mann nehmen?« Frau Martens reagierte darauf mit einer Mischung aus Trotz und Wut über ihren Mann und überlegte, ob sie sich von ihm trennen sollte.

> »Mein Selbstbewusstsein«, so Frau Martens, »litt und leidet auch noch immer. Also, das ist total unten, weil ich als Frau ja auch gerne Kinder haben möchte, und – irgendwo streikt mein Körper ja auch, weil – oder meine Seele. Ich könnte mir ja auch 'nen anderen Mann suchen. Dann wäre ja für mich eigentlich das Problem gelöst. So haben mir das auch schon mehrere gesagt, auch Psychologen. Also die Psychologin hat damit gemeint, dass ich mich ja eigentlich auch scheiden lassen könnte und dann mit 'nem anderen Mann dann Kinder kriegen kann. Ich sag, das Problem, das kann aber immer wieder auftauchen, die Sicherheit – also nicht –, wer gibt mir schwarz auf weiß, dass er Kinder zeugen kann – vor der Hochzeit?«

Das Bewusstsein, dass sie mit einem anderen Mann Kinder haben könnte, erzürnt Frau Martens derartig, dass sie ihrem Mann häufig Vorwürfe wegen seiner körperlichen Unzulänglichkeit macht. Sie sagt, ihre Ehe leide »entsetzlich« darunter. Nach all diesen Erfahrungen ziehen sich Herr und Frau Martens fast vollständig aus ihrem sozialen Umfeld zurück, weil sie erleben mussten, dass niemand mit ihnen über ihre ungewollte Kinderlosigkeit sprechen mochte.

Die in diese Zeit fallende Geburt ihrer Nichte kommentiert Frau Martens wie folgt:

> »Ich hatte also – meine Nichte, dann mittlerweile dann auch schon ein Jahr und drei Monate – vier Monate, hab ich also noch nicht auf dem Arm gehabt. Ich kann auch nicht sagen, welche Augenfarbe die hat. Ich weiß es nicht – ich kann sie nicht angucken.« Und weiter: »Was mich dann auch irgendwo belastet, wenn wir dann bei meinen Schwiegereltern sind, irgendwo aufm Geburtstag sind, und sie kommt dann auch mit der Kleinen an. Und jeder merkt, dass ich das nicht kann. Jeder merkt, dass ich auch – ja, gleich rausgehe. Tränen in den Augen und – geh einfach so raus.«

Herr und Frau Martens versuchen, durch gemeinsame Aktivitäten wie Urlaube und Hausbau ihre Ehe zu retten. Frau Martens sagt dazu:

> »Und wenn wir dann in den Urlaub gefahren sind, um abzuschalten, das hat also nichts gebracht. Wir haben immer wieder über das Thema diskutiert. Selbst im Urlaub hab ich meinem Mann immer wieder Schuld gegeben. Also, für ihn war's kein Urlaub. Ich mein, für mich auch nicht, aber – ich konnte das irgendwo nicht abbauen.«

Sie betont, sie hätten mehrfach versucht, über ihre Trauer hinwegzukommen und neu über ihre Zukunftspläne nachzudenken, was aber jedes Mal scheiterte, wenn im Freundes-, Verwandten- oder Bekanntenkreis eine Frau schwanger wurde. »Das hat uns dann wieder aufgeschreckt, da sind wir wieder richtig aufgewacht.« Für Frau und Herr Martens begann dann der Kreislauf von vorne. Akzeptiert haben sie ihre Kinderlosigkeit immer noch nicht. Frau Martens möchte nun ihre Ehe retten und sich danach einem reproduktionsmedizinischen Verfahren unterziehen.

Dieses Beispiel zeigt, dass Paare verschiedene Phasen der Bewältigung durchmachen (Onnen-Isemann 2000). Die Diagnose der Unfruchtbarkeit wird zunächst als *Schock* erlebt. Die Partner sehen den (möglicherweise endgültigen) Verlust der Möglichkeit, ein Kind zu bekommen, und müssen feststellen, dass sie auf das bisher geplante Leben mit Kindern verzichten müssen. Gefühle von Verzweiflung und Hoffnungslosigkeit bestimmen ihre Reaktionen. Danach beginnt eine Phase der *Verneinung*, in der die Diagnose verdrängt wird. Das Selbstbewusstsein des Paares und sein Selbstbild werden in Frage gestellt. Die nächste Phase ist beherrscht von *Ärger* und *Wut*. Frustrationen lösen sich ab mit Aggressionen, z. B. gegen Paare mit Kindern. Die eigene vermeintliche Unzulänglichkeit kann das Paar zu irrationalen Reaktionen gegenüber dem gesamten sozialen Umfeld verleiten. In der nächsten Phase, in der *Schuld-* und *Schamgefühle* vorherrschen, suchen viele Paare die Vergangenheit nach Ursachen für ihr Defizit ab. Der frühere Gebrauch von Antikonzeptiva oder eine zurückliegende Abtreibung gelten manchen Paaren als Erklärung für ihre Infertilität. Oder es kommt zu gegenseitigen Schuldzuweisungen. In der Phase der *Isolierung* zieht sich das Paar fast völlig aus allen sozialen Kontexten zurück, in denen Kinder mittelbar oder unmittelbar beteiligt sind, und durchlebt in der nächsten Phase vielfältige Formen von *Depressionen*. Schließlich beginnt die Phase der *Trauer*. Hier wird die lähmende Depression abgelöst durch Trauergefühle, die einen Verarbeitungsprozess in Gang setzen. In der letzten Phase kann die Diagnose »Infertilität« *akzeptiert* werden. Erst wenn dieser Prozess vollständig abgeschlossen ist, kann das Paar gemeinsam wichtige Entscheidungen für sein weiteres Leben treffen und sich z. B. für eine reproduktionsmedizinische Behandlung entscheiden.

Mit anderen Worten: Erst wenn diese Phasen »durchgestanden« seien und die Unfruchtbarkeit akzeptiert werde, so Onnen-Isemann, könnten die Paare Handlungsalternativen aufbauen, um die ungewollte Kinderlosigkeit zu kompensieren. Hier sind vielfältige Möglichkeiten denkbar. Nur *eine* ist das Festhalten am Kinderwunsch, jetzt allerdings vor dem Hintergrund, dass die Zeugung des Kindes mit medizinischer Hilfe zu Stande kommt. Damit ist allerdings auch eine Gefahr verbunden. Wenn nämlich die Tatsache der Sterilität bzw. Infertilität psychisch noch nicht verarbeitet ist oder akzeptiert wird, dann bleibt, wie der von uns oben dokumentierte Fall skizzenhaft zeigt, dem Paar nur eine Handlungsorientierung: die gesamte Hoffnung auf ein Kind in die Reproduktionsmedizin zu legen. Denn ein Leben ohne Kind scheint in einem solchen Fall undenkbar, und der Blick auf andere Alternative ist verstellt.

Begleitung von Paaren, die im reproduktionsmedizinischen Prozess stehen. Wir beginnen mit dem Beispiel eines Paares, das seine Lebensplanung fast völlig auf die Erfüllung des Kinderwunsches eingestellt hat. Nach dem Motto »Der nächste Versuch wird klappen, und wenn nicht der, dann sicher der übernächste« schöpft dieses Paar – bisher allerdings erfolglos – die vielfältigen Möglichkeiten der Medizintechnik aus.

Der 2.11. des Jahres 1995 sei der Tag gewesen, so berichtet Tanja Fredersdorff, der ihr weiteres Leben nachhaltig verändert habe. Sie fährt nach Salzgitter, um einen Mann zu besuchen, der auf ihre Kontaktanzeige geantwortet hatte. Sie ist 24 Jahre alt und von Beruf Erzieherin. Ihr späterer Ehemann, den sie zwei Jahre nach dieser Begegnung heiraten wird, ist drei Jahre älter und bereits einmal verheiratet gewesen. Seine Ehe ist u. a. wegen Unfruchtbarkeit gescheitert. Nach einem Jahr Wochenendbeziehung ziehen die beiden zusammen. »Ich«, so berichtet Tanja, »gab meine Stelle als Erzieherin in Lemgo auf, kündigte meine Wohnung und zog mit Hab und Gut zu Lars.« Kurze Zeit arbeitet sie als Erzieherin in einer Jugendeinrichtung. Nach dem Umzug in eine größere Wohnung, der auch mit einem Ortswechsel verbunden ist, nimmt Frau Fredersdorff eine Stelle als Kinderfrau bei einer Familie mit zwei Kindern an.

> »Während dieser Zeit wuchs mein Wunsch nach einem eigenen Kind von Lars, denn ich glaubte zu wissen, dass es genau das war, was ich wollte. Auch ich wäre gern eine Mutter, die ihr Kind in einen Spielkreis bringt und dort mit anderen Müttern Erfahrungen austauscht. Ich würde gerne zu Hause bleiben und ein Kind mit all den anfallenden Aufgaben und Schwierigkeiten großziehen. Und ich war mir sicher, dass Lars der Mann war, mit dem ich das alles gern gemeinsam erleben würde.«

Da sie, technisch gesehen, von ihrem Mann niemals schwanger werden würde, erwägt das Paar andere Möglichkeiten, ein Kind zu bekommen. In erster Linie ziehen die beiden eine Insemination mit Fremdsamenspende in Betracht, ohne dass sie die Adoption eines Kindes als weitere Alternative aus dem Blick lassen.

> »Auf einem unserer Wochenendurlaube betrachteten wir das Thema ›Kinderwunsch‹ dann auf einmal von einer ganz anderen Seite. Wir überlegten allen Ernstes, ob es zu realisieren wäre, einen Samenspender über eine Anzeige zu finden, oder ob wir sagen, möglich wäre es, einen Urlaub nach einem Eisprung zu planen, damit ich mich mit einem anderen Mann einlassen würde, in der Hoffnung, von ihm schwanger zu werden.« Während sie diese Möglichkeit bis ins Detail durchplanen, merken sie, »wie absurd unsere Überlegungen waren und wie stark der Wunsch nach einem eigenen Kind fortgeschritten war«.

Nach der Hochzeit 1997 entscheiden sich Frau und Herr Fredersdorff für eine reproduktionsmedizinische Behandlung. Insgesamt sechs Versuche, die zum Teil massiv in den Körper von Frau Fredersdorff eingreifen, nehmen sie auf sich, bevor sie in Erwägung ziehen, das »Kapitel Insemination zu beenden«. Aus dem Erfahrungsbericht dieses Paares wird nicht nur deutlich, dass die hochtechnisierte Reproduktionsmedizin ein stressverursachendes Lebensereignis beschert, sondern dass auch jeder Schritt einer Behandlung mit neuer Ungewissheit und Unvorhersagbarkeit verknüpft ist, die auch von medizinischer Seite nicht reduziert werden können.

Ein reproduktionsmedizinisches Verfahren ist mit vielen Untersuchungen, mit Schmerzen und auf Grund zahlreicher Medikamente und Hormonbehandlungen auch mit körperlichen Veränderungen verbunden. Über den vierten Behandlungsversuch berichtet Frau Fredersdorff:

> »Dann fing wieder der alltägliche Stress mit den Tabletten und den Spritzen an. Die Schmerzen waren noch stärker als beim letzten Mal, was ja angesichts der Erhöhung der Hormongaben auch nicht verwunderlich war.« Nach diesem erneuten erfolglosen Versuch legt das Paar eine Pause ein, weil, so Frau Fredersdorff, »wir ständig unter Druck standen und beide völlig angespannt waren. Wir unterhielten uns fast über nichts anderes mehr als über die Kinderwunschbehandlung. Mir ging es körperlich nicht gut, und [ich] war immer am Weinen, und Lars tat es leid, mich so zu sehen und nichts machen zu können.«

Nach dem fünften erfolglosen Behandlungsversuch, bei dem sich »außer, dass ich drei weitere Spritzen eines neuen Medikamentes spritzen musste, im Vergleich zu den vorangegangenen Versuchen nichts geändert hatte«, rät ihnen der behandelnde Arzt, nach weiteren eventuellen Ursachen der Unfruchtbarkeit suchen zu lassen. Er empfiehlt Frau Fredersdorff eine Bauchspiegelung – da es ziemlich ungewöhnlich sei, dass fünf Versuche nicht klappten –, um feststellen zu können, ob vielleicht organische Gründe eine Schwangerschaft verhinderten.

> »Noch am selben Abend sprachen wir dann das erste Mal über einen kompletten Abbruch der Behandlung. Denn eine Bauchspiegelung war für uns keine Routineuntersuchung mehr. Wer wusste schon, was bei diesem operativen Eingriff, der unter Vollnarkose durchgeführt wird, herauskommen würde? Vielleicht würde sich herausstellen, dass weitere Eingriffe erforderlich wären, um mögliche Ursachen zu beheben. Und wie viele weitere Versuche wären wir dann noch bereit, über uns ergehen zu lassen? Die Schwierigkeit bestand für uns darin, festzulegen, wo unsere Grenze war und ob wir diese auch einhalten würden. Diese Fragen konnten wir nicht definitiv beantworten, denn wir merkten, dass uns die ganze Kinderwunschbehandlung auf eine ganz besondere Art und Weise ›süchtig‹ gemacht hatte. Wir stellten fest, dass wir im Moment alles mit uns hätten machen lassen, um zum Erfolg zu kommen.«

Obwohl das Paar inzwischen 17 000 DM ausgegeben hatte und sich keinen weiteren Versuch leisten konnte, ohne Schulden zu machen, entscheidet es sich für die Bauchspiegelung. Das Ergebnis dieses Eingriffs ist, dass der Arzt eine spezielle, drei Monate dauernde Hormontherapie empfiehlt.

> »Unsere Entscheidung fiel noch am selben Tag: Wir wollten auf jeden Fall diese Therapie und einen anschließenden Versuch mit allen anfallenden Konsequenzen durchziehen. Wir wussten beide, dass wir später nicht zufrieden sein würden, wenn wir nicht alle uns zumutbaren Möglichkeiten ausgeschöpft hätten. Außerdem hatten wir den Eindruck, dass mein Problem wirklich medikamentös in den Griff zu bekommen sei.«

Dieser letzte Behandlungsversuch ist schließlich erfolgreich. Tanja Fredersdorff bringt 2001 eine Tochter zur Welt.

Ein paarpsychotherapeutisches Behandlungskonzept bei unerfülltem Kinderwunsch. Dieses im Rahmen der »Heidelberger Kinderwunsch-Sprechstunde« der Medizinischen Psychologie der Universität Heidelberg entstandene Konzept (Stammer, Wischmann u. Verres 1998) umfasst folgende Interventionsstrategien: *(1) Externalisierung der Unfruchtbarkeit.* Hier geht es darum, das körperliche Versagen des Paares als ein zu bewältigendes Problem darzustellen. *(2) Konkretisierung der Klagen und Wünsche.* Dadurch werden die Partner in die Lage versetzt, sich gegenseitig in ihrem Erleben besser zu verstehen und neue Perspektiven zu entwickeln. *(3) Unterschiedlichkeiten der Partner markieren und positiv konnotieren.* Dies ist vor allem bei solchen Paaren wichtig, für die der harmonische Zusammenhang im Vordergrund steht, was zur Nivellierung von Unterschieden zwischen den Partnern führen kann (ein zweiter Paartypus wäre das konflikthaftverstrickte Paar). *(4) Normalisierung der auftretenden Krisen mit den sie begleitenden negativen Affekten.* Dadurch, dass Scham, Neid, Trauer und Schmerz als nachvollziehbar und als etwas in solchen Fällen Übliches dargestellt werden, wird das Paar von dem Gefühl entlastet, in seinen Problemen einzigartig zu sein. *(5) Keinen zusätzlichen Leidensdruck durch Psychotherapie erzeugen.* Hier soll der Vorstellung entgegengewirkt werden, dass das Paar durch Einstellungs- oder Verhaltensänderungen zu einem Kind kommen könnte. *(6) Thematisierung des gegenwärtigen Liebeslebens des Paares.* Diese Strategie ist deshalb angezeigt, weil bei Paaren mit unerfülltem Kinderwunsch durch genau diesen Umstand meistens die spontane Sexualität gestört ist. *(7) Identifikation der vorherrschenden Kommunikationsmuster.* Je nach Paartypus (siehe Punkt 3 oben) werden entweder Differenzen oder Gemeinsamkeiten der Partner gefördert. *(8) Identifikation von Ressourcen des Paares.* Hier geht es darum, gelingende Bewältigungskompetenzen außerhalb des alles beherrschenden Themas der Kinderlosigkeit zu finden. *(9) Thematisierung einer möglichen Zukunft ohne Kinder.* Diese Strategie greift auch dann, wenn das Paar sich für eine reproduktionstechnische Intervention entschieden hat. Dadurch soll das Paar ein stärkeres Gefühl von Freiheit bekommen.

In der Tabelle werden die genannten Strategien einem typischen Verlauf einer Paartherapie bei unerfülltem Kinderwunsch zugeordnet.

Außenorientierung	Innenorientierung	Zukunftsorientierung
Ratsuche, Entscheidungshilfen, Stressbewältigung	Kommunikationsprobleme und Paarkonflikte, oft mit krisenhaftem Erleben	Ressourcenaktivierung, Neuorientierung, ebensgestaltung ohne eigenes Kind
1.–3. Stunde	4.–7. Stunde	8.–10. Stunde

Tab. 1: Typische Verläufe der Paartherapien
(nach Stammer, Wischmann u. Verres 1998, S. 247)

Literatur

Kinderlosigkeit geht an die Wurzel einer Paarbeziehung und drängt auf Auseinandersetzung. Zur Erweiterung von der Dyade zur Triade vgl. insbesondere Tilman Allert (1998): Fallstudien zur Unverwüstlichkeit einer Lebensform. Berlin/New York (Walter de Gruyter), v. a. S. 213–280. Der Fall stammt aus: Monika Fränznick und Karin Wieners (1996): Ungewollte Kinderlosigkeit. Psychosoziale Folgen, Bewältigungsversuche und die Dominanz der Medizin. Weinheim/München (Juventa), Zitat S. 57.

Anstieg der Zahl kinderloser Paare und Anstieg des Kinderwunsches – ein Widerspruch? Zur Statistik: Auszug aus dem Datenreport 2008, Kapitel 2, »Familie, Lebensformen und Kinder«, S. 27–49. Verfügbar unter: www.destatis.de/jetspeed/portal/cms/Sites/destatis/Internet/DE/Content/Publikationen/Querschnittsveroeffentlichungen/Datenreport/Downloads/Datenreport2008Familie,property=file.pdf [12.7.2009]; Statistisches Bundesamt (2006): Leben in Deutschland. Haushalte, Familien und Gesundheit – Ergebnis des Mikrozensus 2005. Wiesbaden (Statistisches Bundesamt); Yves Stöbel-Richter, Elmar Brähler und Jörg Schumacher (2001): Pro und Contra eigenes Kind – Kinderwunschmotive in Ost- und Westdeutschland 1996 und 1999 im Vergleich. *Reproduktionsmedizin* 17: 103–107; *Spiegel* Special (4/2007): Sehnsucht nach der Familie.

Eine Typologie von Kinderlosigkeit bei Paaren. Zu den Formen der Kinderlosigkeit: Rosemarie Nave-Herz und Ursula Oßwald (1989): Kinderlose Ehen. In: Rosemarie Nave-Herz und Manfred Markefka (Hrsg.): Handbuch der Familien- und Jugendforschung. Bd. 1: Familienforschung. Neuwied/Frankfurt a. M. (Luchterhand), S. 375–388.

Bewusste Kinderlosigkeit. Arlie R. Hochschild (2002): Keine Zeit. Wenn die Firma zum Zuhause wird und zu Hause nur Arbeit wartet. Opladen (Leske & Budrich). Den Fall des Ehepaars Hagen haben wir selbst erhoben.

Ungewollte Kinderlosigkeit. Spiegel Special (4/2007): Sehnsucht nach der Familie. Der Fall des Ehepaares Lang ist im Rahmen eines von Stefan Beck und Michi Knecht geleiteten Teilprojektes *Verwandtschaft als Repräsentation sozialer Ordnung und soziale Praxis: Kulturen der Zusammengehörigkeit im Kontext*

sozialer und reproduktionsmedizinischer Transformationsprozesse des SFB 640:
Repräsentationen sozialer Ordnungen im Wandel: Intertemporäre und in-
terkulturelle Vergleiche (Humboldt-Universität Berlin) erhoben worden, vgl.
Stefan Beck, Sabine Hess und Michi Knecht (2007): Verwandtschaft neu ordnen: Herausforderungen durch Reproduktionstechnologie und Transnationalisierung. In: Stefan Beck, Çil Nevim, Sabine Hess, Maren Klotz und Michi
Knecht (Hrsg.): Verwandtschaft machen. Reproduktionsmedizin und Adoption in Deutschland und der Türkei. *Berliner Blätter. Ethnographische und eth-
nologische Beiträge* 42: 12–31.

Die konsequente Verlagerung eines unerfüllten Kinderwunsches auf ein Drittes. Der
Fall stammt aus: Cordula Leidner und Ottmar Leidner (2004): Weil ich mit dir
wachsen möchte. Herausforderung Ehe. (Ignatianische Impulse, Bd. 5.) Würzburg (Echter).

Kinderlose Paare in Beratung und Therapie. Der Fall Martens stammt aus: Corinna Onnen-Isemann (1995): Ungewollte Kinderlosigkeit und moderne Reproduktionsmedizin. In: Bernhard Nauck und Corinna Onnen-Isemann (Hrsg.):
Familie im Brennpunkt von Wissenschaft und Forschung. Neuwied (Luchterhand), S. 473–488. Die Reproduktionsgeschichte des Ehepaares Tanja und
Lars Fredersdorff kann nachgelesen werden in: Tanja Fredersdorff (2003): Johanna und Olivia. Erfüllter Kinderwunsch durch Adoption und künstliche Befruchtung. Kirchhain (Hartmut Becker). Das Modell der Stressverarbeitung in:
Corinna Onnen-Isemann (2000): Wenn der Familienbildungsprozess stockt.
Eine empirische Studie über Stress und Coping-Strategien reproduktionsmedizinisch behandelter Partner. Berlin/Heidelberg/New York (Springer). Zum
Heidelberger Konzept fokaler Paarpsychotherapie bei ungewollter Kinderlosigkeit: Heike Stammer, Tewes Wischmann und Rolf Verres (1998): Paartherapie
bei unerfülltem Kinderwunsch. *Familiendynamik* 23 (3): 232–251. Informations-
möglichkeiten im Internet: http://www.bkid.de [26.6.2009] sowie http://www.
klinikum.uni-heidelberg.de [26.6.2009].

5. Grenzfälle: Die gleichgeschlechtliche Inseminationsfamilie

>»Manchmal stellen Tatsachen auch eine Bedrohung für die Wahrheit dar.«
>(Amos Oz 2006, S. 55)

Komplizierte Verhältnisse in der gleichgeschlechtlichen Inseminationsfamilie • Historischer Überblick • Forschung zu Kindern, die mit gleichgeschlechtlichen Paaren leben • Familienbildungsprozesse mit zwei Paaren • Familienbildungsprozesse mit Hilfe einer anonymen Samenspende • Kinder, die mit einem gleichgeschlechtlichen Paar nach dem Modell der Stieffamilie leben • Besonderheiten der gleichgeschlechtlichen Inseminationsfamilie • Die gleichgeschlechtliche Inseminationsfamilie in Beratung und Therapie • Literatur

Komplizierte Verhältnisse in der gleichgeschlechtlichen Inseminationsfamilie

Durch die beschleunigte Innovation in der Reproduktionsmedizin wird ein zentraler Bereich des menschlichen Lebens, der früher nur in sehr begrenztem Maße manipulierbar war, heute in wachsendem Maße planbar und entscheidungsabhängig. Selbst für gleichgeschlechtliche Paare, die auf Grund ihrer Homosexualität sich nicht auf natürlichem Wege fortpflanzen können, wird durch die Option, sich aus dem reproduktionstechnischem Arsenal zu bedienen, Kinderlosigkeit zu einer selbstgewählten Entscheidung. Denn durch die moderne Fortpflanzungstechnologie ist Zeugung ohne Sexualität, Fortpflanzung ohne sexuellen Zeugungsakt möglich, was zur Folge hat, dass eine bis heute wenig bekannte und auch unbenannte Familienform entstehen konnte. Gegenstand dieses Kapitels ist die gleichgeschlechtliche Inseminationsfamilie, in der ein Frauenpaar, um Eltern zu werden, über eine technische Vorkehrung und durch die Substanz eines Dritten, des Samens eines Spenders, sich den biologischen Kinderwunsch erfüllt hat. Das Kind, das in diese Familie hineingeboren wird, ist also nicht mehr aus der leiblich-seelischen Vereinigung zwei verschiedener Geschlechter hervorgegangen. Stattdessen ist es aus den reproduktionstechnischen Elementen zweier Körper (Ei und Samenspende) entstanden. Eine solche Familiengenese sprengt selbstverständliche Moralvorstellungen und stellt kulturelle Sicherheiten bezüglich Geschlecht und Sexualität, Ehe und Elternschaft in Frage.

Die gleichgeschlechtliche Inseminationsfamilie unterscheidet sich von allen unkonventionellen Familienformen am meisten von der Triade, so wie sie sich in der Kernfamilie manifestiert. Was bei einer gleichgeschlechtlichen weiblichen Partnerschaft nicht vorliegt, ist zum einen die für die Erzeugung des Kindes notwendige Asymmetrie der Geschlechterbeziehung. Eine Gattenbeziehung gibt es in einer gleichgeschlechtlich weiblichen Konstellation mit Kind nicht, denn die Geschlechterkomplementarität als eine entscheidende Bedingung für diesen Beziehungstyp fehlt. Des Weiteren ist eine gleichgeschlechtliche Paarbeziehung unfruchtbar, also kann das gemeinsame Dritte nicht aus einer erotischen Beziehung hervorgehen. Sich im Paarleben in einem gemeinsamen Kind zu synthetisieren ist nicht möglich. Das Kind kann niemals als »Pfand der Liebe«, als ein »leiblich gewordenes Unendlichkeitsversprechen« (Allert 1998, S. 251) mittels Gameten, der körpereigenen Ei- und Samenzellen, entstehen. Für das Kind, das im Rahmen einer technischen Vorkehrung und durch die Substanz eines Dritten, also durch den Samen eines Spenders, gezeugt wurde, bedeutet das, in einem kleinfamilialen Gefüge großzuwerden, in dem die Position des Vaters in einer spezifischen Weise besetzt ist. Der leibliche Vater bildet mit der Mutter kein Paar. Er lebt außerhalb der Familie und konkurriert mit der Partnerin der Mutter, oder er wird in seiner Existenz geleugnet, um einmal zwei von mehreren möglichen Varianten zu nennen. Die Zuordnung des Kindes zur Mutter über ihren Gatten ist auf Grund von dessen Abwesenheit nicht mehr unmittelbar möglich. Des Weiteren ist in der gleichgeschlechtlichen weiblichen Familie die Möglichkeit zur Auseinandersetzung mit der Differenz der Geschlechter nicht gegeben. Das Kind erfährt im Alltag nicht die Gegensätzlichkeit und Unaufhebbarkeit der beiden Geschlechter. In dieser Familienform bildet die leibliche Elternschaft mit der Paarbeziehung in der sozialisatorischen Triade keine Einheit. Daher ist dem Kind auch nicht die Möglichkeit gegeben, die Paar- und Eltern-Kind-Beziehung *als Einheit* zu erfahren.

Aus dieser Aufzählung ergibt sich, dass ein gleichgeschlechtliches weibliches Paar, welches auf dem Wege einer (anonymen oder bekannten) Samenspende ein Kind bekommt, mit besonderen Herausforderungen der Gestaltung des Familienlebens konfrontiert ist. Bevor wir anhand von Fallbeispielen beschreiben, wie solche Familien ihr gemeinsames Leben bewältigen, werfen wir einen Blick auf historische, gesetzliche und medizintechnische Gegebenheiten. Wir beginnen mit einem Blick auf die historische Entwicklung der Verfahren künstlicher Befruchtung.

Historischer Überblick

1884	In Philadelphia anästhesiert ein Arzt eine Patientin und inseminiert ihr den Samen eines fremden Mannes.
1952	Die Homosexualität erhält im Diagnostischen und Statistisches Manual psychischer Störungen (DSM I) »offiziell« den Status einer Krankheit.
1959	Der Deutsche Ärztetag fasst den Beschluss, die heterologe Insemination als unethisch anzusehen. Dies sollte zunächst auch in die Strafrechtsreform von 1964 aufgenommen werden, wurde letztlich jedoch nicht umgesetzt.
1967	Die ersten Erfahrungen mit dieser Behandlungsform werden veröffentlicht, was eine heftige Debatte zur ethischen, juristischen und psychologischen Wertung dieses Verfahrens auslöst.
1973	Der Deutsche Ärztetag beschließt, die heterologe Insemination nicht länger als unethisch zu erachten.
1981	Das Europäische Parlament gibt die Empfehlung heraus, das Sorge- und Umgangsrecht von Eltern nicht auf Grund der gleichgeschlechtlichen Tendenzen eines Elternteils einzuschränken.
1983	In der Kinderrechtskonvention der Vereinten Nationen heißt es: »Das Kind [...] hat [...] soweit möglich das Recht, seine Eltern zu kennen und von ihnen betreut zu werden« (Art. 7).
1986	Der Deutsche Juristentag entscheidet sich mehrheitlich für die standesrechtliche und berufsethische Akzeptanz der international anerkannten Behandlungsmethode der heterologen Insemination in Deutschland.
1993	Die Weltgesundheitsorganisation (WHO) streicht die Homosexualität von der Liste der Krankheiten.
1995	Die gleichgeschlechtliche Familie findet erstmals Erwähnung in einem deutschen staatlichen Familienbericht.

1997	Die Bundesärztekammer veröffentlicht (Muster-)Richtlinien zur sogenannten assisitierten Reproduktion. Darin legen die Mediziner fest, dass eine künstliche Befruchtung allein auf verheiratete Paare und auf Paare, die zwar unverheiratet sind, aber in einer auf Dauer angelegten Beziehung leben, eingeschränkt wird. Mit dem Hinweis auf das Kindeswohl und den besonderen Schutz von Ehe und Familie (Art 6 Abs. 1 GG) wird der Ausschluss alleinstehender Frauen und gleichgeschlechtlicher Paare begründet. Mangels Rechtsetzungsbefugnis und Weisungsbefugnis gegenüber den rechtlich selbständigen Landesärztekammern haben die Richtlinien, bei denen es sich um Empfehlungen der Bundesärztekammer handelt, keine bindende Wirkung.
2001	In Deutschland wird das eigenständige familienrechtliche Institut der »Eingetragenen Lebenspartnerschaft« eingeführt. Es bewirkt eine erste Gleichstellung der gleichgeschlechtlichen Lebensgemeinschaft mit der ehelichen Lebensform.
2004	Das Lebenspartnerschaftsgesetz wird überarbeitet. Der nicht leibliche Elternteil des Kindes kann jetzt das leibliche Kind der Partnerin adoptieren, wenn das Paar in einer »Eingetragenen Lebenspartnerschaft« lebt und der andere leibliche Elternteil der Adoption zustimmt (vgl. Stiefkindadoption, § 9 Abs. 7 LPartG).
2006	Auch nach der Novellierung der (Muster-)Richtlinien der Bundesärztekammer kann nur bei verschiedengeschlechtlichen Paaren in fester Beziehung eine heterologe Insemination durchgeführt werden. »(E)ine heterologe Insemination (ist) zurzeit bei Frauen ausgeschlossen, die in keiner Partnerschaft oder in einer gleichgeschlechtlichen Partnerschaft leben« (vgl. Punkt 3.1.1 der Richtlinien).
2008	Das aus dem Jahr 1997 stammende Transplantationsgesetz, bei dem es sich im Gegensatz zu den Richtlinien der Bundesärztekammer um eine bindende Gesetzesverordnung handelt, wird überarbeitet und legt fest, dass »die Verwendung von Keimzellen [...] medizinisch indiziert« sein muss (vgl. TPG-GewV § 6). Bei gleichgeschlechtlichen Frauenpaaren liegt keine medizinische Indikation vor, da diese nicht an Unfruchtbarkeit leiden.

Wir werfen nun einen Blick auf aktuelle gesellschaftliche Wirklichkeiten gleichgeschlechtlicher Paare, die sich mit Hilfe einer künstlichen Befruchtung einen Kinderwunsch erfüllt haben.

Die Familienform, die bisher keinen eigenen Namen hatte und der wir die Bezeichnung *gleichgeschlechtliche Inseminationsfamilie* gegeben haben, ist zahlenmäßig nicht erfasst. In den Statistiken gibt es die gleichgeschlechtliche Inseminationsfamilie als eigene Realität nicht, obwohl entgegen der Empfehlung der Bundesärztekammer einige Kliniken und Reproduktionszentren in Deutschland die künstliche Befruchtung auch bei Frauen durchführen, die in einer lesbischen Paarbeziehung leben. Nach einer aktuellen Auskunft eines größeren Zentrums für Reproduktionsmedizin in Nordrhein-Westfalen gehen wöchentlich etwa zehn Anfragen lesbischer Paare mit einem Kinderwunsch ein. Hiervon gelangt etwa jede zehnte Frau zum eigenen Kind. Hochgerechnet wären das jährlich etwa 50 Kinder, was bei einer Anzahl von etwa 100 Reproduktionszentren bundesweit eine eindrucksvolle Zahl an jährlichen Geburten nahelegen würde. Amtlich statistisch erfasst ist in Deutschland aber einzig die gleichgeschlechtliche Lebensgemeinschaft. Für das Jahr 2005 weist der aktuelle Mikrozensus rund 60 000 gleichgeschlechtliche Lebensgemeinschaften aus. Dem gegenüber stehen 19,5 Millionen eheliche Lebensgemeinschaften und 2,1 Millionen nichteheliche Lebensgemeinschaften mit verschiedengeschlechtlichen Partnern. Damit sind 0,2 Prozent der Paargemeinschaften bzw. 2 von 1000 Paargemeinschaften gleichgeschlechtlich. Nach dem Mikrozenzus 2004 wuchsen bei jedem achten gleichgeschlechtlichen Paar (13 Prozent) ledige Kinder auf. Insgesamt zogen die gleichgeschlechtlichen Paare in diesem Zeitraum rund 11 500 Kinder groß, darunter 9 500 unter 18 Jahren. Andere Schätzungen gehen davon aus, dass mindestens 13 000 Kinder in gleichgeschlechtlichen Partnerschaften leben.

Die meisten dieser Kinder stammen aus früheren verschiedengeschlechtlichen Ehen und leben, nachdem sich ihre leiblichen Eltern getrennt haben, mit einem Elternteil und seinem neuem Partner desselben Geschlechts zusammen. Eine weitere Form, im Rahmen einer gleichgeschlechtlichen Elternschaft eine »Familie« zu realisieren, ist die »Queer Family« (»schwule Familie«) bzw. »Regenbogenfamilie«. Sie entsteht, wenn ein schwules Männerpaar und ein lesbisches Frauenpaar sich den Kinderwunsch gemeinsam erfüllen. Beim »Modell« der Queer Family, wie es in den USA in den 1990er Jahren speziell an der Westküste gelebt wurde, kann die individuelle Vorstellung der Einzelnen von der Partizipation an der späteren Erziehung breit streuen. Das Ausmaß der nachgeburtlichen Beteiligung der schwulen Väter kann je nach Wunsch von gar keiner bis hin zu einer 100-prozentigen sozialen und rechtlichen Vaterschaft reichen. Ein schwuler Mann kann z. B. lediglich daran interessiert sein, als Samenspender zu fungieren und im Notfall als Vater einzuspringen.

Es kann aber auch eine Familienkonstellation angestrebt werden, in der das Kind zwei Väter und zwei Mütter als sein Eigen bezeichnet. In Deutschland ist diese Form der Familienrealisation wenig bekannt, wir werden unten dazu ein Beispiel geben. Eine weitere Möglichkeit zur Bildung einer gleichgeschlechtlichen Elternfamilie ist die Adoption. Allerdings können Lesben und Schwule in Deutschland nur als Einzelperson adoptieren. In der Regel entscheiden sich die Jugendämter zu Gunsten verschiedengeschlechtlicher (Ehe-)Paare. Auch auf Grund der hohen Nachfrage nach Adoptivkindern – auf in Deutschland zur Adoption freigegebene Kinder kommen zwölf adoptionswillige Ehepaare – sind Inlandsadoptionen für Lesben und Schwule eher im verwandtschaftlichen Kontext bekannt. Als Alternative bleibt die Auslandsadoption, die aber nicht nur mit einem erheblichen bürokratischen Aufwand verbunden, sondern häufig auch sehr kostspielig ist. Eine weitere Schwierigkeit besteht darin, dass es immer weniger Länder gibt, die bereit sind, ein Kind an Einzelpersonen abzugeben. Auch muss die Adoptivvermittlungsstelle, die einen Sozialbericht über die Eignung der Bewerber für die im Ausland zugelassenen Organisationen anfertigt, aufgeschlossen sein für Bewerbungen von adoptionswilligen Lesben und Schwulen. Ein erster Schritt auf dem Weg der Adoption ist manchmal die Pflegefamilie (in Großbritannien ist der Übergang von der Pflegefamilie zur Adoptivfamilie interessanterweise verboten). Sie stellt eine weitere Möglichkeit für gleichgeschlechtliche Paare dar, das Leben mit Kindern zu teilen. Was vor ein paar Jahrzehnten noch undenkbar gewesen wäre, gehört in den Städten wie Köln, Berlin, Aachen, Frankfurt, Offenbach und Münster zunehmend zum Alltag der Jugendämter. Die sexuelle Orientierung von Pflegeeltern wird überwiegend nicht mehr als Hinderungsgrund für die Begründung eines Pflegekindverhältnisses angesehen.

Zunehmend entscheiden sich gleichgeschlechtliche Frauenpaare aber auch für ein eigenes leibliches Kind durch heterologe Insemination. Einige Frauen wählen dafür einen privaten Samenspender aus dem näheren oder weiteren Bekanntenkreis (z. B. einen schwulen Freund oder den Bruder der Partnerin) und führen eine Selbstinsemination durch. Eine nicht unübliche Praxis ist es, dass dann nach der Geburt des Kindes die Mutter den Vater als unbekannt angibt. Anschließend beantragt die Partnerin die Stiefkindadoption, vorausgesetzt, die beiden Frauen leben in einer »Eingetragenen Lebenspartnerschaft«. Sie wird in der Regel gewährt, da der leibliche Vater im

Adoptionsverfahren nicht beteiligt ist, weil er geleugnet wurde. Finden die Frauenpaare keinen passenden Samenspender in ihrem Bekanntenkreis, dann wählen einige Frauen auch die Möglichkeit, den Erzeuger ihres Kindes per Kleinanzeige zu suchen: »Lesbisches Paar sucht netten schwulen Mann als Samenspender. Eventuell wären wir auch an einem Wochenendpapa fürs Kind interessiert.« Medizinisch ist das aber nicht ganz ungefährlich, denn die Frauen können nicht darauf vertrauen, dass die Männer, die sich melden, gesund sind. Auch besteht keine Sicherheit, dass der Spender vielleicht entgegen vorheriger Absprachen später nicht doch Ansprüche auf Besuchs- und Umgangsrecht geltend macht. Deshalb neigen nicht wenige Frauen dazu, auf die Dienstleistungen einer Samenbank zurückzugreifen. Hier ist sowohl die »Nichteinmischung« des Samenspenders garantiert als auch die medizinische Unbedenklichkeit des Spermas gesichert. In Deutschland haben aber gleichgeschlechtliche Frauenpaare wie auch alleinstehende Frauen keinen Rechtsanspruch auf Zugang zu den Samenbanken. Zwar ist die heterologe Insemination bei diesen Personengruppen strafrechtlich nicht erfasst, also auch nicht verboten. Das geltende Embryonenschutzgesetz stellt jedoch alle Techniken der künstlichen Befruchtung unter einen Arztvorbehalt. Hinzu kommt seit dem Urteil des Bundesverfassungsgerichts über das Recht eines Kindes auf Kenntnis der genetischen Abstammung die Befürchtung der Ärzte, dass sie verklagt werden könnten bzw. dass sie selbst den Unterhalt für die so gezeugten Kinder zahlen müssten. Schließlich ist es sittlich nicht gerechtfertigt, einem Kind seinen Anspruch auf Kenntnis seiner Herkunft durch eine anonyme Samenspende zu verweigern.

Trotz der sittlichen, gesundheitlichen und rechtlichen Barrieren finden die gleichgeschlechtlichen Frauenpaare zahlreiche Möglichkeiten, Mütter zu werden. Einige nehmen die ärztliche Hilfe einer Inseminationsklinik in den Niederlanden in Anspruch oder lassen sich in zumeist englischen Fertilisationskliniken künstlich befruchten. Andere nutzen Möglichkeiten in den USA, Dänemark oder Spanien, wo die Samenbanken schon seit vielen Jahren lesbische Paare zu ihren Kundinnen zählen. Dies hat letztendlich zu einem regen Fortpflanzungstourismus lesbischer Paare aus Deutschland geführt. Auch per Post können Frauen zu einer Spermaspende kommen. Kundinnen der Cryobank in Fairfax, Virginia, können ihren »Wunschspender« nach Merkmalen von Universitätsabschluss bis Augenfarbe im Internet suchen und das gewünschte Sperma per E-Mail bestellen. Ähnliche Dienste bietet seit ein paar Jahren eine Versandagentur namens *Man-not-included* in London an.

Wenn Frauen sich nun dafür entscheiden, mit technischer Hilfe ein eigenes leibliches Kind zu erzeugen, dann gehört dazu nicht selten die Bereitschaft, sich auf einen komplexen und häufig sehr langsamen, nicht immer erfolgreichen Prozess einzulassen. Daran sind eine Vielzahl unterschiedlicher Personen, Vertraute wie Experten und Mitarbeiter öffentlicher und privatwirtschaftlicher Institutionen beteiligt. Auch gehört zu diesem Prozess, in dem ethische und rechtliche und manchmal auch geografische Grenzen überschritten werden, dazu, dass man Informationen beschafft, Wissen erwirbt, amtliche Papiere ausfertigen lässt und auch Geld einsetzt. 15-mal während eines Zeitraumes von drei Jahren reisten zwei Frauen, die wir gesprochen haben, nach Holland, das lange Zeit eine kooperative Anlaufstelle für gleichgeschlechtliche Paare mit Kinderwunsch war. Oft wurden sie auf diesen Reisen enttäuscht. Trotz aufwendiger, teurer und nicht selten in den Körper der einen Frau massiv eingreifenden Behandlungsverfahren (Hormonstimulation, die die Eizellproduktion erhöht) blieb die künstliche Befruchtung lange Zeit erfolglos. »Unser ganzer Jahresurlaub ging für Holland drauf«, sagt Sabine, die heute nach einer Stiefkindadoption neben ihrer Partnerin gleichberechtigte Mutter des mittlerweile (2009) zehn Jahre alten Tobias ist.

Viele Entscheidungen müssen auf dem Wege der Familienbildung getroffen werden. Neben den Fragen: privater Spender?, falls Samenbank: im In- oder Ausland?, gynäkologische Begleitung?, »Wer von uns wird schwanger?«, stellen sich die Frauen auch die Frage, ob sie sich für einen bekannten oder unbekannten Samenspender entscheiden möchten. Soll das biologische Abstammungsverhältnis sowohl dem Kind als auch den Eltern dauerhaft unbekannt bleiben, dann wird die anonyme Samenspende gewählt. Die sogenannte No-Spende ist zurzeit (2009) nur noch in Belgien, Dänemark, Norwegen, Spanien und Frankreich möglich. Die Samenbanken in den Niederlanden, in Schweden, Österreich, Großbritannien und in Deutschland führen die Insemination nur noch mit sogenannten Yes-Spendern durch. Hier hat das Kind ab dem 16. Lebensjahr Zugang zu den Spenderdaten, wenn die Mutter die Bekanntgabe der Daten mit dem Arzt vertraglich verabredet hat.

Wir haben mit einem Frauenpaar gesprochen, bei dem die eine Frau eine anonyme Samenspende über eine Samenbank in Dänemark bezogen hat. Die andere Frau berichtete uns, dass sie beide heute ganz anders als damals entscheiden würden. Schon jetzt sei ihr gemeinsames Leben von dem Bedenken bestimmt, dass für ihre Tochter Maritta (im Jahre 2009 fünf Jahre alt) die unbekannte Herkunft zu einem Lebensthema werden könnte:

> »Ich hab schon Angst davor, dass die Maritta irgendwann sagt: ›Wie konntet ihr das tun? Ich hab ein weltweit, inzwischen in vielen Ländern durchgesetztes Recht, meinen Erzeuger zu kennen. Und ihr habt, obwohl ihr das gewusst habt, euch anders entschieden. Wie konntet ihr nur?‹ So haben wir angefangen, noch während der Inseminationsphase dem Kind Briefe zu schreiben darüber, was man sich dabei gedacht hat. Weil die Überlegung ist, der einzige Vorwurf, der neben dem Mangel: ›Ich weiß nicht, wo ich herkomme‹, sein kann: ›Wie konntet ihr so leichfertig sein?‹ Und mit Hilfe der Materialien, wie dem Interview [gemeint ist das Interview, das D. F. mit diesen Frauen durchgeführt hat und aus dem wir hier zitieren; die Verf.], dem authentischen Material aus der Zeit, können wir zeigen, dass das überhaupt nicht leichfertig war. Die Motivation ist, nachher Beweise für Maritta zu haben, um sagen zu können: ›Guck hier, wir ham darüber nachgedacht. Es war uns nicht egal. Wir ham an der Situation gearbeitet, wie's uns halt möglich war.‹«

Dieses Beispiel zeigt, wie psychosoziale Prozesse nicht Schritt halten mit technischen Prozessen. Der Reproduktionsavantgardismus, den die beiden Frauen pflegen, erzwingt geradezu eine kulturelle Technik der »Bewältigung«, damit mit der Abweichung vom biologisch herkömmlichen Familiengründungsprozess umgegangen werden kann. Die Lösung, die sie dafür finden, das Kind adressenlos in die Welt gesetzt zu haben und Elternschaft für das Kind demzufolge nicht etablieren zu können, besteht in einer Art Wiedergutmachungsstrategie. Sie setzen alles daran, die verschobenen Verhältnisse zu neutralisieren. Über das Anlegen einer Art Dokumentenmappe für den Fall des Einwandes bzw. Protestes, den Maritta vortragen könnte bei der Beantwortung der dramatischen Frage: Warum bin ich auf der Welt?, wollen die beiden Frauen die – im Vergleich mit dem Normalmodell – Unverhältnismäßigkeit ihres konstruierten Familienmodells kompensieren. Motiviert ist diese Wiedergutmachungsbemühung von einem Schuldgefühl, eine Nichtnormalität erzeugt zu haben, die sie wiederum gleichzeitig in eine Legalität zu überführen versuchen. Dabei wird ihnen sogar selbst deutlich, dass der Tabubruch der anonymen Samenspende nicht zu heilen ist. Gleichwohl erhoffen diese Frauen sich von dem Kind, das sie für ihr gemeinsames halten, Bewunderung und Anerkennung dafür, dass sie vom herkömmlichen Familiengründungsprozess abgewichen sind.

Forschung zu Kindern, die mit gleichgeschlechtlichen Paaren leben

Von dem wenigen, was man bisher über Kinder weiß, die in einer Familie mit einem gleichgeschlechtlichen Paar als Eltern aufgewachsen sind, kann festgehalten werden:

- ... dass in Bezug auf psychiatrische Störungen und Verhaltensprobleme zwischen gleichgeschlechtlichen und verschiedengeschlechtlichen Familien keine Unterschiede bestehen. Auch bezüglich des Selbstkonzepts stimmen die Kinder von lesbischen und schwulen mit denen verschiedengeschlechtlicher Eltern überein. Ebenso finden sich keinerlei Unterschiede zwischen diesen Gruppen im Hinblick auf die moralische Entwicklung.
- ... dass Kinder, die in gleichgeschlechtlichen Partnerschaften aufwachsen, sich nicht von Kindern unterscheiden, die in einer verschiedengeschlechtlichen Elternbeziehung großwerden. Auch zeigen vergleichende Untersuchungen übereinstimmend, dass die Geschlechtspartnerorientierung der Kinder aus gleichgeschlechtlichen Elternfamilien sich nicht von der anderer Kinder unterscheidet. Die Anzahl der sich gleichgeschlechtlich orientierenden Erwachsenen aus lesbischen Familien ist ähnlich niedrig wie in der Gesamtbevölkerung.
- ... dass nicht das Homosexuellsein, sondern andere Rahmenbedingungen der Entwicklung Quellen für problematische Verläufe sind: Scheidungsfolgen, Negativreaktionen der Verwandten, Diskriminierungen in der Gemeinde, ein spätes Coming-out des Vaters oder der Mutter. Einige Studien haben auch den Befund zu Tage gebracht, dass die Kinder sich umso besser entwickeln, je offener die gleichgeschlechtlichen Erwachsenen leben.
- ... dass in einigen Bereichen der sozialen Kompetenz die Kinder lesbischer und schwuler Eltern den Kindern aus verschiedengeschlechtlichen Elternfamilien überlegen sind. Lesbenpaare

hätten sogar bessere elterliche Fähigkeiten als verschiedengeschlechtliche Eltern. So fördern lesbische Mütter bei ihren Kindern im Allgemeinen häufigere und intensivere Beziehungen zu den Vätern und zu anderen männlichen Familienangehörigen und Freunden als verschiedengeschlechtlich orientierte Mütter, und zwar speziell dann, wenn die lesbischen Mütter in gleichgeschlechtlichen Partnerschaften leben. Außerdem entwickeln Kinder lesbischer und schwuler Eltern ein größeres Ausmaß an Toleranz und an Einfühlungsfähigkeit gegenüber anderen Menschen und lernen in der Zwei-Mütter- respektive Zwei-Väter-Familie einen wesentlich partnerschaftlicheren Beziehungsstil kennen als Kinder in vielen verschiedengeschlechtlichen Familien, so dass sie später in eigenen verschiedengeschlechtlichen Beziehungen auch eher zum Aufbau einer egalitären Paarbindung fähig sind.

Diese Studien weisen einen durchgängigen Mangel auf: Sie differenzieren nicht zwischen Kindern, die zuerst in einer Familie mit leiblichen Eltern aufgewachsen sind, und solchen, die durch eine Samenspende (von bekanntem oder unbekanntem Spender) gezeugt und ausschließlich mit einem gleichgeschlechtlichen Paar aufgewachsen sind. Insofern sind sie für unser Thema von geringem Wert. Studien, die das Krisenexperiment der Zeugung durch eine Samenspende eines unbekannten Mannes in seiner Wirkung auf den Identitätsbildungsprozess der Kinder im Zeitverlauf untersuchen, stehen aus. Erst wenn diese Kinder das junge Erwachsenenalter erreicht haben werden, sind schlüssige Aussagen über die Auswirkungen dieses Risikos möglich. Wir können aber jetzt schon prognostizieren, dass das Aufwachsen ohne die Möglichkeit, den Vater kennen zu können, eine unvertretbare Bürde im Lebensablauf sein wird – wie sie auszuhalten ist, ist eine andere Frage.

Im Folgenden werden wir nun zwei Familientypen vorstellen: Zum einen gleichgeschlechtliche Paare, von denen eine der Frauen auf dem Wege über eine Samenspende eines Mannes, der selbst in einer schwulen Paarbeziehung lebt, ein Kind zur Welt gebracht hat. Diesen Typus vergleichen wir mit einer Familie, bei der beide Frauen auf dem Weg über anonyme Samenspenden je ein Kind auf die Welt gebracht haben. Danach stellen wir ein Familienkonzept vor, das dem der Stieffamilie nachgebildet ist.

Familienbildungsprozesse mit zwei Paaren

Zur Familie von Felix (geb. 2002), so wie wir sie im Jahr 2004 kennenlernen, gehören die leibliche Mutter Dagmar und ihre Partnerin Ingeborg, der leibliche Vater Dieter und sein Partner Manfred. Beide Paare leben in einer »Eingetragenen Lebenspartnerschaft« und sind seit vielen Jahren befreundet. Das Zentrum der Familie bilden die beiden Frauen, in deren Haushalt Felix aufwächst. Verheiratet sind Dagmar und Ingeborg, seitdem Felix auf der Welt ist. Sie wollten als »einheitliche Familie auftreten, einmal nach außen hin und zum anderen auch für Felix«. Es sollte deutlich erkennbar sein, dass sie zusammengehören, deshalb habe Ingeborg Dagmars Familiennamen angenommen. Normalerweise leben sie nicht zu fünft zusammen, sondern in einer Dreierkonstellation. »In der normalen, alltäglichen Familie sind wir zu dritt«, so Dagmar. Entsprechend präsentiert sich diese Familie zum Zwecke eines Familienfotos wie in Abbildung 1 dargestellt.

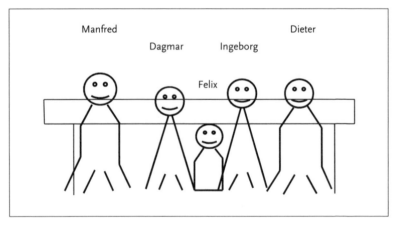

Abb. 2: Die Familie im Quadrat

Die beiden Männer wohnen 350 Kilometer entfernt am Bodensee und kommen einmal im Monat zu Besuch, telefoniert wird mindestens einmal in der Woche miteinander. Dieter vergleicht sich mit einem Vater – der Ernährer sei er ja nicht –, der auf Montage im Ausland arbeitet und auf Grund der Entfernung nur zeitweise da sein kann. Von der Zeit her gesehen, die Felix mit seinem Vater und dessen

Partner verbringt, sei die Situation auch vergleichbar der eines Groß-
elternpaares, das sich intensiv kümmert. Hinsichtlich seiner Rolle im
Familiengesamt befragt, sagt Dieter, eine Rollen- bzw. Aufgabenver-
teilung gebe es nicht. »Aufgabe« und »Rolle« hätten immer etwas mit
Pflichterfüllung zu tun. Er sehe aber keine Pflichterfüllung und kein
»Muss«. Es sei einfach: »Wir sind da, wir sind sehr glücklich über den
Jungen, und wir sind eine Familie, die sich permanent verändert.«
Die gemeinsame Lebenswelt, die die beiden Frauen für ihr Bezie-
hungsmodell der doppelten Mutterschaft aushandeln, sieht wie folgt
aus: Ingeborg ist für das emotionale Klima in der im Alltag gelebten
Triade zuständig, der zwei Mütter angehören, insbesondere für die
Betreuung und emotionale Unterstützung von Felix. In Konkurrenz
zur leiblichen Mutter, ihrer Partnerin Dagmar, gerät sie damit nicht,
da diese wie ein leiblicher Vater dazu tendiert, die Hauptsorge für
den Lebensunterhalt der Familie zu übernehmen. Damit orientiert
sie sich an der Arbeitsteilung eines heterosexuellen Paares, das den
Entwurf einer »Normalfamilie« lebt.

Ziehen wir an dieser Stelle ein erstes Fazit: Die Familie wird in
Abweichung von der Daseinsform der Kernfamilie komponiert, ohne
dass in diesem ordnungsgebenden Prozess die biologisch-soziale
Elternschaft »geleugnet« wird. Die auf Abstammung gegründeten
Sozialbeziehungen behalten ihr Recht. Für Felix bedeutet das, ein Familienarrangement vorzufinden, in dem die leiblichen Eltern, ohne
in einer Partnerschaft zusammenzuleben, gemeinsam Elternschaft
übernehmen. Es bedeutet für ihn des Weiteren, eine zweite Mutter bzw. einen zweiten Vater vorzufinden, da die Lebenspartner der
Eltern eine Elternfunktion – wie wir später verdeutlichen werden –
übernehmen. Die Akteure dieser sozialen Konstruktion organisieren
so eine Art Kernfamilie im Quadrat.

Für Dagmar war klar, als sie in Ingeborg ihre »Traumfrau« gefunden hatte und als »wir eine Beziehung fürs Leben eingegangen sind«,
dass sie ein Kind haben wollte. Eines Tages sei dann auch Ingeborg
so weit gewesen und habe gesagt: »Ja, okay, können wir machen.«
Der Entscheidung, die Familie mit Hilfe der beiden Freunde zu konstruieren, gehen aber Überlegungen zu alternativen Familienmodellen voraus. Zuerst versuchen sie, ein Kind zu adoptieren, »weil wir
gesagt haben, es gibt genügend Kinder, die kein Zuhause haben, und
wir haben eines«. Da es in Deutschland für ein gleichgeschlechtliches
Paar nicht möglich ist, ein Kind zu adoptieren, kümmern sie sich

gleich um eine Auslandsadoption. Der Adoptionsplan scheitert aber an der Schwierigkeit des bürokratischen Zugangs, so dass sie die Variante der anonymen Samenspende in Form eines One-Night-Stands in Erwägung ziehen. Am Ende kommen sie aber zu dem Entschluss: »Eigentlich ist es ganz gut, wenn das Kind weiß, woher es kommt, wenn es eine Identität hat und sich identifizieren kann.« Nachdem sie die beiden Freunde gefragt und Dieter und Manfred spontan mit einem Ja geantwortet haben, hat es dann aber doch noch zwei Jahre gedauert, »bis wir das umgesetzt haben«, sagt Dieter. Es mussten Vorbehalte ausgeräumt werden. »Ohne Überlegung ist das nicht passiert, nur übers Ausdebattieren.« »Vom Kopf her« sei das ein langer Entwicklungsprozess gewesen. Ingeborg, die nichtleibliche Mutter, war mit einer Identitätsproblematik konfrontiert: »Dagmar ist die leibliche Mutter, Dieter der Vater, und wer bin ich eigentlich?« Sie wollte nicht, dass man ihr nachher Entscheidungen abnimmt und sie von einer verantwortlichen Elternschaft entbindet. »Letztendlich ist das aber für mich kein Problem mehr gewesen, da ich den beiden vertraue.« »Ja«, stimmt Dieter zu, »bei uns hat immer alles funktioniert, und es gab ein grenzenloses Vertrauen.«

Verändert hat sich nach der Geburt von Felix, der über eine Selbstinsemination entstanden ist, vieles. Dagmar: »Als Felix dann zur Welt gekommen ist, war eigentlich auf einmal, also spätestens da, eigentlich genau genommen schon während der Schwangerschaft, klar, dass es doch enger als geplant mit uns vieren wird.« »Eigentlich« – so Dagmar weiter – »waren wir vorher schon eine Familie«, jetzt habe sie aber noch mehr das Gefühl, mit den beiden Freunden verwandt zu sein.

Halten wir an dieser Stelle der Fallschilderung kurz inne und fassen zusammen: Der Familiengründungsprozess lässt nicht nur den Konstruktionscharakter dieser von der Kernfamilie abweichenden Lebensform offen zu Tage treten. Sondern es wird auch deutlich, wie die an dieser unkonventionellen Familienorganisation Beteiligten sich an den basalen Strukturmerkmalen der Unendlichkeitsfiktion und der Nichtersetzbarkeit der Personen orientieren. Auch an der Selbstreflexion und der Reflexion über ihre komplexe Situation infolge der Abweichung vom natürlichen Familiengründungsprozess und an der Benennungspraxis zeichnet sich ab – das werden wir im Folgenden ausführen –, dass sie vor der Herausforderung stehen, die gleichermaßen auch für die Stieffamilie, die Adoptivfamilie und die

Pflegefamilie gilt, eine Antwort auf die zentrale Frage der Integration aller Beteiligten in die Familienorganisation zu finden.

> »Auch andere Kinder«, so Dieter, »wachsen ja in nicht herkömmlichen Familien auf. Es gibt ja auch die Geschiedenen, die Wiederverheirateten, wo plötzlich auch zwei Väter da sind. Von daher ist so eine Konstellation, wie wir sie haben, so, wie wenn sich getrennte Paare immer noch verstehen und den neuen Partner akzeptieren.«

Deutlich wird, dass sie für die Aufgabe, allen Beteiligten in ihrer zusammengesetzten Familie einen Platz zu geben, an der Scheidungsfamilie bzw. Fortsetzungsehe orientiert sind. Mit anderen Worten: Sie organisieren sich nach dem Muster einer Stieffamilie, in der die leiblichen Eltern die neue Situation unter Anerkennung einer lebenspraktischen Realität aushandeln, die von der Kernfamilie verschieden ist. Das Besondere bzw. das vom aus dem Kapitel über Stieffamilien bekannten Co-Parenting-System Abweichende besteht darin, dass Felix in diese Familiensituation hineingeboren ist, sie also von Anfang an kennt, und dass diese familiale Sozialorganisation nicht wie die »normale« Stieffamilie sich mit der Vorgeschichte einer gescheiterten Paarbeziehung auseinandersetzen muss. Des Weiteren, das wollen wir an dieser Stelle noch einmal hervorheben, besteht ein Unterschied zum »normalen« Stieffamilienmodell darin, dass die leiblichen Eltern, die die Reproduktionstriade bilden, kein Paar sind und dass die zwei sich voneinander unterscheidenden Sozialsysteme um den Haushalt eines gleichgeschlechtlichen Paares organisiert sind.

An der Terminologie, die die Betroffenen für Felix wählen, zeigt sich aber nun, dass die Struktur, die sie gefunden haben und die sie selbst über das Deutungsmuster der Stieffamilie normalisieren, sich wieder Organisationsweisen annähert, die sie in die Nähe der Kernfamilie bringt. Denn die Partner der Eltern werden nicht mit Tante Ingeborg bzw. Onkel Manfred angesprochen, auch erfolgt nicht – jedenfalls nicht bis zum Entwicklungszeitpunkt, als wir die Familie gesprochen haben – die Ansprache mit Vornamen. Es wird weder die Variante gewählt, die die Partner der Eltern in den Status von Leuten hebt, die zur Verwandtschaft gehören. Noch wird die Benennungsalternative relevant, die die Partner der Eltern aus der Familie heraushält bzw. sie außerhalb des Verwandtschaftssystems platziert. Sondern sie entscheiden sich für eine Benennungspraxis, die den leiblichen Eltern vorbehalten ist. Während diese mit »Mama« und

»Papa« angesprochen werden, gilt für den Partner des jeweiligen
Elternteils die Terminologie »Mami« bzw. »Papi«. Heraus kommt
dabei ein Erklärungsmodell für Felix, das folgendermaßen aussieht:
»Du hast zwei Mamas, weil deine Mama liebt nämlich die Mami, und
wir lieben dich. Und der Papa wohnt mit dem Papi zusammen, weil
der den liebt.« »So haben wir alles«, wie Dagmar uns erzählt, »fami-
liär eingemeindet.« Die Eltern von Ingeborg werden als Großeltern
gehandelt, obwohl keine Verwandtschaft im Sinne einer leiblichen,
sondern einer angeheirateten verwandtschaftlichen Beziehung besteht. Der Exmann von Dagmar ist der Patenonkel und die Schwester
von Ingeborg die Patentante. Familiendynamisch gesehen, werden
über die soziale Konstruktion leiblicher Abstammung fremde Personen für Felix zu Verwandten gemacht. Halten wir am Schluss fest:
Obwohl den Beteiligten dieser Familienkonstruktion ihr Anderssein
als Familie bewusst ist, kann man Strategien der Renormalisierung
entdecken, die eine Orientierung an den Solidaritätsformen und
Strukturmerkmalen der Kernfamilie erkennen lassen. Einmal so gesagt: Auch wenn sie die »Normalfamilie« äußerlich nicht nachbilden,
entspricht ihr Alltag dem einer Normalfamilie, zumindest dem einer
zusammengesetzten Familie mit etabliertem Co-Parenting-System.
So wundert es uns auch nicht, wenn Ingeborg das Gespräch mit uns
wie folgt kommentiert:

> »Bis jetzt läuft alles toll, wir sind eigentlich 'ne ganz normale Familie. Wir
> leben halt weiter, stinknormal, spießig und langweilig und glücklich dabei.
> Ich weiß gar nicht, was die Fragerei soll.«

Familienbildungsprozesse mit Hilfe einer anonymen Samenspende

Ina Gelhard und Carmen Fuertes leben in einer bikulturellen Paarbeziehung. Ina ist in Amman geboren, und Carmen, die in Hamburg
zur Welt gekommen ist, hat eine deutsche Mutter und einen spa-
nischen Vater. Kennen gelernt haben sie sich während eines Aus-
landsaufenthaltes von Ina in Deutschland. Nach zwei Jahren Fernbe-
ziehung beschließt das Paar, dass »Ina nach Deutschland kommen«
soll. Ina arbeitet als freiberufliche Lektorin und Carmen als Chemi-
kerin teilzeitlich in der Unternehmensberatung. Das Frauenpaar hat
zwei Kinder, die mit Hilfe einer anonymen Samenspende gezeugt

wurden. Sowohl Ina als auch Carmen haben ein Kind geboren. Auf unsere Frage, wie sie in der Öffentlichkeit wahrgenommen werden, geben die beiden Frauen folgende Antwort:

»In der Öffentlichkeit sind wir zwei Freundinnen, die zwei Kinder spazieren fahren. Aber je näher die Bekanntschaft, desto eher fangen die Leute an zu sagen: Ina und ihr Kind und du und deine Tochter. Im Freundeskreis und in der Arbeit werden wir als Familie wahrgenommen.«

Jedoch seien sie als Familie »schon sehr spezifisch«, denn zur künstlichen Befruchtung kämen noch die gleichgeschlechtliche Beziehung und das Bikulturelle hinzu. Gleichwohl »machen wir Familie, wie jede andere auch, nur eben gleichberechtigter«. Im Vergleich zur verschiedengeschlechtlichen Paarfamilie, wo der Vater als Ernährer der Familie kaum zu Hause sei, sei bei ihnen von Anfang an klar gewesen, dass beide berufstätig sein werden. Allerdings wollten sie beide Teilzeit arbeiten. »Wir sind beide nicht der Typ, der morgens in die Firma geht und abends wiederkommt, und der andere hat dann die ganze Familie allein zu Hause, das wollten wir nicht, auch wenn das Geld gerade so reicht.« Auch der »klassische Alltag« sei durch eine arbeitsteilige Fürsorge geprägt.

»Nach der gemeinsamen Morgenroutine: anziehen, frühstücken etc., bringt Ina die Kinder in den Kindergarten bzw. zur Tagesmutter. Sie lässt dann das Auto an der U-Bahn stehen und nimmt die öffentlichen Verkehrsmittel zur Arbeit. Ich arbeite fünf bis sechs Stunden, lasse dann den Stift fallen, nehme das Auto und hol die Kinder, komm nach Hause, und Ina kommt dann später nach. Die Abendroutine machen wir zusammen, wir achten sehr darauf, dass immer beide da sind. Manchmal, wenn die Kinder im Bett sind und wir einen Babysitter haben, gehen wir, was selten vorkommt, gemeinsam noch aus.«

An dieser Erzählung wird Folgendes deutlich: Ina und Carmen unterwerfen sich nicht einer Berufswelt bzw. einem Arbeitsleben, das eine (bedingungslose) Präsenzbereitschaft fordert, sondern sie stellen eine familiale Gemeinschaft her, in der die Familienordnung vor der Arbeitsordnung Vorrang hat und Kinderbetreuungsaufgaben im Rahmen einer doppelten mütterlichen Elternschaft geteilt werden. Zur Familienführung gehört des Weiteren, dass sie zu viert die Eltern von Carmen jeden zweiten Sonntag besuchen,

»das hat schon Tradition. Nach dem Frühstück brechen wir auf, fahren alle dahin und dann abends zum Abendessen wieder her. Oft gehen wir am Wochenende auch spazieren, und ganz oft kommen Leute vorbei. Wir haben einen ziemlich engen Clan an Tanten und Onkeln für unsere Kinder, Freunde von Ina und die Paten, also sozusagen Nenn-Tanten und Nenn-Onkel, die kommen ziemlich regelmäßig zu uns, Freunde, die sich den Kindern sehr nahefühlen und sich dann auch als Onkel und Tante bezeichnen«.

Deutlich wird hier: Es besteht eine Zwei-Generationen-Familie, die aus der gleichgeschlechtlichen Paarbeziehung und den zwei Kindern, die sie im Rahmen einer Parallelschwangerschaft bekommen haben, zusammengesetzt ist. Diese Familie unterhält strukturierte Beziehungen zu einem Verwandtschaftssystem, das nach der sozialen Ordnung der Kernfamilie organisiert ist. Obwohl die Freunde von Ina weder auf Grund von biologischen Merkmalen (Blutsverwandtschaft) noch durch eine anerkannte Verbindung (Verschwägerung) mit den Kindern von Ina und Carmen verwandt sind und auch die Eltern von Carmen, zumindest mit dem Kind von Ina, nicht durch eine leibliche Abstammung verbunden sind, werden die Fremden verwandtschaftlich integriert. Es handelt sich um eine Verwandtschaftskonstruktion über einen Akt der Zuschreibung, also um Wahlverwandtschaften.

Wie erfolgt nun in dieser Familie die Bedeutungsstrukturierung bezüglich Elternschaft? Welcher Stellenwert wird der Strukturposition des Vaters in dieser Familie eines weiblichen Paares beigemessen? Um einen ersten Zugang zu den fallspezifischen Besonderheiten zu erhalten, soll der Familienbildungsprozess rekonstruiert werden. Mit Blick auf die Inseminationsgeschichte kann erst einmal festgehalten werden, dass in der Vorphase der Familiengründung über eine Vielzahl an möglichen Alternativen, Eltern zu werden, nicht nachgedacht worden ist. Zuerst scheitert die von den beiden favorisierte Variante, als Spender einen »entfernten Freund« zu finden und damit jemanden, »den wir kennen, damit das Kind die Chance hat, mit dem Vater Kontakt aufzunehmen«. Dann »ham wer erstmal klargemacht, dass wir keine dritte Person mit drinhaben wollen. Ich find auch, zwei reicht. Also, ich wollte wirklich die Familie, so 'ne, jetzt nicht irgendwie noch ein paar Schwule, die dann mit erziehen«. So entscheiden sie sich schließlich für eine anonyme Samenspende und wählen in einer Samenbank den Samen aus.

Indem die beiden Frauen letztendlich die anonyme Spendersamenvariante wählen, also weder eine Auslands- oder Inlandsadoption bzw. Pflegschaft als mögliche Alternativen in die engere Wahl ziehen, wird Folgendes deutlich: Es geht ihnen a) um das leibliche Kind, um die Erfahrung der Symbiose mit dem Kind während der Schwangerschaft, und b) darum, durch die gewählte Anonymität Fremdpersonen, die ihre Dyade destabilisieren könnten, z. B. durch den Anspruch auf Integration in die soziale Umgebung des Kindes, auszuschließen. Wir haben es in diesem Fall mit einer Inseminationskonstellation zu tun, die sich einerseits am kernfamilialen Modell orientiert (»zwei reicht«). Andererseits wird das ausgeschlossene väterliche Strukturmoment nicht durch ein Äquivalent repräsentiert. Um diese Konstellation auf den Begriff zu bringen, schlagen wir das Konzept der *doppelten Mutterschaft ohne Besetzung der väterlichen Strukturposition* vor. Dies unterscheidet – neben der Anonymisierung des Vaters – diese Familie von der zuvor vorgestellten Konstellation mit zwei Vätern und zwei Müttern.

Das zweite Kind kommt in dieser Familie – wenn auch nicht gewollt – mit dem Samen eines anderen Mannes zur Welt: »*Es hat nie geklappt, dass wir schwanger geworden sind immer mit den gleichen Männern. Das hätte die Kinder enger zusammengebracht*«. Was bedeutet dies? Es wird, nach der Logik der Blutsverwandtschaft in der Fantasie, eine blutsverwandtschaftliche Geschwisterbeziehung zwischen den Kindern konstruiert. Die Illusion ist die, dass durch denselben Samenspender der Vater, der in einer weiblich gleichgeschlechtlichen familialen Paarbeziehung nicht sein darf, trotzdem erzeugt wird als ein gemeinsamer Vater der Kinder. Der auf Grund der lesbischen Orientierung absolut abgelehnte leibliche Vater soll gleichzeitig möglichst präsent sein, nämlich als gemeinsamer biologischer Vater der Kinder. Warum? Eine Vermutung wäre: weil beide Frauen ein Konzept von Mutterschaft in ihre Erwachsenenrolle integriert haben, das dem Elternschaftsmodell einer heterosexuellen Paarbeziehung entspricht, dem aber das notwendige Gegenstück einer Vaterschaft verweigert wird.

Aus der französischen Forschung ist uns ein ähnlicher Fall bekannt, den wir hier einflechten wollen. In diesem Fall werden allerdings die unbekannten Samenspender über ein anderes Ordnungskonzept verwandtschaftlich integriert: Isabelle und Maria kennen sich seit dem 14. Lebensjahr. Isabelle kommt aus einer Familie mit einer Reihe von Kindern, Brüdern und Schwestern, Onkeln und Tanten. Maria hat einen italienischen Vater und eine amerikanische Mutter. Beide sind Künstler in Paris, und sie ist ein Einzelkind. Isabelle und Maria sind von Anfang an ineinander verliebt, sie haben aber auch andere Beziehungen. Maria kennt Léon, aber sie will sich von Isabelle nicht trennen. So entsteht eine Dreierbeziehung, und entsprechend werden sie auch zu den Familienfesten bei Isabelle eingeladen. Später verlassen die beiden Frauen Léon und wollen eine Familie gründen. Nachdem der Familiengründungsprozess mit einem schwulen Paar scheitert und eine Adoption aus rechtlichen Gründen keine Alternative ist, da die Frauen nicht in einer »Eingetragenen Lebenspartnerschaft« leben, entscheiden sie sich für eine künstliche Befruchtung mit einer anonymen Samenspende. Da Maria steril ist, bringt Isabelle insgesamt drei Mädchen zur Welt. Sie sind ungewolltterweise aus dem Samen verschiedener Männer entstanden. Wenn ihre Töchter sie fragen, wer der Vater sei, sagen sie: »Euer Papa ist unbekannt.« Über diese Strategie der Vereinheitlichung, durch die die unterschiedlichen genetischen Ursprünge aufgehoben werden, haben alle Kinder denselben männlichen Verwandtschaftsstatus: nämlich einen unbekannten. So wird, indem der Identitätsstatus der Herkunft nicht in der Person des Vaters liegt, sondern im Prozess der Bezugnahme, eine Blutsverwandtschaft nach dem Modell der Kernfamilie konstruiert, in der alle denselben Vater haben.

Doch kehren wir zurück zur Fallgeschichte von Ina und Carmen. Aus der Adoptionsforschung (vgl. auch in diesem Buch) und aus ersten Studien über Entwicklungsverläufe von Kindern, die über künstliche Befruchtung entstanden sind, ist bekannt, dass es für den kindlichen Identitätsbildungsprozess entscheidend ist, wie die Eltern mit dem Thema des abwesenden Vaters umgehen. Dies ist der Hintergrund, der uns zu der weiteren Frage an dieses Paar motiviert, die an die Problematik der Familiengründung über den Vorgang der künstlichen Befruchtung anschließt: »Und was werden Sie denn dann einmal den Kindern erzählen?« Carmen antwortet darauf mit einer Äußerung, die Anlass zu der Annahme gibt, dass in dieser Familie die Position des Vaters offensichtlich doch nicht, wie bisher angenommen, unbesetzt ist:

> »Die Wahrheit. Wir sagen, wir wollten Kinder kriegen. Wir haben Männer gefunden, die uns geholfen haben, wir wissen aber nicht, wer sie sind. Und je nachdem, wie alt die sind, kann man denen dann das auch mal ein bisschen technischer erklären. Dass wir ihnen auch nicht sagen können, wer die Väter sind.«

Aus dieser Äußerung lässt sich schließen, dass das Frauenpaar, das über die künstliche Besamung in ein Modell von Sozialisation eingreift, der Logik der Kernfamilie folgt. Denn wenn der Spender für die beiden Frauen zugleich der Vater ist, dann ist er als Vater des Kindes zugleich auch der Partner der Mutter, mit dem die sexuelle Reproduktion stattgefunden hat. Aber der Ort, wo das möglich ist, an dem also der Partner der Mutter als Gatte zum Vater gemacht wird sowie Gattesein und Vatersein verschmelzen, ist das primäre Dreieck bzw. die Kernfamilie. So belegt die Versprachlichung bezüglich des Vaters, dass Biologie und Kultur eben doch nicht voneinander zu trennen sind. Die beiden Frauen sind somit Vertreterinnen eines Konzeptes von Elternschaft, in dem der Akt der Reproduktion immer schon verkoppelt ist mit der Institution der leiblichen Vaterschaft. Gleichwohl tilgen sie von vorneherein die Väter aus dem Familiengedächtnis.

Die Darstellung des Fotos der Familie erschließt uns weitere Besonderheiten dieses Falles (Abb. 3).

Abb. 3 Die kreuzweise Mutterschaft

Was das Familienfoto abbildet, ist ein symmetrisches Modell, in dem zwar Generationenunterschiede zum Ausdruck kommen, aber Positionsunterschiede auf der Ebene des Paares kein Thema sind. Carmen hat das Kind von Ina auf dem Schoß und Ina das Kind von Carmen, was implizit bedeutet: Ich übernehme die Verantwortung für dein und du die Verantwortung für mein Kind. Abgebildet wird über diese Struktur ein Fall, der sich als eine überkreuzende, nicht additive Identifikation unter dem Aspekt der zusammengesetzten Familie inszeniert. Es werden also zwei Dyaden nicht zusammengefügt, sondern miteinander verschränkt.

Diese Erkenntnis führt der oben entwickelten Vermutung insofern nichts Neues hinzu, als sie noch einmal unterstreicht, dass es sich hier um eine Inseminationskonstellation handelt, in der die Strukturposition der Mutter verdoppelt und der väterlichen Funktion keine Bedeutung beigemessen wird. Aber das eigentlich Neue bei diesem Fall besteht darin, dass das Frauenpaar über das Projekt der *kreuzweisen* Mutterschaft an der Aufhebung der Strukturposition des Vaters arbeitet. Mehr Plausibilität gewinnt diese Beobachtung durch die Frage nach dem Motiv für das Modell der kreuzweisen Mutterschaft. Unsere Vermutung ist folgende: Die kreuzweise angelegte Erfüllung des Kinderwunsches ist nur damit zu erklären, dass es den beiden Frauen darum geht, die Asymmetrie zu beseitigen, die bei weiblich gleichgeschlechtlichen Paaren konstitutiv ist, wenn nur eine schwanger wird. Denn wenn nur eine die Gebärende ist, dann ist die andere symbolisch auf die Position des Vaters verwiesen. Bei einem gleichgeschlechtlichen Paar ist diejenige, die nicht schwanger geworden ist, zwar die Partnerin in einer homosexuellen Gattenbeziehung, aber sie ist de facto nicht der Vater. Auf diese Spannung von symbolisch zugewiesener Vaterschaft und Frausein, die zur Ruhe gebracht werden muss, reagieren Ina und Carmen in der Weise, dass beide Mutter werden. So wird die Asymmetrie aufgehoben, die in einer gleichgeschlechtlichen weiblichen Beziehung nicht sein darf und womöglich die Paarbeziehung gefährden würde. Aber das löst das ursprüngliche Problem letztendlich nicht, sondern führt vielmehr dazu, dass die Kinder unterschiedliche Mütter haben. Im Gegensatz zum Aufwachsen in einer leiblichen Kernfamilie fehlt ihnen allerdings die Triade, die dort jedes Kind für sich hat.

Gegen Ende des Gesprächs haben wir gefragt, ob die beiden Frauen noch etwas erzählen möchten, worauf Carmen antwortet:

> »Sie ham nicht gefragt, ob wir das Gefühl haben, dass unseren Kindern Männer fehlen werden [Ina lacht], echt, das ist so 'ne typische Frage, die kommt.«

Diese Formulierung ist hinsichtlich einer bestimmten Perspektive merkwürdig. Denn hier wird nicht formuliert, dass den beiden Frauen die Männer und den Kindern die Väter fehlen. Das impliziert, dass Carmen ein Problem, das nur Ina und Carmen haben können, wie selbstverständlich auf die Kinder überträgt. Somit wird das Fehlen der Väter den Kindern als Möglichkeit gar nicht zugestanden. Genauso wenig, wie Männer als Väter in dieser Familie Zugang zum Binnenraum der Frauen-Kern-Familie erhalten, dürfen sie die Grenze in der Sprache überschreiten.

Warum wird den Kindern aber die Möglichkeit, das paternale Moment z. B. in einem Vatersubstitut oder einer symbolischen Vaterrepräsentanz zu erfahren, entzogen? Eine vorläufige Antwort ist: Dem Thema des Vaters wird mit einer Haltung des Nichtthematisierens begegnet, weil die Verlebendigung der väterlich-männlichen Position ein Angriff auf die nur über eine Ausgleichshandlung (die kreuzweise Mutterschaft) zu erzeugende Symmetrie bedeuten würde.

Fassen wir zusammen: Wir haben es hier mit einem Fall zu tun, in dem eine trianguläre Strukturierung zwar vorliegt, aber das väterliche Strukturmoment nicht besetzt und auch nicht in einem Äquivalent repräsentiert ist. Die zweite Frau bildet kein Substitut für den Vater, und ebenso sind fremde Männer als denkbare Vaterrepräsentanzen in dieser Zwei-Kern-Frauenfamilie nicht vorgesehen.

Kinder, die mit einem gleichgeschlechtlichen Paar nach dem Modell der Stieffamilie leben

Abschließend möchten wir einen aus unserer Sicht gelungenen Fall einer gleichgeschlechtlichen Paarbeziehung mit Kind vorstellen. Es ist dies ein Fall, der dem Modell einer Stieffamilienkonstellation bei abwesendem Vater nachgebildet ist.

Stephanie, von der wir die Geschichte erfahren und die im Jahr 2009 24 Jahre alt ist, hat eine lesbische Mutter, die in einem Heft für Homosexuelle eine Annonce aufgegeben hatte. In der Annonce stand, dass sie einen schwulen Mann suche, der sich wie sie ein Kind ersehne und dieses Kind gemeinsam aufziehen wolle, aber nicht in einem gemeinsamen Haushalt. Nach ein paar Treffen mit ernst zu nehmenden Kandidaten entschied sie sich für Stephanies Vater. Er erfüllte alle Kriterien, die sie sich für den Vater ihres Kindes vorstellte. Er sollte ein gewisses Vermögen besitzen, Stil und Geist, und er sollte sich in jeder Hinsicht als zuverlässig erweisen, genetisch, emotional und finanziell. Damals lebte Stephanies Mutter mit einer Frau zusammen, die nach der Geburt die Allererste war, die das Kind in den Armen wiegte und die ihre Patentante wurde. Ihre Mutter hat ihre Sexualität nie groß zum Thema gemacht, ihre Freundin z. B. nie vor Stephanie geküsst, aber das sei auch gar nicht nötig gewesen, findet Stephanie. Schließlich hat nie einer gefragt – getrennte Eltern waren nichts Ungewöhnliches. Für Stephanie reichte es zu spüren, dass der Vater nicht ihretwegen weg war, sondern dass er nie mit ihr und ihrer Mutter gelebt hatte. Die Mutter habe Stephanie oft gesagt, dein Vater liebt Männer, und ich liebe Bea (Stephanies Patentante), und wir alle lieben dich. Bestimmt sei ihr daher nie die Frage »Warum?« oder »Ist das denn normal?« durch den Kopf gegangen.

> »Ich hatte keinen Grund, es in Frage zu stellen, ich war eigentlich glücklich. Es war für mich das Natürlichste überhaupt.«

Ihr Vater tauchte jedes Wochenende bei ihnen in St. Gallen auf, wickelte sie, fütterte sie, und als sie älter wurde, verbrachte sie jedes zweite Wochenende bei ihm in Zürich. Mit ihm ging sie ins Theater, in die Oper, fein essen. Er genoss es, sich mit seiner schönen Tochter, die ihm wie aus dem Gesicht geschnitten ist, zu zeigen, und zeigte ihr wiederum, wie man sich in der Zürcher Gesellschaft bewegt. Vom Schwulsein ihres Vaters hat sie als Kind nichts gemerkt. Ihr Vater hat kein Aufhebens darum gemacht, und er entsprach in keiner Weise den Klischees eines Schwulen: keine Tuntenmanierismen, kein Lederhardcore. Stephanie gegenüber verhielt er sich über Jahre mehr als diskret. Sie bekam keinen seiner Freunde zu Gesicht, und er erwähnte nichts, was mit seinem Schwulsein zusammenhing. Während ihr Vater als erfolgreicher Geschäftsmann Wert auf angemessenen Umgang legte, ging es ihrer Mutter, einer gelernten Psychiatriekrankenschwester, vor allem darum, Stephanie zu einer selbstbewussten, offenen Persönlichkeit heranwachsen zu lassen. Stephanie hat noch heute zwei Zimmer, eines bei der Mutter, eins beim Vater: zwei Zuhause, die ihre Welt aber nicht – wie sie sagt – gespalten haben, sondern jeweils eine Halbkugel formen. Selbst wenn ihr Vater hin und wieder eifersüchtig auf die Einheit war, die sie mit ihrer Mutter bildete – die Konflikte eines Liebespaares mussten die beiden nicht austragen, nur die eines Elternpaares.

Unterbrechen wir an dieser Stelle die Fallerzählung kurz und halten fest: Wir haben es hier mit einem Beispiel zu tun, in dem sich eine Familiensituation ganz anderer und eigener Art abzeichnet, da von Anfang an nicht vorgesehen ist, eine Familienorganisation zu leben, in der nach dem Modell der Kernfamilie die Paarbeziehung und die Eltern-Kind-Beziehung miteinander zu einer Einheit verschränkt sind. Der Familiengründungsprozess ist nicht auf den Entwurf einer »Normalfamilie« angelegt. Die Lösung, die sie, bedingt durch ihre gleichgeschlechtliche Lebensweise, finden, besteht – orientiert an der Kernfamilie zwar – darin, eine verschiedengeschlechtliche, geteilte soziale Elternschaft zu leben, aber ohne sie mit den Solidaritätsformen einer Partnerbeziehung zu verbinden. Diese Beziehungsgestaltung, in der die Erwachsenen die gemeinsame elterliche Verantwortung teilen und nicht mit den jeweiligen Partnern des anderen Elternteils konkurrieren, könnte ein Muster sein, von dem Stieffamilien einiges lernen können.

Seit 2005 studiert Stephanie in Paris an der Kunsthochschule »Design und Management« und lebt in einer festen Partnerschaft mit einem Franzosen. Für den Mut ihrer Eltern, »so ungewöhnlich« zu leben, zeigt sie Bewunderung. Dem Vater, so erzählt sie, fühle sie sich sehr nah, mit der Mutter teile sie etwas in einem Maße, das über ein Mutter-Tochter-Verhältnis hinausgehe. Sie bezeichnet es als eine Art »Seelenverwandtschaft«, betont aber, dass die Mutter immer darauf bestanden habe, nicht ihre beste Freundin zu sein. »Ich verehre sie. Meine Mutter ist die Einzige, deren Urteil ich voll und ganz traue.« Wer also annehmen sollte, dass diese soziale Konstruktion von Elternschaft, in der der Vater nicht in einem gemeinsamen Haushalt mit der Mutter und dem Kind lebt und weit weniger Zeit als die Mutter mit dem Kind verbringt, in eine den Sozialisationsprozess blockierende Symbiose hineinführt bzw. die für eine gesunde Entwicklung notwendige Generationenschranke verwischt, der irrt.

Auch gelingt es den beiden Eltern dieser unkonventionellen Familienform, in der Elternschaft ohne Partnerschaft gelebt wird, eine Arbeitsteilung zwischen Emotionalität, die vorwiegend weiblich ist, und Instrumentalität, die vorwiegend männlich ist, einzurichten. Denn ihre Eltern, so berichtet Stephanie, hätten, auf Grund ihrer sehr verschiedenen Charaktere, ihr die Welt auf sehr unterschiedliche Weise vermittelt. Der Vater, der kulturell interessierte, ehrgeizige

Kopf, habe gewollt, dass sie auf das Elite-Internat Le Rosey gehe. Nur ihrer Mutter zuliebe, die ein sperrangelweites Herz habe, habe sie inmitten der verwöhnten, reichen Schulkollegen nicht abgehoben. Diese Schilderung spricht dafür, dass die Eltern, obwohl sie nicht den Entwicklungsrahmen einer Kernfamilie inszenieren, nach genau den Handlungsmustern sich an der Erziehung beteiligen, wie sie Talcott Parsons für die binnenfamiliale Organisation der Kernfamilie beschrieben hat: Der Vater führt als Welterschließender in die Ordnungen der Gesellschaft ein, und die Mutter regelt zuallererst, wenn auch nicht ausschließlich, die affektiv-soziale Beziehungsorganisation (vgl. Parsons 1954/1999, S. 73 ff.). Auch heute (2009), da Stephanie schon lange in Paris lebt, sind ihre Eltern eng miteinander befreundet. Sie telefonieren und besuchen sich sogar häufiger, seitdem Stephanie nicht mehr bei ihnen lebt. Kurz gesagt: Sie befinden sich im Übergang in die nachelterliche Phase.

Kommen wir zu einem Fazit: Obwohl Stephanie nicht in eine Kernfamilie hineingeboren wird und obwohl sie demzufolge nicht die einander sich ausschließenden, aber zusammengehörenden dyadischen Beziehungen der Gattenbeziehung und Eltern-Kind-Beziehung erfährt, kann sie sich angemessen entwickeln. Der Grund dafür ist, dass die Solidaritätsformen der Dauer und Verlässlichkeit bei dem jeweiligen Elternteil garantiert sind. Im Unterschied zur Stieffamilie besteht hier nur Elternschaft, aber keine – auch nicht eine getrennte – Partnerschaft. Außer der geteilten Elternschaft kennt Stephanie keine familiale Lebensform.

Besonderheiten der gleichgeschlechtlichen Inseminationsfamilie

Bei unseren Gesprächen mit den Inseminationsfamilien konnten wir feststellen, dass alle Frauenpaare sich nach der Landkarte der Kernfamilie organisieren, auch wenn sie von dieser strukturell abweichen. In diesem Widerspruch leben sie.

Des Weiteren haben alle Frauenpaare, die wir gesprochen haben, von Anfang an geplant, mit ihren Kindern über die in ihrem Fall besondere Zeugungsart zu sprechen. Im Vergleich zu verschiedengeschlechtlichen Paaren, die auf Grund von Unfruchtbarkeit sich für eine Fremdsamenspende entschieden haben und zu 90 Prozent die biologische Abstammung tabuisieren, werden in der Inseminationsfamilie die Wege der Zeugung nicht verwischt.

Frauen, die in einer gleichgeschlechtlichen Paarbeziehung leben und auf dem Weg der heterologen Insemination zu einem oder mehreren Kindern gelangen, erfüllen sich zwar einen persönlichen Wunsch, laden aber ihren Kindern eine erhebliche biografische Bürde auf. Sie liegt über jenen Belastungen, die Kinder erfahren, wenn sie in einer Alleinerziehendenfamilie, einer Stieffamilie, einer Adoptiv- oder einer Pflegefamilie aufwachsen, vorausgesetzt, die Väter bzw. Eltern sind da jeweils bekannt. Wenigstens gilt diese ethisch und sittlich nicht vertretbare Zumutung für jene Kinder, die nie eine Chance haben werden, ihren leiblichen Vater kennenzulernen. Über die Lebenschancen von Kindern, die mit einem gleichgeschlechtlichen Paar und einem bekannten Vater und vor allem in der Konstellation einer Familie mit zwei Paaren aufwachsen, erlauben wir uns kein Urteil.

Die gleichgeschlechtliche Inseminationsfamilie in Beratung und Therapie

Allgemeine Grundsätze bei der Beratung gleichgeschlechtlicher Paare und ihrer Kinder. Fischer, Easterly und Lazear (2008) nennen vier zentrale Themen bei der Beratung und Therapie gleichgeschlechtlicher Paare, bei denen Kinder leben:

- die mögliche Diskriminierung ihres Lebensstils und die Notwendigkeit, dass die Fachleute in Beratung und Therapie diesen Lebensstil akzeptieren und sich ihrer eigenen Vorurteile bewusst werden
- die Unterstützung dieser Familien durch das Verwandtschaftssystem (Großeltern, andere Verwandte, Wahlverwandte) als Schutzfaktor
- die Erweiterung von Kontakten gleichgeschlechtlicher Familien durch Netzwerkbildung mit anderen gleichgeschlechtlichen Familien, gleichzeitig aber die Wahrung der Integrität der Familie durch den Aufbau von Familiengrenzen
- die Sicherung rechtlicher und wohlfahrtsstaatlicher Unterstützung.

Diese Übersicht, die wir einem aktuellen Standardwerk entnehmen, bleibt auf zentrale Fragen Antworten schuldig:

- Kinder in gleichgeschlechtlichen Familien, die durch heterologe Insemination gezeugt worden sind, werden nur am Rande (S. 193) erwähnt.
- Die strukturellen Besonderheiten von gleichgeschlechtlichen Familien, bestehend aus einer oder zwei leiblichen Müttern, einem oder mehreren Kindern und einem oder mehreren bekannten oder unbekannten Samenspendern, werden nicht zum Thema.
- Ebenso wird der Problematik der anonymen Samenspende, die das Kind in eine sittlich und rechtlich nicht vertretbare Position bringt, nicht angesprochen.

In der nun folgenden Übersicht über Möglichkeiten von Beratung und Therapie gleichgeschlechtlicher Paare, bei denen Kinder leben, die durch heterologe Insemination gezeugt worden sind, bleiben wir unserer strukturalen Perspektive treu. Bezogen auf das vorliegende Thema, heißt das: Wir akzeptieren gleichgeschlechtliche Partnerschaften als eine normale Lebensform, aber wir erschließen uns die Thematik von Kindern in diesen Partnerschaften auf der Folie von Paaren mit leiblichen Kindern. Damit unterscheiden sie sich nicht von den von uns untersuchten Paaren, die sich ebenfalls am Konzept der Kernfamilie orientieren.

Wer kommt zur Beratung oder Therapie? Es gibt Frauenpaare, die über ein Autonomiepotenzial verfügen, das es ihnen ermöglicht, trotz fehlender gesellschaftlicher Vorbilder eine Familienordnung zu konstruieren, die das Eigenständige betont und familienspezifische Besonderheiten nicht tilgt. Diese Paare sind zunächst nicht die Klientel, mit dem Therapeuten in der Praxis konfrontiert werden. Zumindest sind sie dies so lange nicht, als ihre Kinder keine Fragen nach ihrer leiblichen Herkunft stellen. Wo der Vater bekannt und in die Erziehung eingebunden ist, sind möglicherweise keine beratungs- oder behandlungsbedürftige Situationen zu erwarten. Massive Konflikte erwarten wir dort, wo das Kind nicht wissen kann, wer der Vater ist, weil es durch eine anonyme Samenspende gezeugt worden ist. Kritische Übergänge wie die Adoleszenz oder der Übergang in das Erwachsenenalter sind Zeiträume, in denen solche Fragen vorwiegend gestellt werden.

Wir erwarten folgende drei Klientengruppen:

- gleichgeschlechtliche Frauenpaare, die einen Kinderwunsch haben und eine Beratung aufsuchen, aber bisher noch keine Familie gegründet haben
- junge Erwachsene als Einzelpersonen, die über eine anonyme Samenspende gezeugt worden sind und nach der Ablösung von der Familie Fragen nach ihrer Herkunft stellen
- gleichgeschlechtliche Paare mit einem Kind, das in der Pubertät oder Adoleszenz Fragen nach seiner Herkunft stellt.

Beratung bei Frauenpaaren, die einen Kinderwunsch haben und eine Beratung aufsuchen, aber bisher noch keine Familie gegründet haben. Eingedenk der Problematik einer heterologen Insemination und der nachfolgenden Familiengründung empfiehlt es sich, mit diesen Paaren Alternativen zu erkunden. Diese umfassen Adoption, die Aufnahme eines Pflegekindes und ein Leben ohne Kind. Wird den Frauen von einem Kind abgeraten, dann rücken sie in den Status eines Paares mit ungewollter Kinderlosigkeit (vgl. das entsprechende Kapitel in diesem Buch).

Bei einer Beratung, die dahin geht, die Familie über eine Adoption zu realisieren, ist aus juristischer Perspektive zu berücksichtigen, dass in Deutschland gleichgeschlechtliche Paare kein *gemeinsames* Adoptionsrecht haben. Bis auf Weiteres können lesbische und schwule Paare in Deutschland nur als Einzelpersonen Kinder adoptieren. Da es Aufgabe der Jugendämter ist, für Kinder passende Adoptiveltern zu finden, die ihre Versorgung langfristig auf verschiedenen Ebenen sicherstellen können, entscheidet sich das Jugendamt meistens für die doppelte rechtliche Absicherung des Kindes und somit für ein verschiedengeschlechtliches Elternpaar. Zum anderen ist nach deutschem Recht bei Adoptionen die Einwilligung der leiblichen Eltern bzw. des gesetzlichen Vertreters eine wesentliche Voraussetzung. Vielen leiblichen Eltern ist aber nur schwer vorstellbar, ihr Kind dauerhaft einer gleichgeschlechtlich orientierten Einzelperson oder einem gleichgeschlechtlichen Paar zu überlassen. So gehen gleichgeschlechtliche Paare, die adoptieren wollen, häufig den Weg der Auslandsadoption.

Für die Binnenstruktur einer gleichgeschlechtlichen Adoptivfamilie ist zu bedenken: Da nur eine Frau durch das Adoptionsrecht mit dem Kind verwandt ist, kann das die Balance des Paares verändern. Eine Entscheidung für diese Familienrealisation ist gekoppelt an die Herausforderung, den Platz der zweiten Frau zu definieren, die mit dem Kind nicht verwandt ist. Diese zweite Frau als »zweite Mutter« zu etablieren stellt sich aus der Sicht des Kindes als erklärungsbedürftig heraus, gemäß ist ihr die strukturelle Analogie zum Stiefvater: Er ist nicht der leibliche Vater, aber, wenn es gutgeht, ein guter Freund und Unterstützer sowohl der Adoptivmutter als auch des adoptierten Kindes. Für alles Weitere verweisen wir auf zwei einschlägige Kapitel in diesem Buch: jenes über die Stieffamilie und jenes über die Adoptivfamilie.

Die Institution der Pflegefamilie stellt aus juristischer Sicht die einzige Möglichkeit dar, als gleichgeschlechtliches Paar gemeinsam für ein Kind sorgen zu können. So hat schon 1996 die Bundesarbeitsgemeinschaft der Landesjugendämter empfohlen:

> »Erweitern lässt sich das Potenzial an Pflegestellen, indem man nicht nur die traditionelle Familie im Blick hat, sondern im erweiterten Sinne nach einem ›Elternsystem‹ Ausschau hält. Solche können z. B. sein: nicht verheiratete Paare, alleinstehende Erwachsene, gleichgeschlechtliche Lebensgemeinschaften.«

Dass gleichgeschlechtliche Paare als Pflegeeltern in Frage kommen, schlägt sich auch in den Ausführungsvorschriften über Hilfe zur Erziehung in Vollzeitpflege (§ 33 SGB VIII) und in teilstationärer Familienpflege (§ 32 Satz 2 SGB VIII) nieder. Darin heißt es:

> »Als Pflegestellen kommen unterschiedliche Familienformen in Betracht. Dazu zählen auch unverheiratete Paare, gleichgeschlechtliche Paare und Alleinstehende.«

Beratung bei Paaren, für die die genannten Alternativen nicht in Frage kommen. Wir beginnen mit dem besonders prekären Fall der anonymen Samenspende. Nicht in jedem Fall ist den Frauen bewusst, was es bedeutet, eine Familie mit dem Samen eines ihnen unbekannten Mannes zu gründen, vor allem dann, wenn sie nur ihr eigenes Glück und nicht das Kind als autonomes Subjekt im Auge haben. Wir haben bereits weiter oben von einem Fall berichtet, in dem die Anonymität des Spenders die Frauen unter einen Legitimitätsdruck setzt, auf den sie mit spezifischen Kulturtechniken (z. B. die Anlage einer Art Dokumentenmappe) antworten. In den uns bekannten Fällen ist den Frauen allerdings meist nicht bewusst, dass sie mit der Wahl einer anonymen Samenspende oder eines schlecht erreichbaren Spenders ihr Kind in eine Situation bringen, die die Dimension eines gewaltsamen Übergriffs auf die kindliche Identität hat, die auf Wissen über Herkunft verwiesen ist. Erfahrungsberichte von jungen Erwachsenen, die durch eine heterologe Insemination entstanden sind (vgl. www.spenderkinder.de [30.6.2009]), zeigen die lebenslängliche Auswirkung dieser Zeugungsart. Nicht die Eltern sind diejenigen, die sich mit der Wahl einer anonymen Samenspende in eine nichtlebbare Situation bringen, sondern es sind die Kinder, denen ein unzumutbares Lebensthema auferlegt wird. Es sind die Spendersamenkinder, die als Opfer einer – durchaus vermeidbaren – Familiengründung behandlungsbedürftig werden und Hilfe bei der Integration des unbekannten und vor allem nicht kennenlernbaren Vaters in ihre eigene Lebensgeschichte suchen. Aus unserer Perspektive ist deshalb die Zeugung durch eine anonyme Samenspende als eine kriminelle Handlung zu bewerten, die unter Strafe zu stellen dem Schutz der Kinder diente.

Dazu ein Beispiel: Annas Geschichte kennen wir von ihrer bereits erwähnten Plattform im Internet (siehe oben). Anna hat diese Plattform für alle eingerichtet, die wie sie durch einen »technischen Prozess« (siehe Internet) entstanden sind. Anna versteht diese Plattform als eine Art Selbsthilfegruppe für Traumatisierte. Ihre Geschichte geht so:

An einem Abend, Anna ist 26 Jahre alt, erfährt sie, dass ihr Vater seit einer schweren Erkrankung in seiner Jugend zeugungsunfähig ist. Man bot den Eltern an, bei einem Versuch mit heterologer Insemination an der Universitätsklinik Essen teilzunehmen.

> »Tatsächlich wurde meine Mutter schon nach der zweiten Insemination schwanger und bekam mich. Außer zwei guten Freunden von meinen Eltern hat dies niemand gewusst.«

Nachdem Anna von der künstlichen Befruchtung erfahren hat, bricht sie den Kontakt zu ihren Eltern ab. Sie wollte erst einmal »ihre eigene Welt ordnen, das ist Arbeit genug«. Auch dass sie jetzt »zwei Väter hat, macht die Sache noch komplizierter«. Der eine hat ihre Windeln gewechselt und ihr bei den Matheaufgaben geholfen. »Ihn liebe ich noch immer, auch wenn ich manchmal zweifle, ob ich noch ›Papa‹ zu ihm sagen soll.« Der andere Vater ist ein fremder Mann, »und doch steckt sicherlich eine Menge von ihm in mir«. Dass ihre Eltern diese Wahrheit so lange verschwiegen haben, hat Anna »schwer verletzt«. Ihre Eltern, sagt sie, hätten das verspielt, was Eltern und Kinder zusammenbindet: Vertrauen. Sie unter falschen Behauptungen überhaupt auf die Welt gebracht zu haben, hat ihr »den Boden unter den Füßen weggezogen«.

> »Ich stand in dem Moment total unter Schock und hatte das Gefühl, dass dies gerade einem ganz anderen Menschen passiert und ich nur danebenstehe und zugucke. Außerdem wusste ich gar nicht genau, was Insemination überhaupt ist. Was ich aber ganz genau wusste, war, dass der Mensch, den ich immer für meinen Vater gehalten habe, es zumindest genetisch gesehen überhaupt nicht ist. Gleichzeitig hatte ich das schlimme Gefühl, belogen und getäuscht worden zu sein. Aus diesem Grund wollte ich meinen Eltern auch nicht zeigen, wie sehr mich diese Nachricht aufregte. Ich fühlte mich wie in einem schlechten Traum, stellte meinen Eltern nur ganz wenige Fragen dazu und fing dann an, mit ihnen über etwas ganz anderes zu reden. Im Nachhinein sehe ich den letzten Teil dieser Unterhaltung nur noch wie durch einen dicken Nebel.«

Wir haben es hier mit der Schilderung des Traumatisierungsereignisses zu tun: Weil Anna sich für getäuscht hielt, will sie sich auch nicht mehr öffnen. Als Getäuschte schützt sie sich durch Nichtmitteilung. Nach der Eröffnung zerreißt das Band zu den Eltern auf Grund der fehlenden leiblichen Zusammengehörigkeit, und sie beginnt sofort die Suche nach dem leiblichen Vater:

> »Zwischendrin ging ich ins Badezimmer, sah mich lange im Spiegel an und überlegte, was ich wohl von meinem unbekannten genetischen Vater habe: die Nase und den Mund? Was würde er von mir halten, wenn er mich sehen würde?«

Wie dramatisch die nachträgliche Eröffnung durch die Eltern ist, einen unbekannten Vater zu haben, sieht man auch an der Frage, die Anna beschäftigt, während sie in den Spiegel schaut. Es kann davon ausgegangen werden, dass sie sich auch früher mit der Frage der identitätsstiftenden Ähnlichkeit beschäftigt hat, wenn sie sich im Spiegel betrachtet hat. Spiegelungsprozesse sind typisch für die Identitätsbildung, vor allem in der Adoleszenz. Damals konnte sie aber immer den Rest, der übrigblieb von dem, was sie den mütterlichen Anteilen in ihr zuordnete, ihrem (vermeintlichen) Vater zuschreiben. Jetzt, nach der Eröffnung der tatsächlichen Vaterschaft, muss sie plötzlich den vermuteten Rest, also das andere in ihrem Gesicht löschen, das sie bisher dem faktischen Vater zugeschrieben hat. Sie muss nun ihr Selbstbild umschreiben und über einen Subtraktionsakt herausfinden, was denn der leibliche Vater für einer sein könnte.

In einem Interview, das wir mit Anna im Oktober 2007 geführt haben, berichtet sie uns, dass sie den Arzt angeschrieben hat, von dem sie glaubt, dass er ihre Mutter damals behandelt hat. Sie hat ihn gebeten, ihr die Daten ihres genetischen Vaters mitzuteilen. »Ich wollte mir vorstellen können, was ich geerbt habe und was nur von mir kommt.« Von der Klinik erhält sie die Nachricht, dass keine Informationen über den Spender vorhanden sind. Das Röhrchen mit dem Spermium ihres genetischen Vaters hatte einen Zahlencode, aber die Akten des Jahrgangs 1979, mit denen man den Mann hinter dem Code hätte identifizieren könnten, existieren nicht mehr. So gibt es keinen Weg, sich auf die Suche nach weiteren Anhaltspunkten für die Identifizierung ihres leiblichen Vaters zu machen. Zur Folge hat diese Unbestimmtheit die Fantasie, »dass jeder Mann so ab 45, 50, den ich sehe, wenn ich rausgehe, ja mein Vater sein könnte.«

Dieses Beispiel unterstreicht noch einmal, dass es ratsam ist, speziell den Frauenpaaren, die eine Familie auf dem Weg der anonymen Samenspende gründen wollen, nicht nur von der heterologen Insemination abzuraten, sondern sie auch für die Problematik zu sensibilisieren, die sie in Kauf nehmen, wenn sie dem Kind ein vermeidbares Lebensthema auferlegen. Ulrike Schmauch, die Gruppeninterviews mit lesbischen Paaren geführt hat und in ihrer Veröffentlichung »narzisstische und aggressive Aspekte« (2008, S. 303) lesbischer Mutterschaft reflektiert, hält es für erforderlich, dass lesbische Mütter und ihre Partnerinnen sich die narzisstische Seite ihres Wunsches bewusstmachen. Fachleute in Beratung und Therapie hätten demnach die Aufgabe, diesen Frauen zu der Einsicht zu verhelfen, dass, wenn sie auch in ihrem Leben von vorneherein einen Mann nicht vermissen, sie ihn doch brauchen, wenn sie ein Kind haben wollen.

Vergleichbare Positionen sind rar in der Literatur, die sich mit der moralischen Vertretbarkeit der heterologen Insemination bei lesbischen Paaren auseinandersetzt. Die Debatte über die Frage, ob ein Familienprozess von gleichgeschlechtlichen Paaren durch Nutzung einer reproduktionstechnischen Hilfe legitim ist, wird entlang den Themen Minderheitenschutz, gesellschaftliche Chancengleichheit, Diskriminierung und Stigmatisierung geführt. Hier wird ein ethischer Anspruch gleichgeschlechtlicher Paare auf ein »biologisches« Kind vertreten, ohne dass die Sichtweise des Kindes mit bedacht würde. Im Einzelnen wird argumentiert:

- Die ärztliche Berufsordnung habe nicht zum Inhalt, bestimmte Bevölkerungsgruppen aus dem Behandlungskreis auszuschließen. Der Ausschluss von Lebenspartnerinnen stehe auch im Widerspruch zum ärztlichen Gelöbnis, in dem es heißt, dass der Arzt bei Ausübung seiner ärztlichen Pflichten keinen Unterschied nach Religion, Nationalität, Rasse, Parteisystem oder sozialer Stellung machen darf. Die Auffassung, bestimmte Personenkreise könnten von der ärztlichen Versorgung, denen bestimmte medizinische Verfahren zu Grunde liegen, ausgeschlossen werden, bedrohe die ärztliche Versorgung der Allgemeinheit in ihren Grundfesten und könne von einer demokratischen Rechtsordnung nicht hingenommen werden (Müller 2008, S. 579f.).

- Ein weiteres Argument nimmt Bezug auf das bioethische Konfliktfeld des Lebensanfangs und kreist um die Fragen, wer als Adressat einer Anerkenntnis der Menschenwürde zu identifizieren und ob die Spendersamenbehandlung eine Würdeverletzung sei. Die Position, die in diesem Zusammenhang vertreten wird, ist folgende: Da die heterologe Samenspende der Kernverschmelzung, der Verschmelzung der männlichen und weiblichen Geschlechtszellen, vorausliege und der Würdeschutz frühestens mit dieser beginnen könne, liege eine Menschenwürdeverletzung nicht vor. Da mit dem Einspülen der männlichen Samenzellen in den Geschlechtstrakt der Frau noch kein individuelles menschliches Leben entstehe, könne auch von keinem Träger der Menschenwürde ausgegangen werden. Vielmehr müsse der Gesichtspunkt beachtet werden, dass das Kind erst durch diesen Vorgang überhaupt seine Existenz erlange. Ermögliche doch die Anonymität vielfach erst die Bereitschaft zur Spende (Müller 2008, S. 574 f.; Heun 2008, S. 53 f.).

- Eine weitere Strategie, die Inseminationsfamilie zu legitimieren, ist die, den Wunsch nach Fortpflanzung als ein Bedürfnis der menschlichen Natur zur geschlechtsbezogenen Identitätsbildung zu erklären (vgl. Rauprich 2008, S. 46) und Behinderungsversuche und staatliche Eingriffe als Verletzung der Entscheidungsfreiheit zur autonomen Lebensgestaltung zu bestimmen (Heun 2008, S. 51). Das Recht der Frau auf Anerkennung als selbstverantwortliche Entscheidungsträgerin in Fragen der Fortpflanzung zähle zu ihren Menschenrechten (Müller 2008, S. 575). Auch gebe es kein Recht des Kindes, »die Frucht des spezifischen Aktes der ehelichen Hingabe seiner Eltern zu sein« (ebd.). Engelhardt, ein amerikanischer Philosoph, drückt sich hier am schärfsten aus, wenn er schreibt: »Die Verwendung von Technologie zur Hervorbringung von Kindern ist deshalb legitim, weil sie dazu beiträgt, den Menschen die Welt angenehm zu machen« (Engelhardt 1986, p. 239; Übers.: D. F. u. B. H.).

Die Folgen einer anonymen Samenspende für das so gezeugte Kind im Licht einschlägiger Befunde psychologischer und soziologischer Sozialisationstheorien werden hier keiner Betrachtung für wert befunden. Stattdessen werden die Frauen, denen Bedenken juristischer und medizinethischer Art entgegengebracht werden, als Opfer betrachtet. Entsprechend sind diejenigen, die diese Bedenken formulieren, darunter wir, Täter.

Beratung bei Paaren, die mit Hilfe eines bekannten Samenspenders zu einem Kind gelangen wollen. Solchen Paaren würden wir nach einer grundsätzlichen Erörterung anderer Möglichkeiten, wie wir sie eingangs dieses Abschnitts vorgeschlagen haben, und wenn diese Lösungen von den Paaren verworfen werden, den Rat geben, den Spender als Vater in ihr Familienarrangement zu integrieren. Weil es dafür keine alltäglich gelebten Vorbilder gibt (der in diesem Kapitel geschilderte Fall zweier gleichgeschlechtlicher Paare wäre ein solches Vorbild, ist aber ein Einzelfall), ist bei einer solchen Konstruktion in besonderer Weise Reflexion und Planung unter Einbeziehung aller Beteiligten (auch des Spenders und seines Partners) erforderlich. Die Stieffamilie wäre ein solches Vorbild. Dort fallen Elternschaft und Paarbeziehung ebenso auseinander wie in der Inseminationsfamilie mit dem Samenspender als lebenspraktisch verfügbarem Vater, der in keiner Paarbeziehung mit der Mutter des Kindes lebt.

Beratung von gleichgeschlechtlichen Paaren mit einem Kind, das darunter leidet, dass sein Vater nicht bekannt ist, sowie darunter, dass dies nicht rückgängig gemacht werden kann. Hier geht es um Situationen wie diejenige, die Anna auf ihrer Internetplattform beschreibt. Wenn man, wie wir, davon ausgeht, dass die anonyme Samenspende sittlich wie rechtlich unter keinen Umständen akzeptabel ist, dann haben wir es in einer solchen Beratung mit einer Täterin, einer Tatbeteiligten sowie mit einem Opfer zu tun. Die Aufgabe lautet also, in der Beratung oder Therapie mit Tätern und Opfern gemeinsam eine Lösung zu finden, die ein weiteres Zusammenleben ermöglicht. Das heißt allerdings nicht, diese Frauen als Täterinnen anzusprechen. Denn eine solche Etikettierung ist für eine zukunftsorientierte Arbeit wenig hilfreich, zumal Leidensdruck vorliegt.

Therapieprogramme für die Behandlung von Leiden an dem Umstand, durch eine anonyme Samenspende gezeugt worden zu sein und dadurch keine Chance zu haben, den Vater kennenzulernen, sind uns nicht bekannt. Jedoch werden wir in einem auf den ersten Blick völlig anderen Bereich fündig: im Bereich der Therapie bei Inzest und sexuellem Missbrauch. Cloé Madanes zum Beispiel hat einen Ansatz entwickelt, der familientherapeutisch angelegt ist. Täter und Opfer werden also vorwiegend im selben Setting behandelt. Dieser Ansatz umfasst 16 Schritte, wovon nur zwei ein Einzelsetting vorsehen: Schritt 10 mit dem Opfer, Schritt 16 mit dem Täter. Einige dieser Schritte sind auf Grund der Verschiedenheit von Inzest bzw. sexuellem Missbrauch und anonymer Samenspende nicht übertragbar. Jedoch können problemlos die vier Grundsätze dieses Verfahrens übertragen werden:

> »1. Der Therapeut muss nachdrücklich betonen, dass die Sexualstraftat eine Vergewaltigung der Seele des Opfers ist.« Auf unser Thema übertragen lautet dieser Satz: Der Therapeut muss nachdrücklich betonen, dass die Folgen einer anonymen Samenspende eine nicht wiedergutzumachende Zerstörung des Rechts auf Wissen über die eigene Herkunft darstellt. Wenn das so gezeugte Kind unter dieser Zerstörung leidet, dann muss dies ohne weitere Umstände anerkannt werden.
>
> »2. Der Täter muss seine Reue aufrichtig und auf Knien ausdrücken.« Im vorliegenden Fall handelt es sich um eine »Täterin« (die Mutter) und um eine weitere Person, die Partnerin der Mutter, die diese bei ihrem Vorhaben unterstützt, mindestens aber es ihr nicht ausgeredet hat. Daher ist es das Paar, das seine Reue aufrichtig und auf Knien auszudrücken hat. »Auf den Knien« mag manchem melodramatisch und typisch amerikanisch erscheinen. In ihrem symbolischen Gehalt indessen

bringt diese Geste die Bedeutung des vorliegenden Sachverhalts angemessen zum Ausdruck.

»3. Wiedergutmachung muss erfolgen.« Cloé Madanes führt als Beispiel für eine Wiedergutmachung die Finanzierung einer Ausbildung an. Sehr überzeugend klingt das nicht, denn alle Eltern, denen die Zukunft ihres Kindes am Herzen liegt, werden für eine gute Ausbildung sorgen. Dazu kommt, dass die unbekannte Herkunft väterlicherseits als Lebensthema mit der Zeit in den Hintergrund treten kann – sie wird aber nicht in Vergessenheit geraten können.

»4. Alle Geheimnisse müssen unbedingt enthüllt werden.« Zu diesen Geheimnissen zählen wir vor allem ideologische Konstruktionen, die das Drama einer anonymen Samenspende vernebeln. Dazu gehören: Behauptungen der Irrelevanz biologischer Herkunft, Diffamierung aller Vorstellung von der Bedeutung des leiblichen Vaters als »Blut-und-Boden-Ideologie«, Annahmen von der Austauschbarkeit der Geschlechter, Reklamieren von Recht auf Glück auf Kosten anderer etc. Wenn Kinder ihren Anspruch auf Herkunft einfordern – und aller Erfahrung nach tun sie dies –, zählt alleine dieses.

Dazu kommt ein fünfter Grundsatz, der in den 16 Schritten enthalten ist: Ein zentraler Bestandteil der Therapie im Kontext anonymer Samenspenden besteht darin, mit den Beteiligten einzeln und gemeinsam neue mögliche Zukünfte auf der Grundlage des Geschehenen zu entwickeln. Dieser Schritt ist der schwierigste, denn es geht darum, einen Schlussstrich unter etwas zu ziehen, das nicht abzuschließen ist. Zur Bearbeitung dieser Problematik bietet sich an, den Vorschlägen von Pauline Boss zu den therapeutischen Zielen im Umgang mit uneindeutigem Verlust zu folgen. Denn letztlich gleicht die auf Grund einer anonymen Samenspende erfolgte Zeugung einem uneindeutigen Verlust: »einem Verlust, der nicht eindeutig ist und nicht abgeschlossen werden kann« (Boss 2008, S. 1). Kinder, die durch anonyme Samenspende gezeugt worden sind, hoffen mitunter noch als Erwachsene, durch irgendwelche günstigen Umstände den Vater doch noch zu finden, wie wir gezeigt haben. Pauline Boss schlägt vor, mit den Betroffenen einen Prozess anzustoßen, in welchem »die Ambivalenz als etwas Normales begreifbar gemacht und die Bindung revidiert wird« (ebd., S. 243). Ist dies gelungen, kann die Suche nach Sinn auf einer neuen Grundlage begonnen werden.

Literatur

Komplizierte Verhältnisse in der gleichgeschlechtlichen Inseminationsfamilie. Heterologe Insemination (auch donogene Insemination genannt) meint das Einbringen von Samenzellen eines fremden Mannes in die Gebärmutter oder Scheide einer Frau. Anders als bei der homologen Insemination handelt es sich bei dem Samenspender um einen Dritten, der mit der künftigen Mutter weder verheiratet ist noch in einer festen partnerschaftlichen Beziehung zu ihr steht. Zum Stichwort »Eingetragene Lebenspartnerschaft«: In Deutschland wurde 2001 mit der »Eingetragenen Lebenspartnerschaft« eine Möglichkeit der Institutionalisierung der lesbischen und schwulen Paarbeziehung mit allen Pflichten und einigen Rechten einer Ehe geschaffen. Statistische Angaben haben wir entnommen: Statistisches Bundesamt (Hrsg.) (2005): Leben und arbeiten in Deutschland. Mikrozensus 2004. Wiesbaden (Statistisches Bundesamt); Statistisches Bundesamt (Hrsg.) (2006): Leben in Deutschland. Haushalte, Familien und Gesundheit. Mikrozensus 2005. Wiesbaden (Statistisches Bundesamt); Bernd Eggen (2002): Gleichgeschlechtliche Lebensgemeinschaften. Erste Ergebnisse einer Untersuchung im Rahmen des Mikrozensus. *Zeitschrift für Familienforschung*, Sonderheft 2: 215–234; Udo Rauchfleisch (1997): Alternative Familienformen: Eineltern, gleichgeschlechtliche Paare, Hausmänner. Göttingen (Vandenhoeck & Ruprecht); Nina Dethloff (2004): Adoption durch gleichgeschlechtliche Paare. *Zeitschrift für Rechtspolitik* 37 (6): 195–199. Das Zitat »Lesbisches Paar sucht ...« stammt aus: *Marburger und Gießener Magazin Express*, 28.11.1998. Seit 2003 findet sich im Internet eine öffentliche Anzeigendatenbank zum Thema Spermaspende (www.spermaspender.de [30.6.2009]). Hier sind sowohl Angebote von Samenspendern als auch Anfragen von Frauen mit Kinderwunsch abrufbar.

Wir empfehlen zusätzlich die ARD-Dokumentation von Ursula Ott und Valentin Thurn (2001): Zwei Mamas und kein Papa – Wenn lesbische Kinderwünsche wahr werden. Verfügbar unter: http://www.thurnfilm.de/de_doku_zwei_mamas_und_kein_papa.php [30.6.2009].

Forschung zu Kindern, die mit gleichgeschlechtlichen Paaren leben. Im deutschsprachigen Raum gibt es zahlreiche Veröffentlichungen zur gleichgeschlechtlichen Lebensgemeinschaft mit Kindern auf der Ebene der Lobbyarbeit, unterstützende wissenschaftliche Stellungnahmen sowie Anfänge einer themenbezogenen Forschung, die nach einer Phase von hohem Verteidigungsdruck und kompensatorischen Überlegenheitsbehauptungen nun auch in realistischer und differenzierter Weise diese Lebensform mit Kindern in den Blick nimmt. Wir möchten in diesem Zusammenhang auf Forschungsarbeiten verweisen, die, wenn auch nicht ausschließlich, so doch im Rahmen des Themas der gleichgeschlechtlichen Elternfamilie auf die weibliche Paarfamilie mit über heterologe

Insemination gezeugten Kindern eingehen: Lisa Green (2006): Unconventional conceptions. Family planning in lesbian-headed families created by donor insemination. (Dissertation.) Dresden (TUDpress); Ina Philipp (2003): Kinder in Regenbogenfamilien. Erfahrungsberichte. In: Melanie C. Steffens und Michaela Ise (Hrsg.): Jahrbuch Lesben – Schwule. Lengerich (Pabst), S. 92–99; Elke Jansen und Melanie C. Steffens (2006): Lesbische Mütter, schwule Väter und ihre Kinder im Spiegel psychosozialer Forschung. *Verhaltenstherapie & Psychosoziale Praxis* 38 (2): 643–656. Eine ausführliche Literaturübersicht finden Sie unter: http://www.lsvd.de/545.0.html [30.6.2009]. Studien, die über die Entwicklungsverläufe von Kindern informieren, die über künstliche Befruchtung entstanden sind: Joanna E. Scheib et al. (2005): Adolescents with open-identity sperm donors: Reports from 12–17 year olds. *Human Reproduction* 20 (1): 239–252; Robert Snowden et al. (1983): Artificial reproduction. A social investigation. London/Boston/Sydney (Unwin Hyman); A. J. Turner and A. Coyle (2000): What does it mean to be a donor offspring? The identity experiences of adults conceived by donor insemination and the implication for counselling and therapy. *Human Reproduction* 15 (9): 2041–2051.

Familienbildungsprozesse mit Hilfe einer anonymen Samenspende. Zur rechtlichen Situation: Im Zusammenhang mit dem Bedenken der Ärzte, durch Mitwirkung bei der Entstehung eines Kindes möglicherweise für den Unterhalt des Kindes schadenersatzpflichtig gemacht zu werden, wird in der aktuellen Ratgeberliteratur auf die am 1.1.2005 in Kraft getretene rechtliche Möglichkeit zur Stiefkindadoption in »Eingetragenen Lebenspartnerschaften« verwiesen. Durch die Stiefkindadoption wird das Kind ein gemeinschaftliches Kind der Lebenspartnerinnen, und das »Verwandtschaftsverhältnis« zu einem weiteren »Erzeuger« erlischt ebenso wie die etwaigen Unterhaltsansprüche dieser Person gegenüber. Damit besteht auch für die Ärzte keine Gefahr mehr, in Regress genommen zu werden. Die mit dem Kind nicht leiblich verwandte Partnerin der Mutter kann sich allerdings gegenüber den Ärzten nicht notariell verpflichten, das noch nicht gezeugte Kind später zu adoptieren, sie kann es jedoch vertraglich ankündigen. Wählen Frauenpaare aber einen bekannten Spender aus dem Freundes- oder Bekanntenkreis, so entscheiden sie sich, um sich selbst und den Spender vor Forderungen entgegen vorherigen Absprachen zu schützen, für eine notarielle Vereinbarung. Eine solche notarielle Regelung soll zum einen den Samenspender von Vaterschafts- und Unterhaltspflichten entbinden. Zum anderen geben die beiden Frauen eine gemeinsame Sorgerechtserklärung ab und treffen für den Fall einer Trennung eine Vereinbarung hinsichtlich Umgangsrecht und Unterhaltszahlungen. Zur Rechtslage und den juristischen Gepflogenheiten im Kontext der heterologen Insemination: Elke Jansen et al. (2007): Regenbogenfamilien – alltäglich und doch anders. (Familien- und Sozialverein des Lesben- und Schwulenverbandes in Deutschland.) Köln (Eigenverlag), S. 32–46; Petra Thorn (2008a): Familiengründung mit Samenspende. Ratgeber zu psychosozialen und rechtlichen Fragen. Stuttgart (Kohlhammer), S. 93–113. Nachlesen kann man den Fall aus der französischen Forschungsliteratur in: Anne Cadoret (2007): L'apport des familles homoparentales dans le débat actuel sur la construction de la parenté. *L'Homme* 183: 55–76.

Kinder, die mit einem gleichgeschlechtlichen Paar nach dem Modell der Stieffamilie leben. Der Fall Stephanie Gasser stammt aus: Anuschka Roshani (2007): Glück auf Halbkugeln. *Das Magazin,* 4.9.2007: 42–46.

Die gleichgeschlechtliche Inseminationsfamilie in Beratung und Therapie. Sylvia Kay Fisher, Susan Easterly and Katherine J. Lazear (2008): Lesbian, gay, bisexual, and transgender families and their children. In: Thomas P. Gullotta and Gary M. Blau (eds.): Family influences on childhood behavior and development. New York/London (Routledge), pp. 187–208. Zur Adoption durch gleichgeschlechtliche Paare: Nina Dethloff (2004): Adoption durch gleichgeschlechtliche Paare. *Zeitschrift für Rechtspolitik* 37 (6): 195–199; Harald Paulitz (2006a): Adoption in der Lebenspartnerschaft. In: Harald Paulitz (Hrsg.) (2006b): Adoption. Positionen. Impulse, Perspektiven. München (Beck), S. 167–180. Eine kritische Haltung zur heterologen Insemination vertritt Ulrike Schmauch (2008): Lesbische Familien. *Familiendynamik* 33 (3): 289–307. Zum Diskurs, der entlang den Themen Minderheitenschutz, gesellschaftliche Chancengleichheit, Diskriminierung und Stigmatisierung geführt wird: Petra Thorn (2008b): Samenspende und Stigmatisierung – Ein unauflösbares Dilemma? In: Gisela Bockenheimer-Lucius, Petra Thorn und Christiane Wendehorst (Hrsg.): Umwege zum eigenen Kind. Ethische und rechtliche Herausforderungen an die Reproduktionsmedizin 30 Jahre nach Louise Brown. (Göttinger Schriften zum Medizinrecht, Bd. 3.) Göttingen (Universitätsverlag), S. 135–155; Werner Heun (2008): Restriktionen assistierter Reproduktion aus verfassungsrechtlicher Sicht. In: Gisela Bockenheimer-Lucius, Petra Thorn und Christiane Wendehorst (Hrsg.): Umwege zum eigenen Kind. Ethische und rechtliche Herausforderungen an die Reproduktionsmedizin 30 Jahre nach Louise Brown. (Göttinger Schriften zum Medizinrecht, Bd. 3.) Göttingen (Universitätsverlag), S. 49–61; Oliver Rauprich (2008): Sollen Kinderwunschbehandlungen von den Krankenkassen finanziert werden? Ethische und rechtliche Aspekte. In: Gisela Bockenheimer-Lucius, Petra Thorn und Christiane Wendehorst (Hrsg.): Umwege zum eigenen Kind. Ethische und rechtliche Herausforderungen an die Reproduktionsmedizin 30 Jahre nach Louise Brown. (Göttinger Schriften zum Medizinrecht, Bd. 3.) Göttingen (Universitätsverlag); Helga Müller (2008): Die Spendersamenbehandlung bei Lebenspartnerinnen und alleinstehenden Frauen – Ärztliches Handeln unter dem Diktum vermeintlicher Illegalität? *Gesundheitsrecht. Zeitschrift für Arztrecht, Krankenhausrecht, Apotheken- und Arzneimittelrecht* 7 (11): 573–580; Tristram H. Engelhardt (1986): The foundations of bioethics. Oxford (Oxford University Press). Zum Ansatz von Cloé Madanes: Cloé Madanes (1997): Sex, Liebe und Gewalt. Therapeutische Strategien zur Veränderung. Heidelberg (Carl-Auer), insbes. S. 72–87.

Zusammenfassung

In der Spätmoderne gibt es eine Vielfalt von Familienmodellen, aber die Kontinuität der Kernfamilie ist unübersehbar • Auch unkonventionelle Familien orientieren sich an kernfamilialen Mustern – das zentrale Thema ist die Differenz von Anwesenheit und Abwesenheit • In der Leugnung der Differenz von Anwesenheit und Abwesenheit liegen die Risiken unkonventioneller Familien für das Aufwachsen der Kinder • Beratung und Therapie haben die Aufgabe, mit den unkonventionellen Familien Landkarten für die Gestaltung der Differenz von Anwesenheit und Abwesenheit zu entwickeln • Die Landkarten müssen ständig umgeschrieben werden, wenn auch das Grundmuster bleibt

In der Spätmoderne gibt es eine Vielfalt von Familienmodellen, aber die Kontinuität der Kernfamilie ist unübersehbar

Die Phänomene, die mit dem Wort »Familie« bezeichnet werden, haben sich im Zuge der neuzeitlichen Entwicklung grundlegend geändert. Familie ist ein Experimentierfeld für neue Formen des privaten Lebens geworden. So werden z. B. durch den medizintechnologischen Fortschritt Formen von Elternschaft möglich, die es bisher in der Menschheitsgeschichte nicht nur nicht gab, sondern die bisher auch völlig unvorstellbar erschienen. Die Medizintechnologie macht es möglich, biologische und soziale Elternschaft voneinander zu trennen und in neuen Kombinationen zusammenzubinden. Die biologische Manipulation ist aber nur ein Extrembeispiel für das immer bedeutsamer werdende Leitmotiv von der Gestaltbarkeit sozialer Beziehungen, das in der Spätmoderne die Melodie des sozialen Lebens bestimmt.

In der Spätmoderne zeichnet sich eine Vielfalt an familialen Lebensformen ab. Gleichwohl liefern die in diesem Buch vorgestellten unkonventionellen Varianten, Familie zu leben, keine Anhaltspunkte dafür, dass grundlegende Merkmale von Familienleben aufgegeben worden sind. Auf eine solche Idee kann auch nur kommen, wer meint, dass Familien nur aus Wandel bestehen. Eine differenziertere, an den empirischen Gegebenheiten orientierte Betrachtung zeigt, dass Wandel und Beharrung im Familienleben zusammengehören. Das gilt für die einzelne Familie ebenso wie für die Familien im Zeitvergleich.

Die auf zwei Generationen konzentrierte Kernfamilie hat nicht abgedankt. Obwohl eine Erfindung der Karolingerzeit und damit 1000 Jahre alt, bleibt sie eine entscheidende Orientierungsgröße für das Familienleben auch dort, wo vom Konzept der Kernfamilie als leiblichen Zusammenhangs von Mutter, Vater und Kind abgewichen wird. Wir haben am Beispiel der Alleinerziehenden, der Stieffamilie, der Pflegefamilie, der Adoptivfamilie, an Paaren ohne Kinder und an der gleichgeschlechtlichen Inseminationsfamilie gezeigt, dass die soziale Konstruktion von Familie und Verwandtschaft in der Auseinandersetzung mit den Strukturen der Kernfamilie erfolgt. In der Art und Weise, wie die Familienmitglieder in den unkonventionellen Familienformen versuchen, eine Ordnung ihres Zusammenlebens herzustellen, entdecken wir eine Konstante. Es ist die Orientierung an kernfamilialen Mustern.

Auch unkonventionelle Familien orientieren sich an kernfamilialen Mustern – das zentrale Thema ist die Differenz von Anwesenheit und Abwesenheit

Wenn sich unkonventionelle Familien an kernfamilialen Mustern orientieren, dann zieht das als Konsequenz nach sich, dass die Akteure Strategien entwickeln, Lösungen für den Umgang mit der Differenz zwischen konventionellen und unkonventionellen Familien zu finden. Diese Differenz ist diejenige von Anwesenheit und Abwesenheit. Unkonventionelle Familien zeichnen sich dadurch aus, dass im Vergleich zur Triade, bestehend aus Vater, Mutter und einem aus der Vereinigung beider hervorgegangenen Kind, Abwesenheit vorkommt: Bei der Alleinerziehendenfamilie ist der Vater, seltener die Mutter abwesend, bei der Stieffamilie ebenso. Bei der Pflege- und Adoptivfamilie sind die leiblichen Eltern zeitweise oder dauerhaft abwesend, bei den kinderlosen Paaren sind es die Kinder, für deren Fehlen eine Lösung gefunden werden muss, und bei der Familie mit heterologer Insemination fehlt der Vater – er wird, bis auf wenige Ausnahmen, auf den Samenspender reduziert. Dass unkonventionelle Familien recht erfolgreich mit diesen Abwesenheiten umgehen können, zeigen die Befunde über Risiken von Kindern, die in einer unkonventionellen Familienform aufwachsen. Sie sind nicht dramatisch, was aber nicht heißt, dass sie zu vernachlässigen oder gar zu negieren sind im Sinne eines *anything goes*. Bei dieser Aussage nehmen wir allerdings ausdrücklich jene Situationen aus, in denen ein gleichgeschlechtliches Paar durch eine anonyme Samenspende in die Lage versetzt worden ist, sich als Familie zu begreifen. Diese Form einer »Familie« steht sittlich und rechtlich jenseits aller Diskussion.

In der Leugnung der Differenz von Anwesenheit und Abwesenheit liegen die Risiken unkonventioneller Familien für das Aufwachsen der Kinder

Risiken vor allem für die Kinder aus unkonventionellen Familien entstehen demzufolge nicht einfach dadurch, dass es diese Familien gibt. Sie entstehen dann, wenn die Erwachsenen es unterlassen, gegenüber den Kindern das Unkonventionelle an ihrer Familienform in geeigneter Form zu thematisieren, und so tun, als ob eine unkonventionelle Familie nichts anderes als eine leibliche Familie wäre. Dies kann dann den Identitätsbildungsprozess der Heranwachsenden erschweren. Denn wenn nicht anerkannt wird, dass die sozialisatorische Praxis keine leibliche Grundlage hat, und so getan wird, als befände man sich in einer ersten, eben der leiblichen Familie, dann beschwört man die Gefahr herauf, bestehende, wenn auch nicht unbedingt gelebte Bindungen zu leugnen. Es werden dann die unterschiedlichen Formen von Zugehörigkeit und Identität außer Acht gelassen, und die Komplexität des gegenwärtigen Familienlebens wird ignoriert.

Beratung und Therapie haben die Aufgabe, mit den unkonventionellen Familien Landkarten für die Gestaltung der Differenz von Anwesenheit und Abwesenheit zu entwickeln

Für die Beratung und für die Therapie ergibt sich daraus als zentrale therapeutische Aufgabe, Paaren bzw. Familien zu helfen, ihre Familieneinheit so zu definieren, dass sie Formen der Zusammengehörigkeit sichert, auch wenn nicht alle Mitglieder der Familie leiblich miteinander verbunden sind. Gleichzeitig aber gilt es, den Nicht-anwesenden den ihnen gemäßen Platz einzuräumen. Der Preis des Unkonventionellen ist, so gesehen, die Steigerung von Komplexität.

Landkarten für die Orientierung in dieser Komplexität sind nicht leicht zu haben. In dieser Situation gibt es zwei Möglichkeiten, das Zusammenleben in einer unkonventionellen Familie zu Lasten der Kinder zu erschweren. Die eine besteht darin, die Landkarte der Kernfamilie heranzuziehen und gleichzeitig den oder die Abwesenden zu leugnen. Diese Möglichkeit erweist sich jedoch an den entscheidenden Stellen als untauglich. Als Beispiele dafür können wir die Stieffamilie anführen, in der der abwesende Elternteil ausgeschlossen und durch einen Stiefelternteil ersetzt wird, des Weiteren die Adoptivfamilien, die die Herkunftseltern des Adoptivkindes tabuisieren, und die Pflegefamilien, die sich als Ersatzfamilien begreifen; schließlich die Paare mit heterologer Insemination, die den Vater auf einen Samenspender reduzieren und dem Kind vorenthalten. Kinder haben nicht nur ein Recht auf Anerkennung und auf Zukunft, sondern auch auf Anerkennung ihrer Herkunft. Mit einer Blut- und Bodenideologie hat dies nicht im Geringsten etwas zu tun. Sonst könnte man diese der Internationalen Charta für die Rechte des Kindes ebenso gut vorwerfen.

Die andere Möglichkeit, den Kindern das Zusammenleben in einer unkonventionellen Familie zu erschweren, besteht darin, so zu tun, als ob es die Landkarte der Kernfamilie nicht gäbe und die Welt der Familie neu zu erfinden wäre. Diese Variante haben wir aber bei unseren Erkundungen nicht angetroffen.

Jenseits dieser beiden *verfehlten* Möglichkeiten gibt es eine (dritte) Möglichkeit für unkonventionelle Familien, zu einer lebenspraktisch tauglichen Landkarte für ihr Familienleben zu kommen. Sie besteht darin, die Landkarte der Kernfamilie so zu verändern, dass der leiblichen Herkunft im faktischen Familienleben ein Platz eingeräumt wird und gleichzeitig die nur partielle Anwesenheit des Vaters oder der Mutter nicht zum Hemmschuh für die Entwicklung der Kinder wird. Bei der Alleinerziehendenfamilie gilt es, den Platz des abwesenden Vaters in geeigneter Form auszufüllen. Stieffamilien sind mit dem Konzept des Co-Parenting-Systems, das die leiblichen Eltern trotz ihrer Trennung als Paar bilden, gut beraten. Pflegefamilien sind vor allem dann ein angemessener Ort für das Aufwachsen, wenn den leiblichen Eltern der Pflegekinder ein angemessener Platz eingeräumt wird. Dasselbe gilt für Adoptivfamilien. Hier ist allerdings ein Unterschied zu bedenken. Er besteht darin, dass im Adoptionsfall die leiblichen Eltern der Adoptivkinder ihre Rechte und Pflichten aufgegeben haben und vorwiegend in der Erinnerung der Kinder eine Rolle spielen. Für gleichgeschlechtliche Paare mit heterologer Insemination fällt uns beim besten Willen keine Lösung ein, die dem Kind gerecht wird. Es sei denn, diese Paare finden eine Lösung, die den leiblichen Vater des bei ihnen lebenden Kindes als feste Größe im Leben ihrer Familie vorsieht. Eine solche Variante haben wir in diesem Buch vorgestellt.

Die Landkarten müssen ständig umgeschrieben werden, wenn auch das Grundmuster bleibt

Allerdings solle man sich davor hüten anzunehmen, dass eine unkonventionelle Familie ein für alle Mal ein Konzept einrichtet, bei dem es bleiben kann. Für sie gilt dasselbe wie für die konventionelle Familie, nämlich dass mit dem Heranwachsen der Kinder sich die Aufgaben in der Dialektik von Bindung und Autonomie verändern. Auch hier ist zu betonen, dass die gesteigerte Komplexität der unkonventionellen Familie zu einer gesteigerten Komplexität im Entwicklungsprozess einer solchen Familie führt. Wir erinnern hier nur an die frühen Formen von Selbständigkeit bei Kindern in Adoptiv- und Pflegefamilien, die früh ihre Eltern entbehren mussten und in der frühen Selbständigkeit eine Lösung ihrer Probleme gefunden haben, die selber zum Problem wird, vor allem dann, wenn es um die Ablösung geht.

Dass das Abarbeiten an kernfamilialen Mustern in den unkonventionellen Familienzusammenhängen der Königsweg ist, wenn es darum geht, ein aussichtsreiches Konzept einer unkonventionellen Familie zu entwickeln, ist nicht überraschend. Die Beispiele zur Adoptivfamilie in diesem Buch zeigen, dass über eine Benennungspraxis nach dem Vorbild der Kernfamilie, über eine Naturalisierung von bürokratischen Vorgängen (»Flughafengeburt«, »Adoptivschwangerschaft«) und durch das nachträgliche Inszenieren frühgeburtlicher Bindungsstrukturen eine Normalisierung im Rahmen von Adoptionen erfolgt. Diese dienen aber eher den Erwachsenen als den Kindern. Den Kindern hilft es, wenn man ihnen Zugehörigkeit vermittelt und gleichzeitig die Möglichkeit einräumt, einen Platz für ihre Herkunftsfamilie zu behalten, der nur ihnen gehört.

Kommen wir zum Schluss: Das Vorhandensein unkonventioneller Familienformen kann nicht als Nachweis dafür dienen, sich von der Theorie der kernfamilialen Triade als einer zentralen Bauform des familialen Zusammenlebens zu verabschieden. Denn die unkonventionellen Familienformen, in denen die Strukturierungskraft kernfamilialer Orientierungsbestände offen zu Tage tritt, zeigen, dass in der Spätmoderne keineswegs auf revolutionäre Weise Familie neu organisiert wird. Auch innerhalb neuer Familienrahmen wird eine Ordnung nach dem Muster jener alten Familienstruktur ins Werk gesetzt, die uns allen als Kernfamilie bekannt ist. Jedoch fordern unkonventionelle Familienformen zu kreativen Varianten der tradierten Praxis der Kernfamilie heraus. Diese Kreativität einerseits zu fördern und andererseits auf die Rahmenbedingungen des Familienlebens zu verweisen, die menschheitsgeschichtlich eine hohe Konstanz aufweisen, ist die Aufgabe von Beratung und Therapie.

Literatur

Adamsons, K. a. K. Pasley (2006): Coparenting following divorce and relationship dissolution. In: M. A. Fine a. J. H. Harvey (eds.): Handbook of divorce and relationship dissolution. Mahwah, NJ (Lawrence Erlbaum), pp. 241–262.

Ahrons, C. (2004): We're still family. What grown children have to say about their parents' divorce. New York (Harper Collins).

Allert, T. (1997): Die Familie. Fallstudien zur Unverwüstlichkeit einer Lebensform. Berlin/New York (Walter de Gruyter).

Amendt, G. (2009): Vaterlose Gesellschaft als gewaltfreie Welt. Feministische Familienkonstruktionen. *Merkur* 63 (3): 210–221.

Bánk, Z. (2002): Der Schwimmer. Frankfurt a. M. (S. Fischer).

Bauer, J. (2004): Das Gedächtnis des Körpers. München (Piper).

Bauer, J. (2006): Prinzip Menschlichkeit – Warum wir von Natur aus kooperieren. Hamburg (Hoffmann und Campe).

Beck, S., S. Hess u. M. Knecht (2007): Verwandtschaft neu ordnen: Herausforderungen durch Reproduktionstechnologie und Transnationalisierung. In: S. Beck, N. Çil, S. Hess, M. Klotz u. M. Knecht (Hrsg.): Verwandtschaft machen. Reproduktionsmedizin und Adoption in Deutschland und der Türkei. Münster (LIT), S. 12–31.

Beck, U. (2000): Freiheit oder Kapitalismus. (Ulrich Beck im Gespräch mit Johannes Willms,) Frankfurt a. M. (Suhrkamp).

Berger, P. u. H. Kellner (1965): Die Ehe und die Konstruktion der Wirklichkeit. *Soziale Welt* 16: 220–235.

Bernhard, T. (1963): In silva salus. In: G. Fritsch (Hrsg.): Frage und Formel. Gedichte einer jungen österreichischen Generation. Salzburg (O. Müller).

Bernhard, T. (2009): Meine Preise. Frankfurt a. M. (Suhrkamp).

Bernstein, A. C. (1989): Yours, mine, and ours: How families change when remarried parents have a child together. New York (Norton).

Bertram, H. (2000): Die verborgenen familiären Beziehungen in Deutschland. Die multilokale Mehrgenerationenfamilie. In: M. Kohli u. M. Szydlik (Hrsg.): Generationen in Familie und Gesellschaft. Opladen (Leske & Budrich), S. 97–121.

Bien, W., A. Hartl u. M. Teubner (Hrsg.) (2002): Stieffamilien in Deutschland: Eltern und Kinder zwischen Normalität und Konflikt. Opladen (Leske & Budrich).

Blandow, J. (2004): Pflegekinder und ihre Familien – Geschichte, Situation und Perspektiven des Pflegekinderwesens. Weinheim/München (Juventa).

Blankenburg, W. (2007): Futur-II-Perspektive in ihrer Bedeutung für die Erschließung der Lebensgeschichte des Patienten. In: W. Blankenburg: Psychopathologie des Unscheinbaren. Ausgewählte Aufsätze. (Hrsg. von M. Heinze.) Berlin (Parados).

Boss, P. (2008): Verlust, Trauma und Resilienz. Stuttgart (Klett-Cotta).

Brinich, P. (1995): Psychoanalytical perspectives on adoption and ambivalence. *Psychoanalytic Psychology* 12: 181–199.

Brodzinsky, D. M. a. C. Steiger (1991): Prevalence of adoptees among special education populations. *Journal of Learning Disabilities* 24 (8): 484–489.

Brosius-Gersdorf, F. (2006): »Vaterschaftstests«. Verfassungsrechtliche und verfassungspolitische Direktiven für eine Reform der Vaterschaftsuntersuchung. Berlin (Duncker & Humblot).

Buchholz, M. B. (1983): Dreiecksgeschichten – Eine klinische Theorie psychoanalytischer Familientherapie. Göttingen (Vandenhoeck & Ruprecht).

Buchholz, M. B. (1990): Die unbewusste Familie: Psychoanalytische Studien zur Familie in der Moderne. München (Pfeiffer).

Bundesministerium für Familie, Senioren, Frauen und Jugend (Hrsg.) (2003): Die Familie im Spiegel der amtlichen Statistik. Berlin.

Bürgin, D. et al. (1996): Prä- und postnatale Triangulierung. In: R. Welter-Enderlin u. B. Hildenbrand (Hrsg.): Gefühle und Systeme – Die emotionale Rahmung beraterischer und therapeutischer Prozesse. Heidelberg (Carl-Auer), S. 145–154.

Burkart, G. (1993): Individualisierung und Elternschaft – Das Beispiel USA. *Zeitschrift für Soziologie* 22 (3): 159–177.

Cadoret, A. (2007): L'apport des familles homoparentales dans le débat actuel sur la construction de la parenté. *L'Homme* 183: 55–76.

Carl, C. (2002): Leben ohne Kinder. Wenn Frauen keine Mütter sein wollen. Reinbek bei Hamburg (Rowohlt).

Carter, B. a. M. McGoldrick (eds.) (2004): The expanded family life cycle: Individual, family, and social perspectives. Boston, MA (Allyn & Bacon), 3rd ed.

Cohen, N. J. (2002): Adoption. In: M. Rutter a. E. S. Taylor (eds.): Child and adolescent psychiatry. Malden, MA (Blackwell), pp. 373–381.

Coleman, M. a. L. Ganong (1987): An evaluation of the stepfamily self-help literature for children and adolescents. *Family Relations* 36: 61–65.

Datenreport (Auszug) (2008): Kapitel 2, »Familie, Lebensformen und Kinder«, S. 27–49. Verfügbar unter: www.destatis.de/jetspeed/portal/cms/Sites/ destatis/Internet/DE/Content/Publikationen/Querschnittsveroeffentlichun gen/Datenreport/Downloads/Datenreport2008Familie,property=file.pdf [12.7.2009].

Dencik, L. (2002): Mor og Far or Mor og hendes nye partner. Om børns familier og familieskift gennem opvæksten I senmoderniteten [Mom and dad and mom and her new partner. About families of children and change of family by growing up in late modernity]. In: H. Hermansenn a. A. Poulsen (eds.): Samfundets børn [The children of the society]. Aarhus (Klim), pp. 75–126.

Dethloff, N. (2004): Adoption durch gleichgeschlechtliche Paare. *Zeitschrift für Rechtspolitik* 37 (6): 195–199.

Deutscher Bundestag (2007): Antwort der Bundesregierung ...: Adoptionen in Deutschland (= Drucksache 16/4094). Verfügbar unter: http://dip21.bundestag.de/dip21/btd/16/040/1604094.pdf [30.6.2009].

Dolto, F. (1989): Alles ist Sprache. Weinheim (Quadriga).

Dolto, F. (1990): Scheidung – wie ein Kind sie erlebt: Françoise Dolto im Gespräch mit Inès Angelino. Stuttgart (Klett-Cotta).

Dolto, F. (2008): Scheidung, wie ein Kind sie erlebt. Stuttgart (Klett-Cotta), 3. Aufl.

Eggen, B. (2002): Gleichgeschlechtliche Lebensgemeinschaften. Erste Ergebnisse einer Untersuchung im Rahmen des Mikrozensus. *Zeitschrift für Familienforschung*, Sonderheft 2: 215–234.

Eggen, B. (2005): Alleinerziehende – Vielfalt einer Familienform. *Statistisches Monatsheft* 6. Stuttgart (Statistisches Landesamt Baden-Württemberg).

Engelhardt, T. H. (1986): The foundations of bioethics. Oxford (Oxford University Press).

Erikson, E. H. (1977): Lebensgeschichte und historischer Augenblick. Frankfurt a. M. (Suhrkamp).

Erwägen, Wissen, Ethik (2003) 14 (3): 485–576.

Evers, M. u. E.-V. Friedemann (2007): Handbuch Adoption. München (Südwest).

Faltermeier, J. (2001): Verwirkte Elternschaft? Fremdunterbringung, Herkunftseltern, neue Handlungsansätze. Münster (Votum).

Fischer, S. K., S. Easterly a. K. Lazear (2008): Lesbian, gay, bisexual, and transgender families and their children. In: T. P. Gullotta a. G. M. Blau (eds.): Family influences on childhood behavior and development. Evidence-based prevention and treatment approaches. New York/London (Routledge), pp. 187–208.

Fivaz-Depeursinge, E. u. A. Corboz-Warnery (2001): Das primäre Dreieck. Heidelberg (Carl-Auer).

Ford, R. (1995): Unabhängigkeitstag. Berlin (Berlin).

Fox, P. (2000): Was am Ende bleibt. München (Beck).

Franz, M. u. H. Lensche (2003): Alleinerziehend – alleingelassen? Die psychosoziale Beeinträchtigung alleinerziehender Mütter und ihrer Kinder in einer Bevölkerungsstichprobe. *Zeitschrift für psychosomatische Medizin* 49: 115–138.

Fränznick, M. u. K. Wieners (1996): Ungewollte Kinderlosigkeit. Psychosoziale Folgen, Bewältigungsversuche und die Dominanz der Medizin. Weinheim/München (Juventa).

Fredersdorff, T. (2003): Johanna und Olivia. Erfüllter Kinderwunsch durch Adoption und künstliche Befruchtung. Kirchhain (Hartmut Becker).

Frisé, M. u. J. Stahlberg (1992): Allein – mit Kind. München/Zürich (Piper).

Funcke, D. (2007): Der abwesende Vater – Wege aus der Vaterlosigkeit. Berlin (LIT).

Furstenberg, F. F. (1987): The new extended family: The experience of parents and children after remarriage. In: K. Pasley a. M. Ihinger-Tallman (eds.): Remarriage and Stepparenting: Current Research and Theory. New York (Guilford), pp. 42–61.

Furstenberg, F. Jr. a. A. Cherlin (1991): Divided families: What happens to children when parents part. Cambridge, MA (Harvard University Press).

Gadamer, H. G. (1993): Theorie, Technik, Praxis. In: H. G. Gadamer: Über die Verborgenheit der Gesundheit. Frankfurt a. M. (Suhrkamp).

Ganong, L. a. M. Coleman (2004): Stepfamily relationships: Development, dynamics, and intervention. New York, NY (Sprinter).

Gehres, W. u. B. Hildenbrand (2007): Identitätsbildung und Lebensverläufe bei Pflegekindern. Wiesbaden (VS Verlag für Sozialwissenschaften).

Glaser, B. a. A. L. Strauss (1965): Awareness of dying. Chicago (Aldine). [Dt. (1974): Interaktion mit Sterbenden, Göttingen (Vandenhoeck & Ruprecht).]

Gödde, M. (o. J.): Wenn Väter zu Fremden werden ... Verfügbar unter: http://www.familienhandbuch.de/cmain/f_Aktuelles/a_Trennung_Scheidung/s_553.html [25.6.2009].

Graf, M., G. Knotte u. H. Walter (2000): Vom Jugend- zum jungen Erwachsenenalter. *System Familie* 13 (4): 178–182.

Green, A. (1993): Die tote Mutter. *Psyche* 47 (3): 205–240.

Green, L. (2006): Unconventional conceptions. Family planning in lesbian-headed families created by donor insemination. (Dissertation.) Dresden (TUDpress).

Grossmann, K. E. u. K. Grossmann (2008): Die psychische Sicherheit in Bindungsbeziehungen. *Familiendynamik* 33 (3): 231–259.

Hack, W. et al. (2008): Ancient DNA, strontium isotopes, and osteological analysis shed light on social and kinship organization of the Later Stone Age. (PNAS – Proceedings of the National Academy of Sciences, vol. 105, no. 47.) Washington. Verfügbar unter: http://www.pnas.org [12.7.2009].

Haight, W. L., S. Mangelsdorf, J. Black, M. Szewczyk, S. Schoppe, G. Giorgio, K. Madrigal a. T. Lakshmi (2005): Enhancing parent-child interaction during foster care visits: Experimental assessment of an intervention. *Child Welfare* 84 (4): 459–481.

Heekerens, H. P. (1998): Der alleinstehende Vater und seine Familie. *Familiendynamik* 23 (3): 266–289.

Henley, K. a. K. Pasley (2005): Conditions affecting the association between father identity and father involvement. *Fathering* 3: 59–80.

Henning, C. (1994): Adoption – Problem oder pädagogische Chance? Frankfurt a. M. (Peter Lang).

Hennon, C., B. Hildenbrand a. A. Schedle (2008): Stepfamilies and children. In: T. P. Gullotta a. G. M. Blau (eds.): Family influences on childhood behavior and development – Evidence-based prevention and treatment approaches. New York/London (Routledge and Kegan Paul), pp. 161–185.

Hetherington, E. M. a. M. Stanley-Hagan (2002): Parenting in divorced and remarried families. In: M. H. Bornstein (ed.): Handbook of parenting:

Being and becoming a parent. New York (Lawrence Erlbaum), 2nd ed., pp. 287 316.

Heun, W. (2008): Restriktionen assistierter Reproduktion aus verfassungsrechtlicher Sicht. In: G. Bockenheimer-Lucius, P. Thorn u. C. Wendehorst (Hrsg.): Umwege zum eigenen Kind. Ethische und rechtliche Herausforderungen an die Reproduktionsmedizin 30 Jahre nach Louise Brown. (Göttinger Schriften zum Medizinrecht, Bd. 3.) Göttingen (Universitätsverlag), S. 49–61.

Hildenbrand, B. (2002): Der abwesende Vater als strukturelle Herausforderung in der familialen Sozialisation. In: H. Walter (Hrsg.): Männer als Väter – Sozialwissenschaftliche Theorie und Empirie. Gießen (Psychosozial-Verlag), S. 743–782.

Hochschild, A. (1995): The culture of politics: Traditional, postmodern, cold-modern and warm-modern ideals of care. Social Politics 2 (3): 331–347.

Hochschild, A. R. (2002): Keine Zeit. Wenn die Firma zum Zuhause wird und zu Hause nur Arbeit wartet. Opladen (Leske & Budrich).

Hoffmann-Riem, C. (1984): Familienleben mit doppelter Elternschaft. München (Fink).

Honneth, A. (1993): Zum Wandel familialer Lebensformen. Merkur 47 (1): 59–64.

Imber-Black, E. u. J. Roberts (1993): Rituale in der Familie und Familientherapie. Heidelberg (Carl-Auer), 5. Aufl 2006.

Jansen, E. et al. (2007): Regenbogenfamilien – alltäglich und doch anders. (Familien- und Sozialverein des Lesben- und Schwulenverbandes in Deutschland.) Köln (Eigenverlag).

Jansen, E. u. M. C. Steffens (2006): Lesbische Mütter, schwule Väter und ihre Kinder im Spiegel psychosozialer Forschung. Verhaltenstherapie & Psychosoziale Praxis 38 (2): 643–656.

Jungmann, J. (1980): Adoption unter Vorbehalt? Zur psychischen Problematik von Adoptivkindern. Praxis der Kinderpsychologie 29: 225–230.

Kaser, K. (1995): Familie und Verwandtschaft auf dem Balkan – Analyse einer untergehenden Kultur. Wien u. a. (Böhlau).

Kay Fisher, S. K., S. Easterly a. K. J. Lazear (2008): Lesbian, gay, bisexual, and transgender families and their children. In: T. P. Gullotta a. G. M. Blau (eds.): Family influences on childhood behavior and development. New York/London (Routledge), pp. 187–208.

Kindler, H. (2007): Foster care in Germany: Policy & structure. (Ausarbeitung zum Vortrag auf der 1. International Network Conference on Foster Care Research an der Universität Siegen, unveröffentl.)

Kindler, H., E. Helming, G. Sandmeier, K. Thrum u. T. Meysen (Hrsg.) (in Vorb.): Handbuch Pflegekinderhilfe. München (DJI [Deutsches Jugendinstitut]).

Kontext. Zeitschrift für Systemische Therapie und Familientherapie 3 (2008): 230–270.

Krähenbühl, V., H. Jellouschek, M. Kohaus-Jellouschek u. R. Weber (2001): Stieffamilien. Struktur – Entwicklung – Therapie. Freiburg (Lambertus).

Krappmann, L. (1988): Über die Verschiedenheit der Familien alleinerziehender Eltern. In: K. Lüscher, F. Schultheis u. M. Wehrspaun (Hrsg.): Die »postmoderne« Familie. Konstanz (Universitätsverlag), S. 131–142.

Kröger, M. (2008): Qualifizierung von Pflegefamilien – Grundlagen und Konzepte von Sozialer Arbeit mit Pflegeeltern/-bewerbern. Saarbrücken (VDM Verlag Dr. Müller).

Lamb, M. E. (2000): The history of research on father involvement: An overview. Marriage and Family Review 29: 23–42.

Lang, H. (1978): Die strukturale Triade. Universität Heidelberg (unveröffentl. Habilitationsschrift).

Largo, R. H. u. M. Czernin (2004): Glückliche Scheidungskinder. München (Piper).

Lasch, C. (1987): Geborgenheit. Die Bedrohung der Familie in der modernen Welt. München (dtv).

Laslett, P. a. R. Wall (1972): Families and household in past times. London (Cambridge University Press).

Leggewie, C. (2004): Das fremde Kind. Eine Lanze für die Adoption. Kursbuch 156 (Kinder, Kinder): 103–110.

Leidner, C. u. O. Leidner (2004): Weil ich mit dir wachsen möchte. Herausforderung Ehe. (Ignatianische Impulse, Bd. 5.) Würzburg (Echter).

Lenz, K. (2003): Familie – Abschied von einem Begriff? Erwägen, Wissen, Ethik 14 (3): 485–498.

Lenz, S. (1999): Arnes Nachlaß. Hamburg (Hoffmann und Campe).

Lévi-Strauss, C. (1971): Rasse und Geschichte. Frankfurt a. M. (Suhrkamp).

Lévi-Strauss, C. (1985): Der Blick aus der Ferne. München (Fink), S. 73–104: »Die Familie«.

Lévi-Strauss, C. (1996): Geschichte der Familie. Bd. 1 (Altertum). (Hrsg. von A. Burguière, C. Klapisch-Zuber, M. Segalen u. F. Zonabend.) Frankfurt a. M. (Campus), S. 9–15.

Lifton, B. J. (1982): Adoption. Stuttgart (Klett-Cotta).

Limmer, R. (2004): Beratung von Alleinerziehenden – Grundlagen, Interventionen und Beratungspraxis. Weinheim/München (Juventa).

Lipp, W. (2000): Die Familie: Biologische Grundlagen, frühe kulturelle Entwicklungen. Zeitschrift für Familienforschung 12 (3): 61–87.

Madanes, C. (1997): Sex, Liebe und Gewalt. Therapeutische Strategien zur Veränderung. Heidelberg (Carl-Auer).

Marquardt, E. (2005): Between two worlds: The inner lives of children of divorce. New York (Crown).

McGregor, J. (2007): So oder so. Stuttgart (Klett-Cotta).

Minuchin, P., J. Colapinto u. S. Minuchin (2000): Verstrickt im sozialen Netz. Neue Lösungswege für Multiproblem-Familien. Heidelberg (Carl-Auer).

Minuchin, S. (1996): Psychosomatische Krankheiten in der Familie. Stuttgart (Klett-Cotta), 6. Aufl.

Mitterauer, M. (1990): Historisch-anthropologische Familienforschung. Wien u. a. (Böhlau).

Moehringer, J. R. (2007): Tender Bar. Frankfurt a. M. (S. Fischer).

Müller, H. (2008): Die Spendersamenbehandlung bei Lebenspartnerinnen und alleinstehenden Frauen – Ärztliches Handeln unter dem Diktum vermeintlicher Illegalität? *Gesundheitsrecht. Zeitschrift für Arztrecht, Krankenhausrecht, Apotheken- und Arzneimittelrecht* 7 (11): 573–580.

Napp-Peters, A. (1995): Familien nach der Scheidung. München (Kunstmann).

Nave-Herz, R. (1998): Die These über den Zerfall der Familie. *Kölner Zeitschrift für Soziologie und Sozialpsychologie*, Sonderheft 38: Die Diagnosefähigkeit der Soziologie: 286–315.

Nave-Herz, R. u. C. Onnen-Isemann (1997): Kinderlosigkeit und künstliche Befruchtung. *Einblicke Nr. 26 – Forschungsmagazin* der Carl von Ossietzki Universität Oldenburg (Oktober).

Nave-Herz, R. u. U. Oßwald (1989): Kinderlose Ehen. In: R. Nave-Herz u. M. Markefka (Hrsg.): Handbuch der Familien- und Jugendforschung. Bd. 1: Familienforschung. Neuwied/Frankfurt a. M. (Luchterhand), S. 375–388.

Neubauer, E. (1988): Alleinerziehende Väter und Mütter – Eine Analyse der Gesamtsituation. (Schriftenreihe des Bundesministers für Familie, Frauen und Gesundheit, Bd. 219.) Stuttgart (Kohlhammer).

Nienstedt, M. u. A. Westermann (2007): Pflegekinder und ihre Entwicklungschancen nach frühen traumatischen Erfahrungen. Stuttgart (Klett-Cotta).

Oelsner, W. u. G. Lehmkuhl (2005): Adoption. Düsseldorf/Zürich (Walter).

Oevermann, U. (1996): Theoretische Skizze einer revidierten Theorie professionalisierten Handelns. In: A. Combe u. W. Helsper (Hrsg.): Pädagogische Professionalität – Untersuchungen zum Typus pädagogischen Handelns. Frankfurt a. M. (Suhrkamp), S. 70–198.

Olson, D. H., H. I. McCubbin a. associates (1984): Families. What makes them work. Beverly Hills, CA (Sage).

Onnen-Isemann, C. (1995): Ungewollte Kinderlosigkeit und moderne Reproduktionsmedizin. In: B. Nauck u. C. Onnen-Isemann (Hrsg.): Familie im Brennpunkt von Wissenschaft und Forschung. Neuwied (Luchterhand), S. 473–488.

Onnen-Isemann, C. (2000): Wenn der Familienbildungsprozess stockt. Eine empirische Studie über Stress und Coping-Strategien reproduktionsmedizinisch behandelter Partner. Berlin/Heidelberg/New York (Springer).

Ott, U. u. V. Thurn (2001): Zwei Mamas und kein Papa – Wenn lesbische Kinderwünsche wahr werden. Verfügbar unter: http://www.thurnfilm.de/de_doku_zwei_mamas_und_kein_papa.php [30.6.2009].

Oz, A. (2006): Eine Geschichte von Liebe und Finsternis. Frankfurt a. M. (Suhrkamp).

Pasley, K. a. S. L. Braver (2004): Measuring father involvement in divorced, non-resident fathers. In: R. Day a. M. Lamb (eds.): Conceptualizing and measuring father involvement. Mahwah, NJ (Lawrence Erlbaum), pp. 217–240.

Paulitz, H. (2006a): Adoption in der Lebenspartnerschaft. In: H. Paulitz (Hrsg.): Adoption. Positionen. Impulse, Perspektiven. München (C. H. Beck), S. 167–180.

Paulitz, H. (Hrsg.) (2006b): Adoption. Positionen, Impulse, Perspektiven. München (C. H. Beck).

Peuckert, R. (2004): Familienformen im sozialen Wandel. Stuttgart (UTB), 5., überarb. u. erw. Aufl.

Pfaffinger, M. (2007): Geheime und offene Formen der Adoption. Zürich (Schulthess).

Philipp, I. (2003): Kinder in Regenbogenfamilien. Erfahrungsberichte. In: M. C. Steffens u. M. Ise (Hrsg.): Jahrbuch Lesben – Schwule. Lengerich (Pabst), S. 92–99.

Rauchfleisch, U. (1997): Alternative Familienformen: Eineltern, gleichgeschlechtliche Paare, Hausmänner. Göttingen (Vandenhoeck & Ruprecht).

Rauprich, O. (2008): Sollen Kinderwunschbehandlungen von den Krankenkassen finanziert werden? Ethische und rechtliche Aspekte. In: Gisela Bockenheimer-Lucius, Petra Thorn und Christiane Wendehorst (Hrsg.): Umwege zum eigenen Kind. Ethische und rechtliche Herausforderungen an die Reproduktionsmedizin 30 Jahre nach Louise Brown. (Göttinger Schriften zum Medizinrecht, Bd. 3.) Göttingen (Universitätsverlag).

Rech-Simon, C. u. F. B. Simon (2008): Survival-Tipps für Adoptiveltern. Heidelberg (Carl-Auer).

Reimer, D. (2008): Pflegekinder in verschiedenen Familienkulturen: Belastungen und Entwicklungschancen im Übergang. Siegen (ZPE).

Reiss, D. (1981): The family's construction of reality. Cambridge, MA/London (Harvard University Press).

Ritzenfeld, S. (1998): Familienbeziehungen in Stiefvaterfamilien. Ein Vergleich der Beziehungen in Stief- und Kernfamilien unter besonderer Berücksichtigung von Stiefvater und Stiefkind. Weinheim (Juventa).

Rodriguez Drescher, C. (2006): Familiendynamik bei spätadoptierten Kindern. Gießen (Psychosozial Verlag).

Rosenbaum, H. (1993): Formen der Familie. Untersuchungen zum Zusammenhang von Familienverhältnissen, Sozialstruktur und sozialem Wandel in der deutschen Gesellschaft des 19. Jahrhunderts. Frankfurt a. M. (Suhrkamp), 6. Aufl.

Rosenthal, J. A., D. M. Schmidt a. J. Conner (1988): Predictors of special needs adoption disruption: An exploratory study. *Children and Youth Services Review* 10 (2): 101–117.

Roshani, A. (2007): Glück auf Halbkugeln. *Das Magazin* 4.9.2007: 42–46.

Rutter, M. (1990): Resilience reconsidered: Conceptual considerations, empirical findings, and policy implications. In: S. J. Meisels a. J. P. Shonkoff (eds.): Handbook of early childhood intervention. New York (Cambridge University Press), 2nd ed., pp. 205–220.

Rutter, V. (1994): Lessons from stepfamilies. *Psychology Today* 27 (3): 30–39.

Satir, V. (2004): Kommunikation, Selbstwert, Kongruenz. Konzepte und Perspektiven familientherapeutischer Praxis. Paderborn (Junfermann).

Scheib, J. E. et al. (2005): Adolescents with open-identity sperm donors: Reports from 12–17 year olds. *Human Reproduction* 20 (1): 239–252.

Schmauch, U. (2008): Lesbische Familien. *Familiendynamik* 33 (3): 289–307.

Schneider, N. F. (1994): Familie und private Lebensführung in West- und Ostdeutschland. Eine vergleichende Analyse des Familienlebens 1970–1992. Stuttgart (Enke).

Schneider, N. F. et al. (2001): Alleinerziehen – Vielfalt und Dynamik einer Lebensform. (Schriftenreihe des Bundesministeriums für Familie, Senioren, Frauen und Jugend, Bd. 199.) Stuttgart (Kohlhammer).

Schneider, N. F., D. Rosenkranz u. R. Limmer (1998): Nichtkonventionelle Lebensformen. Entstehung, Entwicklung, Konsequenzen, Opladen (Leske + Budrich).

Schütz, A. (1971): Wissenschaftliche Interpretation und Alltagsverständnis menschlichen Handelns. In: A. Schütz: Gesammelte Aufsätze I – Das Problem der sozialen Wirklichkeit. Den Haag (Martinus Nijhoff).

Segalen, M. u. F. Zonabend (1998): Familien in Frankreich. Geschichte der Familie. Bd. 4 (20. Jahrhundert). (Hrsg. von A. Burguière, C. Klapisch-Zuber, M. Segalen u. F. Zonabend.) Frankfurt a. M. (Campus).

Sichtermann, B. u. C. Leggewie (2003): Das Wunschkind. Adoption und die Familie von heute. München (Ullstein).

Siebter Familienbericht. Familie zwischen Flexibilität und Verlässlichkeit – Perspektiven für eine lebenslaufbezogene Familienpolitik. (Drucksache 16/1360 des Deutschen Bundestags.) Berlin.

Sieder, R. (1987): Sozialgeschichte der Familie. Frankfurt a. M. (Suhrkamp).

Silverstein, O. a. B. Rashbaum (1994): The courage to raise good men. New York (Penguin).

Simmel, G. (1908/1983): Die quantitative Bestimmtheit der Gruppe. In: G. Simmel: Soziologie. Untersuchungen über die Formen der Vergesellschaftung. Berlin (Duncker & Humblot), 6. Aufl.

Snowden, R. et al. (1983): Artificial reproduction. A social investigation. London/Boston/Sydney (Unwin Hyman).

Sorosky, A. D., A. Baran u. R. Pannor (1982): Zueinander kommen – miteinander leben. Eltern und Kinder erzählen. Reinbek bei Hamburg (Rowohlt).

Spiegel Special (4/2007): Sehnsucht nach der Familie.

Stammer, H., T. Wischmann u. R. Verres (1998): Paartherapie bei unerfülltem Kinderwunsch. Familiendynamik 23 (3): 232–251.

Statistisches Bundesamt (2006): Leben in Deutschland. Haushalte, Familien und Gesundheit – Ergebnis des Mikrozensus 2005. Wiesbaden (Statistisches Bundesamt).

Statistisches Bundesamt (Hrsg.) (2004): Leben und arbeiten in Deutschland. Ergebnisse des Mikrozensus 2003. Wiesbaden (Statistisches Bundesamt).

Statistisches Bundesamt (Hrsg.) (2005): Leben und arbeiten in Deutschland. Mikrozensus 2004. Wiesbaden (Statistisches Bundesamt).

Statistisches Bundesamt (Hrsg.) (2007): Haushalte und Familien – Ergebnisse des Mikrozensus 2007. Wiesbaden (Statistisches Bundesamt).

Staub, L. u. W. Felder (2003): Scheidung und Kindeswohl. Bern (Huber).

Stiehler, S. (2000): Alleinerziehende Väter – Sozialisation und Lebensführung. Weinheim/München (Juventa).

Stierlin, H. u. G. Weber (2001): In Liebe entzweit. Heidelberg (Carl-Auer).

Stöbel-Richter, Y., E. Brähler u. J. Schumacher (2001): Pro und Contra eigenes Kind – Kinderwunschmotive in Ost- und Westdeutschland 1996 und 1999 im Vergleich. *Reproduktionsmedizin* 17: 103–107.

Strauss, A. (1968): Spiegel und Masken – Die Suche nach Identität. Frankfurt a. M. (Suhrkamp).

Szydlik, M. (2000): Lebenslange Solidarität? Generationenbeziehungen zwischen erwachsenen Kindern und Eltern. Opladen (Leske & Budrich).

Testart, A. (1999): Argument. *L'Homme* (numéro spécial: Esclaves et sauvage) 152: 191–193.

Textor, M. R. (2006): Adoptivfamilien. In: W. E. Fthenakis u. M. R. Textor (Hrsg.) (o. J.): Online-Familienhandbuch. Verfügbar unter: http://www.familienhandbuch.de/cmain/f_Aktuelles/a_Elternschaft/s_689.html [30.6.2009].

Théry, I. u. M. J. Dhavernas (1998): Elternschaft an den Grenzen zur Freundschaft: Stellung und Rolle des Stiefelternteils in Fortsetzungsfamilien. In: M.-T. Meulders-Klein u. I. Théry (Hrsg.): Fortsetzungsfamilien. Neue familiale Lebensformen in pluridisziplinärer Betrachtung. Konstanz (UVK), S. 163–204.

Thorn, P. (2008a): Familiengründung mit Samenspende. Ratgeber zu psychosozialen und rechtlichen Fragen. Stuttgart (Kohlhammer).

Thorn, P. (2008b): Samenspende und Stigmatisierung – Ein unauflösbares Dilemma? In: G. Bockenheimer-Lucius, P. Thorn u. C. Wendehorst (Hrsg.): Umwege zum eigenen Kind. Ethische und rechtliche Herausforderungen an die Reproduktionsmedizin 30 Jahre nach Louise Brown. (Göttinger Schriften zum Medizinrecht, Bd. 3.) Göttingen (Universitätsverlag), S. 135–155.

Timm, U. (2006): Am Beispiel meines Bruders. München (dtv).

Tizard, B. (1977): Adoption. A second chance. London (Open).

Turner, A. J. a. A. Coyle (2000): What does it mean to be a donor offspring? The identity experiences of adults conceived by donor insemination and the implication for counselling and therapy. *Human Reproduction* 15 (9): 2041–2051.

Vaihinger, H. (1924 [Volksausgabe]): Die Philosophie des Als Ob. Leipzig (Meiner).

Ventegodt, S. (2008): A prospective study on quality of life and traumatic events in early life – A 30-year follow-up. *Child: Care, Health, and Development* 34: 213–222.

Visher, E. B. a. J. S. Visher (1991): How to win as a stepfamily. New York (Brunner/Mazel), 2nd ed.

Visher, E. B., J. S. Visher a. K. Pasley (2003): Remarriage families and stepparenting. In: F. Walsh (ed.): Normal family process: Growing diversity, and complexity. New York (Guilford), 3rd ed., pp. 153–175.

Walper, S. u. B. Schwarz (Hrsg.) (1999): Was wird aus den Kindern? Chancen und Risiken für die Entwicklung von Kindern aus Trennungs- und Stieffamilien. Weinheim (Juventa).

Walper; S. u. E.-V. Wendt (2005): Nicht mit beiden Eltern aufwachsen – ein Risiko? In: C. Alt (Hrsg.): Kinderleben – Aufwachsen zwischen Familie, Freunden und Institutionen. Bd. 1: Aufwachsen in Familien. Wiesbaden (VS Verlag für Sozialwissenschaften), S. 187–216.

Walsh, F. (2006): Strengthening family resilience. New York/London (Guilford), 2nd ed.

Walter, H. (Hrsg.) (2002): Männer als Väter. Gießen (Psychosozial Verlag).

Watzlawick, P. (1999): Die Therapie des »Als-ob«. Karlsruhe (Steinhardt).

Welter-Enderlin, R. u. B. Hildenbrand (2004): Systemische Therapie als Begegnung. Stuttgart (Klett-Cotta), 4., verb. u. erw. Aufl.

Welter-Enderlin, R. u. B. Hildenbrand (Hrsg.) (2006): Resilienz – Gedeihen trotz widriger Umstände. Heidelberg (Carl-Auer).

Werner, E. E. (1999): Entwicklung zwischen Risiko und Resilienz. In: G. Opp et al. (Hrsg.): Was Kinder stärkt – Erziehung zwischen Risiko und Resilienz. München/Basel (Ernst Reinhardt), S. 25–36.

Wieland, W. (2004): Diagnose – Überlegungen zur Medizintheorie. Warendorf (Johannes G. Hoof).

Wiemann, I. (2007): Pflege- und Adoptivkinder – Familienbeispiele, Informationen, Konfliktlösungen. Reinbek bei Hamburg (Rowohlt), 7. Aufl.

Winkler, M. (2007): Familienarbeit in der Heimerziehung – Überlegungen zu einer Theorie in kritischer Absicht: Da werden Sie geholfen! In: H. G. Homfeld u. J. Schulze-Krüdener (Hrsg): Elternarbeit in der Heimerziehung. München/Basel (Ernst Reinhardt), S. 196–233.

Winnicott, D. W. (1955): Adoptivkinder in der Adoleszenz. In: E. Harms u. B. Strehlow (Hrsg.): Das Traumkind in der Realität. Göttingen (Schulz-Kirchner), S. 168–174.

Winnicott, D. W. (2008): Vom Spiel zur Kreativität. Stuttgart (Klett-Cotta), 11. Aufl.

Zonabend, F. (2007): Adopter des sœurs. Construction de la parenté et mémoire des origines. *L'Homme* 183: 9–28.

Über die Autoren

Dorett Funcke, 1992–1999 Studium der Soziologie und der Germanistischen Literaturwissenschaft an der Friedrich-Schiller-Universität Jena; seit 2002 als wissenschaftliche Mitarbeiterin am Arbeitsbereich Sozialisationstheorie und Mikrosoziologie des Instituts für Soziologie der FSU Jena sowie im SFB 580, Teilprojekt 3: Individuelle Ressourcen und professionelle Unterstützung bei Bewältigung von Systemumbrüchen in kontrastierenden ländlichen Milieus in Ostdeutschland, Westdeutschland, Italien und Spanien.

Bruno Hildenbrand ist seit 1994 Professor für Sozialisationstheorie und Mikrosoziologie am Institut für Soziologie der Friedrich-Schiller-Universität Jena sowie seit 1988 Dozent und Supervisor am Ausbildungsinstitut für Systemische Therapie und Beratung in Meilen/Zürich. Autor des Buches *Einführung in die Genogrammarbeit* (2. Aufl. 2007); gemeinsam mit Rosmarie Welter-Enderlin Herausgeber der Bände *Gefühle und Systeme* (1998), *Rituale – Vielfalt in Alltag und Therapie* (2. Aufl. 2004) sowie *Resilienz. Gedeihen trotz widriger Umstände* (2. Aufl. 2008).

Ausbildungsinstitut Meilen – neu in Zürich

Unser Angebot:
– Weiterbildung in systemischer Therapie und Beratung – für Ärztinnen, Psychologen und Sozialarbeiterinnen/Sozialpädagogen – Curriculum von FSP und FMH anerkannt
– Weiterbildung in systemischem Coaching und systemischer Supervision – für Berater und Therapeutinnen
– Fortbildung in systemischer Paarberatung
– Workshops zu speziellen Themen – Auffrischung und neue Ideen

Unser Team:

Ulrike Borst	Dr. rer. nat., Fachpsychologin für Psychotherapie
Rochelle Allebes	Sozialarbeiterin FH
Urs Hepp	PD Dr. med., Facharzt für Psychiatrie und Psychotherapie FMH
Bruno Hildenbrand	Prof. Dr. rer. soc., Soziologe
Andrea Lanfranchi	Prof. Dr. phil., Fachpsychologe für Psychotherapie
Dagmar Pauli	Dr. med., Fachärztin für Kinder- und Jugend-psychiatrie und -psychotherapie
Andrea Schedle	Dr. phil., Fachpsychologin für Psychotherapie
Gabriella Selva	lic. phil. I, Fachpsychologin für Psychotherapie
Dominique Simon	Dr. med., Fachärztin FMH für Psychiatrie und Psychotherapie sowie für Kinder- und Jugend-psychiatrie und Psychotherapie
Robert Wäschle	lic. phil. I, Fachpsychologe für Psychotherapie

und Gäste

Ausbildungs**institut** Meilen
Systemische Therapie und Beratung

Seit August 2009
Klosbachstrasse 123 · CH–8032 Zürich · Tel. +41 44 923 03 20
mail@ausbildungsinstitut.ch · www.ausbildungsinstitut.ch

Eia Asen | Michael Scholz

Praxis der Multifamilientherapie

165 Seiten, Kt, 2009
ISBN 978-3-89670-662-1

Wer in einer Konfliktsituation steckt, hat für das eigene Problem meist eine eingeengte Sichtweise, aber viel Verständnis, Einfühlungsvermögen und Lösungskompetenz für ähnliche Probleme bei anderen. Diesen Umstand macht sich die Multifamilientherapie (MFT) zunutze, die seit Mitte der 1990er Jahre zunehmend auch in Deutschland nachgefragt und eingesetzt wird.

Bei der Multifamilientherapie setzt man auf die Familien als Experten für die Probleme der jeweils anderen Teilnehmer. Der Therapeut wirkt eher moderierend und steht im Hintergrund als Begleiter zur Verfügung. So entsteht ein soziales Netzwerk, das isolierten Familien Halt, Zuversicht und Lösungsideen für ihre Probleme gibt.

Dieses detaillierte Handbuch ist die erste umfassende Darstellung zur Multifamilientherapie. Es beschreibt alle erforderlichen Grundlagen: psychotherapeutische Prinzipien, Rahmenbedingungen und Settings, Techniken und Anwendungsgebiete. Im Hauptteil des Buches stellen die Autoren anhand von typischen Beispielen aus ihrer Praxis familien- und elternbezogene sowie störungsspezifische Übungen vor. Die abschließenden Kapitel befassen sich u. a. mit der Wirksamkeit des Ansatzes und Fragen der Ausbildung.

 **Carl-Auer Verlag • www.carl-auer.de**

Rosmarie Welter-Enderlin

Wie aus Familiengeschichten Zukunft entsteht

159 Seiten, Kt, 2006
ISBN 978-3-89670-517-4

Der zentrale Schlüssel für die Lösung von Paar- und Familienkonflikten liegt im geschichtlichen Aspekt. Im gemeinsamen Hinschauen auf die miteinander vernetzten Geschichten lassen sich die aktuellen Konflikte besser verstehen. Durch aufmerksames Hören auf diese „Geschichten" und sensibles Hineinspüren in die Verquickungen, Entwicklungen und Zusammenhänge erklären sich die Problemstrukturen oft aus sich selbst. Und oft tun sich überraschende Lösungswege auf.

Rosmarie Welter-Enderlin zeigt, welchen hohen Therapiewert es für Familien und Paare hat, wenn sie sich auf ihre Familiengeschichte und das Geschichtenerzählen einlassen. Ein spannendes Buch nicht nur für Therapeuten, sondern für alle, die in Geschichte und in Geschichten eingeflochten sind.

Rosmarie Welter-Enderlin ist Paar-, Familien- und Organisationsberaterin und Lehrbeauftragte an der Universität Zürich. 2003 wurde sie mit dem international renommierten „American Family Therapy Academy Award" für herausragende Beiträge zur Theorie und Praxis der Familientherapie ausgezeichnet.

Carl-Auer Verlag • www.carl-auer.de